本书是2017年度山西省哲学社会科学规划课题"农业供给侧改革背景下山西农民专业合作社治理研究"（项目编号：201713）的成果。

本书出版得到长治学院比较政治与地方治理研究所和长治学院思政部的支持，特此感谢！

中国农民专业合作社治理改进研究

任红霞 著

中国社会科学出版社

图书在版编目（CIP）数据

中国农民专业合作社治理改进研究 / 任红霞著. —北京：中国社会科学出版社，2020.12
ISBN 978 – 7 – 5203 – 7087 – 5

Ⅰ.①中… Ⅱ.①任… Ⅲ.①农业合作社—专业合作社—治理—研究—中国 Ⅳ.①F321.42

中国版本图书馆 CIP 数据核字（2020）第 164076 号

出 版 人	赵剑英
责任编辑	许　琳
责任校对	鲁　明
责任印制	郝美娜

出　　版	中国社会科学出版社
社　　址	北京鼓楼西大街甲 158 号
邮　　编	100720
网　　址	http://www.csspw.cn
发 行 部	010 – 84083685
门 市 部	010 – 84029450
经　　销	新华书店及其他书店

印　　刷	北京君升印刷有限公司
装　　订	廊坊市广阳区广增装订厂
版　　次	2020 年 12 月第 1 版
印　　次	2020 年 12 月第 1 次印刷

开　　本	710 × 1000　1/16
印　　张	16.75
插　　页	2
字　　数	232 千字
定　　价	98.00 元

凡购买中国社会科学出版社图书，如有质量问题请与本社营销中心联系调换
电话：010 – 84083683
版权所有　侵权必究

目　录

绪论 ……………………………………………………………… (1)
 一　研究意义 ………………………………………………… (2)
  （一）学术意义 …………………………………………… (2)
  （二）实践意义 …………………………………………… (3)
 二　国内外关于合作社治理问题的文献梳理 ……………… (3)
  （一）国外关于合作社治理问题的研究现状 …………… (3)
  （二）中国关于合作社治理问题的研究现状 …………… (9)
  （三）国内外研究现状的述评 …………………………… (24)
 三　研究方案 ………………………………………………… (25)
  （一）研究目标、研究内容和拟解决的关键问题 ……… (25)
  （二）研究方法、研究手段及可行性分析 ……………… (28)
 四　可能的创新点 …………………………………………… (29)
  （一）从马克思主义政治经济学的理论视角对中国农民
     专业合作社治理进行研究 ………………………… (29)
  （二）对中国农民专业合作社在治理实践方面进行历史
     回顾 …………………………………………………… (29)
  （三）运用"现状—困境—对策"的逻辑结构进行具体
     问题剖析 …………………………………………… (30)
 五　样本选择 ………………………………………………… (30)
  （一）地点选择 …………………………………………… (30)
  （二）问卷设计 …………………………………………… (30)

（三）调研方式 …………………………………………… (30)
　　（四）样本来源及其构成 ………………………………… (31)

第一章　中国农民专业合作社治理的理论指导 ………… (32)
　一　核心概念界定 …………………………………………… (32)
　　（一）农民专业合作社 …………………………………… (33)
　　（二）农民专业合作社治理 ……………………………… (36)
　二　马克思主义合作化理论是农民合作社治理的理论指导 … (41)
　　（一）马克思主义合作化理论内容 ……………………… (42)
　　（二）马克思主义合作化理论对中国农民专业合作社
　　　　　治理的指导作用 …………………………………… (50)

第二章　中国农民专业合作社治理的历史回顾 …………… (54)
　一　新民主主义革命时期农民合作社治理实践 …………… (54)
　　（一）新民主主义革命时期农民合作社的制度供给 …… (54)
　　（二）革命根据地农民合作社的治理实践 ……………… (59)
　　（三）国统区农民合作社的治理实践 …………………… (61)
　　（四）合作社组织的治理绩效 …………………………… (61)
　二　新中国成立后至1956年农业生产合作社治理实践 …… (67)
　　（一）新中国成立以后进行农业合作化运动的制度
　　　　　供给 ………………………………………………… (67)
　　（二）新中国成立以后农业生产合作社的治理结构 …… (69)
　　（三）农业生产合作社的治理绩效 ……………………… (75)
　三　合作化高潮时期合作社治理状况 ……………………… (80)
　　（一）人民公社的制度供给 ……………………………… (81)
　　（二）人民公社的治理结构 ……………………………… (82)
　　（三）人民公社的治理绩效 ……………………………… (89)

四 改革开放以来中国农民专业合作社治理状况 …………… (93)
（一）改革开放以来中国农民专业合作社的历史沿革 …… (93)
（二）改革开放以来中国农民专业合作社的制度供给 …… (95)
（三）改革开放以来中国农民专业合作社的治理现状 …… (97)

第三章 中国农民专业合作社治理改进的现实基础 …………… (102)
一 中国农民专业合作社治理的制度基础 ………………… (103)
（一）生产力发展是农民专业合作社治理的经济前提 …… (103)
（二）合作经济组织供不应求是农民专业合作社产生的制度需求 ………………………………………… (103)
（三）政府推动引导是农民专业合作社产生的制度诱因 … (104)
（四）提高绩效是农民专业合作社治理的基本目标 …… (104)
二 中国农民专业合作社治理的制度边界 ………………… (105)
（一）农民专业合作社的制度属性 ………………………… (105)
（二）中国农民专业合作社治理内容 ……………………… (110)
三 中国农民专业合作社治理改进的现实约束 …………… (122)
（一）国家行政行为的制度嵌入造成的农民专业合作社治理困境 ………………………………………… (123)
（二）市场经济的经济嵌入造成的农民专业合作社的治理困境 ………………………………………… (125)
（三）农产品供应链的管理嵌入造成的农民专业合作社治理困境 ………………………………………… (128)
（四）乡土文化的文化嵌入所造成的农民专业合作社治理困境 ………………………………………… (130)

第四章 中国农民专业合作社治理的成员素质基础 …………… (134)
一 成员素质基础 …………………………………………… (134)
（一）农民专业合作社社员素质基本情况 ………………… (137)

（二）社员民主意识基本情况……………………………（140）
二　成员素质问题导致的中国农民专业合作社治理困境……（143）
　　（一）中小社员的"搭便车"行为 ……………………（143）
　　（二）"精英俘获"问题 …………………………………（147）
　　（三）社员"信任"问题 …………………………………（153）
三　提高成员素质视阈下农民专业合作社治理改进对策……（155）
　　（一）加大人力资源投资…………………………………（156）
　　（二）规范合作社管理……………………………………（158）
　　（三）鼓励社员入股………………………………………（159）
　　（四）采用选择性激励机制………………………………（160）
　　（五）畅通信息渠道，增加社员信任感…………………（160）
　　（六）促进农民专业合作社企业家成长…………………（162）
　　（七）提高社员民主意识…………………………………（163）

第五章　中国农民专业合作社治理的法律规制……………（164）
一　相关法律法规对农民专业合作社治理的规定……………（165）
　　（一）对农民专业合作社登记管理的规定………………（165）
　　（二）对农民专业合作社社员准入的规定………………（166）
　　（三）对社员经济权利的规范……………………………（167）
　　（四）对社员民主管理的规定……………………………（169）
二　相关法律法规在农民专业合作社治理实践中的困境……（170）
　　（一）对农民专业合作社登记的缺失……………………（170）
　　（二）对农民专业合作社社员资格界定的模糊 …………（172）
　　（三）对社员经济权利的规定缺失………………………（174）
　　（四）对社员民主管理的规定缺失………………………（176）
　　（五）对法律法规配套规范的缺失………………………（177）
　　（六）对合作社联社规定的缺失…………………………（177）

三　法律规范缺失条件下农民专业合作社治理改进对策……（178）
　　（一）完善农民专业合作社的登记制度 ……………………（178）
　　（二）明确社员身份和资格限制 ……………………………（179）
　　（三）完善社员经济权利 ……………………………………（179）
　　（四）完善社员民主管理 ……………………………………（181）
　　（五）对联合社立法 …………………………………………（182）

第六章　中国农民专业合作社内部治理机制……………………（183）

一　中国农民专业合作社内部治理机制运行现状………………（183）
　　（一）中国农民专业合作社的内部决策机制 ………………（184）
　　（二）中国农民专业合作社的内部激励机制 ………………（186）
　　（三）中国农民专业合作社的内部监督机制 ………………（187）
　　（四）中国农民专业合作社的内部利益链接机制 …………（188）

二　中国农民专业合作社内部治理机制的治理困境……………（189）
　　（一）在决策机制方面的困境 ………………………………（189）
　　（二）在激励机制方面的困境 ………………………………（189）
　　（三）在监督机制方面的困境 ………………………………（192）
　　（四）在利益链接机制方面的困境 …………………………（192）

三　中国农民专业合作社内部治理机制改进对策………………（193）
　　（一）完善理事会制度，形成对决策机制的约束 …………（193）
　　（二）注重物质和精神激励，改进激励机制 ………………（194）
　　（三）规范监督机构、完善监事会成员制度和财务
　　　　　审计制度 …………………………………………………（196）
　　（四）建立健全各项影响利益分配的相关制度，改进
　　　　　利益分配机制 ……………………………………………（197）
　　（五）提升生存能力，建立合作社联社 ……………………（197）
　　（六）改进合作社管理能力，鼓励组织再造 ………………（198）

第七章 中国农民专业合作社治理的外部环境…………（200）
一 中国农民专业合作社治理的外部环境因素…………（200）
（一）中国农民专业合作社治理的市场环境…………（200）
（二）中国农民专业合作社治理的政策环境…………（205）
（三）中国农民专业合作社治理的文化环境…………（207）
二 中国农民专业合作社外部环境不足的治理困境…………（209）
（一）农民专业合作社治理在外部市场环境中的困境…………（209）
（二）农民专业合作社治理在外部政策环境中的困境…………（211）
（三）农民专业合作社治理在外部文化环境中的困境…………（214）
三 中国农民专业合作社外部环境治理问题改进的对策……（214）
（一）提升农民专业合作社适应社会主义市场经济的能力…………（215）
（二）完善影响农民专业合作社发展的观念和机制…………（218）
（三）对农民专业合作社文化发展的现实进行更多观照…………（219）

结 语…………（222）
一 农民专业合作社治理存在的问题…………（222）
（一）成员素质基础整体不高制约着合作社治理的水平…………（222）
（二）法律法规的不完善制约着合作社治理的有效性…………（223）
（三）内部治理机制的不完善制约着合作社治理的健康发展…………（223）
（四）外部环境的发展现状制约着合作社治理的具体实施…………（223）

二　农民专业合作社治理的未来趋势 …………………… (224)
　　（一）在全球化发展过程中合作社治理的发展趋势 …… (224)
　　（二）在供给侧改革背景下合作社治理的发展趋势 …… (225)
　　（三）在合作社与政府的良性互动中治理的发展趋势 …… (225)
　　（四）在乡村振兴战略背景下合作社治理的发展趋势 …… (227)

参考文献 ……………………………………………………… (229)

附　录 ………………………………………………………… (243)

后　记 ………………………………………………………… (256)

绪　　论

"三农"问题以及建设社会主义新农村是党的十七大以来的热门话题之一，农民专业合作社作为繁荣农村市场经济，带动农民发展致富的主要载体，在2007《中华人民共和国农民专业合作社法》颁布以来，发展呈迅猛之势，2017年对合作社法进行修订，进一步规范了合作社的发展。根据安徽财经大学、中华合作时报社联合发布的《中国合作经济发展研究报告（2018）》统计，截至2018年10月底，全国依法登记的农民专业合作社达214.8万家，是2012年底的3倍多；实有入社农户约1.2亿户，占全国农户总数的48.5%。随着实践的发展，农民专业合作社已经在推动农村经济发展中起到重要作用，具体表现：在功能服务方面，农民专业合作社融生产与服务于一体，为家庭农场和传统农户提供耕、种、收、运各环节农业社会化服务，与农业企业开展土地、资产、技术多种资源要素合作。在推进农业供给侧结构改革方面，也成为重要力量。在立足市场、创新供给、激活需求，组织农产品标准化、品牌化、绿色化生产等方面都有创新。在促进农民增收方面，已然成为带动农民增收的主要渠道。截至2018年，农民专业合作社均户可分配盈余8万—10万元，平均每个成员当年分配盈余近1600元。农民专业合作社成员普遍比生产同类产品的非成员增收20%以上。据2017年数据，2015年农民专业合作社中向农民进行利益返还的个数占到52.32%，返还额度平均每个社为30.23万元，2015年在农民专业合作社中对农民的利益返还的个数比上年增加了4.45%，利益返还的额度增加了13.39%。合作社向成员进行的股利分红的比例2015年比2014年上升3.22个百分点，其中2014农民专业合作社向其成员分红的股份平均额度为22.57万元，占当年股利分红的46.16%，2015年为26.66万元，占当年股利分红的49.38%[①]。可以看出农民专业合作社已经同农户建起了利益链接关系，对其具有很大的辐射带动作用。但也存在一些现实问题，农民并未高度认可农民专业合作社，虽然其对农户有辐射带动作用，但是力度还需要提升；农民专业合作社要想获得利润，增强竞争力，离不开完善的运营体系，在现实中受各种因素的制约，其运营机制和运营水平还需要进一步的完善；农民专业合作社通过利益返还机制实现农户增收，对农户生活条件的改善有很大的促进作用，但是利益返还机制和二次利益返还机制的制度发展不够规范，特别是二次利益返还机制还需要不断改进等等。

农民专业合作社作为农村的新型经营组织的一份子，对于提高农民生活水平，提升农村生产力水平具有举足轻重的作用，正是由于该组织具有关系农村经济发展命脉的重要作用，我们有理由对其给予更多的关注，提出能够提升农民专业合作社治理绩效的有效对策。

一 研究意义

（一）学术意义

本文主要以马克思主义合作经济理论为研究基础，集合中国农民合作社治理实践，以中国市场化日益深入发展为研究背景，以农业供给侧改革为研究契机，对影响中国农民专业合作社治理的成员素质的困境、法律规范的困境、内部治理机制的困境、外部治理环境的困境

[①] 经济日报社中国经济趋势研究院新型农业经营主体调研组：《新型农业经营主体发展指数调查（二期）报告发布——新型农业经营主体社会绩效凸现》，《经济日报》2017年2月7日第16版。

等问题进行分析并提出治理改进的具体对策。

(二) 实践意义

1. 通过对农民专业合作社成员素质分析,包括其在知识文化、民主意识、参与意识、权利意识及合作意识的现状及其不足,提出治理改进的具体途径,为完善合作社组织和储备高素质人才提供借鉴。

2. 通过分析农民专业合作社法律规范的具体内容,指出其现状及其在治理方面应该改进的地方,为合作社的规范发展提供法律支撑。

3. 通过改进合作社治理结构的相关措施探讨,为实现农业纵向一体化目标、提高农业产业化水平提供治理经验。

二 国内外关于合作社治理问题的文献梳理

(一) 国外关于合作社治理问题的研究现状

学者们对农民合作社的研究模型化始于20世纪40年代,他们开始应用经济学模型对其进行研究并发表了数量可观的文献。

1. 研究农民合作社的视角及视域

Staatz(1989)[①] 对农民合作社的研究主要是基于"垂直一体化的形式""企业"和"联盟"三个视角,之后库克(Cook)等(2004)[②] 又对其观点进行延伸,用"企业观点延伸"、"联盟观点延伸"和"契约集观点延伸"观点对合作社进行论述,以后学者[③]大多按照这种视角对合作社进行研究,集中于合作社成员之间的联盟问题,并把合作社分为

[①] Staatz J. M., *Farmer Cooperative Theory: Receent Developments*, U. S. Departmeng of Agriculture, ACS Research Report No. 84, 1989.

[②] G. W. J. Hendrikse, ed., *Restucturing Agricultural Cooperatives*, Erasmus Univerdity Rotterdam, 2004, pp. 65 – 90.

[③] Gall, R. G. and Schroder, B., "Agricultural Producer cooperatives as Strategic Allicances", *International Food and Agribusiness Management Review*, Vol. 9, No. 4, 2006, pp. 26 – 44.

传统合作社、学习网络型合作社和新一代合作社三种类型。

有的学者①②把合作社与投资者所有企业进行比较，并关注和研究垂直一体化对农民合作社效率的影响，认为合作社下游的纵向一体化存在很大差异。二十世纪五六十年代，Holloway, G.、Ehui, S.、Teklu, A.（2008）③、Minguez–Vera, A.、Martin–Ugedo, J. F. 以及 Arcas–Lario, N.（2010）④ 等一些学者开始运用新制度经济学的委托代理和交易费用理论分析合作社诸如社员搭便车等问题。

同时，在市场化深入发展的背景下，学者们主要关注全球供应链整合加剧情况下和成员异质化条件下合作社面临的挑战，以及在此种挑战下合作社的绩效。还有的学者从企业经济理论的角度、有的从会计技术角度进行了研究。

也有学者比如 Rana Mitra（2014）⑤ 从人类历史发展视角认为合作社是人类民主的工具，合作社把利润放在公民权利之后，民主管理的企业人仅仅是合作组织功能的一部分，其功能还包括服务社员的公共职能，比如公民各种社会的、文化的和经济的需求和愿景。

2. 关于农民合作社治理的专题研究

国外对农民合作社治理主要侧重从决策、监督和激励等方面进行理论分析。

---

① Terreros, I. S. and Gorriz, C. G., "The effect of organizational form andvertical integration on efficiency: An empirical comparison between cooperatives andinvestor owned Firms", *African Journal of Business Management*, Vol. 5, No. 1, 2011, pp. 168–178.

② Salazar, I. and Gorriz, C. G., "Determinants of the Differences in the Downstream Vertical Integration and Efficiency Implications in Agriculrural Cooperativea", *The B. E Journal of Economic Analysis & Policy*, Vol. 11, No. 1, 2011, p. 11.

③ Holloway, G., Ehui, S. and Teklu, A., "Bayes estimates of distance–to–market: transactions costs, cooperatives and milk–market development in the Ethiopian highlands", *Journal of Applied Econometrics*, Vol. 23, No. 5, 2008, pp. 683–696.

④ Minguez-Vera, A., Martin–Ugedo, J. F. and Arcas-Lario, N., "Agency and property rights in agricultural coop-eratives: evidence from Spain", *Spanish Journal of Agricultural Research*, Vol. 8, No. 4, 2010, pp. 908–924.

⑤ Rana Mitra, "Cooperatives: A Democratic Instrument of Human Empowerment", *Social Scientist*, No. 6, 2014, pp. 47–70.

(1) 关于合作社决策问题

D. B. DeLoach（1962）[①]认为合作经济是和独资、合资和股份制企业相并行的第四种经济形式，也存在被选举出来的董事会机构，任命一个总裁或总经理，总裁或总经理任命下属，但是合作社的决策效率不高的主要原因是因为董事会有一个"决策一致"原则，所以合作社在经济上扼杀了因为无能管理而采取的纠正措施，例如在一个更高的商业竞争社会，拖延会在决策过程中降低公司的整体效率。管理层人员的工资水平也比较低，他们的工资已经不能和现在商业扩张需要承担的义务相提并论了，认为制定合理的经理人报酬计划也是提高合作社管理的途径之一，文中还涉及到经理层的威望、权利的政策规定等。Staatz（1983）[②]从博弈论的角度建构了一个合作社联合的模型，认为这个模型可以解决如下问题：第一，在某些环境下给予成员不同的价格服务是稳定合作的需要；第二，合作的平均成本必定会下降；第三，如果这个理论的核心不是空的，可能会有多个关于成本分配的方案，董事会和经理层必须选择一个合适的分配方案；第四，失败的分配方案将导致成员数量的减少，博弈论能够帮助管理层预测哪些合作社会发生诱变或保持稳定；第五，这个模型能够解释那些不满意分配原则的成员会激烈地讨价还价的问题。总之这个模型为合作社提供了一个在多元成员背景下怎样分配成本和福利的问题，解决了成员合作中的平等和公平待遇问题。James C. Gaa（1990）[③]从博弈论的视角构建一个职业的权利和责任的模型，认为职业的责任和权利是今天面临的一个基本问题。在一个相互博弈的情形下理性选择是一种特殊的权利和责任，社会必须决定是否承认赋予职业自治权利，但职业也

[①] D. B. DeLoach, "Growth of Farmer Cooperatives: Obstacles and Opportunities", *Journal of Farm Economics*, No. 5, 1962, pp. 489–500.

[②] John M. Staatz, "The Cooperative as a Coalition: A Game-Theoretic Approach", *American Journal of Agricultural Economics*, No. 12, 1983, pp. 1084–1089.

[③] James C. Gaa, "A Game-Theoretic Analysis of Professional Rights and Responsibilities", *Journal of Business Ethics*, No. 3, 1990, pp. 159–169.

必须决定是否要为了自治权利而忍受更高水平的责任。这个职业选择的构架面临着囚徒困境，但是"社会—职业"关系的不稳定性也能通过简单的例子分析出来，而且这些分析洞见了未来有关职业和社会的有效的策略。

美国密苏里大学教授 Michael L. Cook 和他的学生 Fabio R. Chaddad (2004)[①] 的文章《重新设计合作边界：新模式的出现》以美国合作社发展语境出发，认为合作社是居于一个所有权广泛定义的模型，包括剩余索取权和控制权，认为合作社模式可以通过所有者权利如何来区分和定义经济主体和合同公司，并绘制出了二叉树分析框架，说明了合作社产权关系发展的路径。Fabio R. Chaddad & Michael L. Cook (2004)[②] 认为为了应对农业产业化、食物需求结构等变化，农业合作社必须进行制度创新，阐述了股份公司、独资公司、金融互助和传统合作社四种形式在盈余返还、从其他功能中析出所有权、控制权、剩余索取权的范围及转移、清偿等方面的异同，认为传统合作社与投资导向型公司（IOF）是相异的，提出发展新一代合作社，认为其能够解决合作社管理人员、董事在选择合作社所有制结构方面的战略决策问题。

（2）关于对理事会的监督问题

LeVay (1983)[③] 认为由选举产生的在专业技能方面突出而在经营活动方面能力欠缺的合作社理事成员越来越不能适应市场导向的需求，需要引入外部理事制度。美国农业部（USDA）(2002)[④] 也认

---

① Michael L. Cook and Fabio R. Chaddad, "Redesigning Cooperative Boundaries: The Emergence of New Models", *American Journal of Agricultural Economics*, No. 12, 2004, pp. 1249 – 1253.

② Fabio R. Chaddad and Michael L. Cook, "Understanding New Cooperative Models: An Ownership – Control Rights Typology", *Review of Agricultural Economics*, Vol. 26, No. 3, Autumn 2004, pp. 348 – 360.

③ LeVay, C., "Some Problems of Agricultural Marketing Cooperatives' Price Output Determination in Imperfect Competition", *Canadian Journal of Agricultural Economics*, No. 31, 1983, pp. 105 – 110.

④ USDA, *Agricultural Cooperatives in the 21st Century*, RBCS, Cooperative Information Report 60, 2002, pp. 1 – 36.

为，随着环境变化，理事会认为通过引入外部理事制度能够缓解他们合作社企业规模不断变化以及应对风云变幻的市场难题，而且还可以通过培训和建立理事补偿制度的办法提高管理绩效。Royer（1999）[①]认为，一些生产者导向的理事会在监督那些转向投资者企业的合作社的职能方面明显弱化。Biman 等根据控制权在理事会成员和外聘管理者之间的分配情况，将西方国家合作社的治理模式分为传统型、管理型和公司型 3 种。

（3）关于合作社激励问题

Stephen Enke（1945）[②]认为业务效率（官方利润）和经济效率（资源分配）不一定相同，合作社组织通过合作社的管理者推行的政策通常将取决于各种相关利益的投票力量，一个合作的控制不应该在那些完全责任归属融资部分或全部承诺部分，这样的自然倾向会最大限度地带来资金回报，但另一方面，根据采购总价值投票控制很可能会证明是不可行的，因为人有的时候会受到各方面的过度诱惑，如果任其发展，这种趋势将严重威胁任何合作的金融安全。一个折中的政策将是其中一个致力于最大限度地提高资金留存利润和经验丰富的消费者剩余共同存在，旨在实现这一目标的政策也将消除"垄断差距"，从而满足我们自己确定的更基本要求，他认为罗奇代尔投票原则可能有利于这样一个折中的调整。Peter Vitaliano（1983）[③]在文章中从合作剩余索取权的角度提出了一个使合作组织的独特性可以被纳入一套复杂的、可以进行个人代理人的最大化行为约束的分析框架。剩余索取权是合作社显著的组织特征，通过不能在市场销售来限制顾客代理，它有一个重要的交换功能：它们至少可以按照一定规则部分兑换，索赔持有

---

① Royer, J. S., "Cooperative Organizational Strategies: a Neo-institutional Digest", *Journal of Cooperatives*, Vol. 14, 1999, pp. 44 – 67.

② Stephen Enke, "Consumer Coöperatives and Economic Efficiency", *The American Economic Review*, No. 3, 1945, pp. 148 – 155.

③ Peter Vitaliano, "Cooperative Enterprise: An Alternative Conceptual Basis for Analyzing a Complex Institution", *American Journal of Agricultural Economics*, No. 12, 1983, pp. 1078 – 1083.

者的撤销决定是对资产控制管理的部分接管或清盘，相比之下，出售普通股剩余索取权能够在保留完好的资产下控制管理。合作组织的剩余索取权也涉及对现金流的限制，当一个成员有效性到期不再光顾组织，就涉及到限制剩余索取权问题，边际成本问题的出现预示着剩余索取权的利益获取只能通过预期成员组织慢慢获得，可以解释长期的融资计划行为。James等的研究则表明，一些可以促进投资激励的制度安排可能会对成员间的信任产生破坏性的影响，合作社普遍存在着投资激励和信任发展的两难抉择。

John M. Staatz（1985）[①] 主要是讨论运用新制度理论怎样解决在成员异化条件下的合作社集团选择问题。讨论参与者情况、互惠互利情形下的讨价还价问题（尤其是参与者协议难以执行的囚徒困境）、合作社的集体选择问题和社员过度控制问题。博弈理论倡议合作社不能总是单一地追求简单模型中提出的问题，比如成员利益最大化、单位合作盈余最大化，如果一味追求这些的话某些成员就会离开，合作社不可能服务于每个人，因为在交叉补贴的紧张局势下公平待遇可能被破坏，合作社可能分崩离析。库克（1995）[②] 认为美国未来合作社的发展有以下趋势：第一，将要出现一个目前偏好未知的新兴市场。合作社可能是生产结合市场和政府偏好产品的最有效组织；第二，伴随着不同的规模经济交换投资双方的位置已经发生变化；第三，通过关系契约分担风险可以完成；第四，在一个不确定的环境中，存在一种以为交易频繁的长期承诺；第五，在高频的交换情况下他们继续阻止双边交换的大量转化；第六，对于解决具有私人和公共物品两者特性的产品交换是很有效的；第七，在技术改造的早期阶段，生产者认识资产特异性驱动的机会主义；第八，农民通过垂直整合合作企业，

[①] John M. Staatz, "A Game Theoretic Analysis of Decision-making in Farmer Cooperatives", Draf-prepared for forthcoming book of essays on Cooperative Theory tobe published by the Agricultural Coopeative Service, U. S. D. A., 1985.

[②] A Michael L. Cook, "The Future of U. S. Agricultural Cooperatives: Neo-Institutional Approach", *American Journal of Agricultural Economics*, Vol. 12, No. 5, 1995, pp. 1153–1159.

透过其贸易伙伴内部化来解决他们的外部性问题，特别是在声誉和质量保证方面的关注；第九，合作社协助再分配农民青睐的财产权利（政治行动）；第十，在市场的资产专用性短缺情况下，生产者认识到供销合作社是一种有效的形式；第十一，生产者也认识到如果产权约束能改善生产商的话，他们更有可能投资于合作社。

（二）中国关于合作社治理问题的研究现状

二十世纪八十年代，徐更生（1986）[①]、张晓山（1986）[②]等学者开始对合作社进行了颇有前瞻性的研究。九十年代以后，随着市场经济和农业产业化的发展，各种形式的农民合作社不断涌现，学者们对实践中出现的新型经营组织进行了特别的关注，2006年后进入较繁荣阶段。总体而言，中国学者对农民专业合作社的研究是一种实践驱使下的行为，具有浓厚的理论和实践价值。

1. 中国农民专业合作社研究的理论视域

二十世纪八九十年代，中国学者开始运用新制度经济学的交易成本理论、产权理论和博弈论方法等对合作社进行研究。张晓山、黄祖辉、苑鹏、徐旭初、孔祥智等学者对合作社的专业发展进行研究，徐旭初（2008）[③]认为合作社是一种环境适应型组织，这从经典合作社的制度益贫性不再显著、成员多元异质、自我服务功能的外向型扭曲的方面可见。同时认为合作社是一种"嵌入"性组织，所以在制度安排、民主控制、盈余分配、政府扶持等方面存在模式选择问题，这与合作社理想类型的消解和漂移观点一致[④]。

[①] 徐更生：《试论我国农业合作经济体制的改革——从同国外农业合作经济的比较谈起》，《经济研究》1986年第11期。

[②] 张晓山：《发展中国家农业生产合作浅析》，《农村经济与社会》1988年第6期。

[③] 徐旭初：《新情势下我国农民专业合作社的制度安排》，《农村经营管理》2008年第12期。

[④] 黄祖辉、邵科：《合作社的本质规定性及其漂移》，《浙江大学学报》（人文社会科学版）2009年第2期。黄祖辉、吴彬、徐旭初：《合作社的"理想类型"及其实践逻辑》，《农业经济问题》2014年第10期。

温铁军（2013）① 等学者对综合专业合作社进行研究，认为现今合作社的生发和运行环境是农户分化、部门和资本介入的结果，这种由强势主体利益共谋形成的合作社不会真正完善合作社内部的合作关系，执行"大农吃小农的逻辑"，成员与合作社之间也没有惠顾关系，制约合作社发展的各种内外条件没变，所以农民专业合作社的出路是建立综合性的农民专业合作社。秦愚（2013）② 在反思股份合作化农业合作社的制度设计上缺陷的同时，解释股份化使合作社陷入多重困难的必然性，认为股份化合作社仅仅是权宜之计。

也有学者从马克思主义理论视角研究合作社，侯立平（2006）③ 提及马克思和恩格斯的合作社思想，认为马克思反对依靠国家帮助建立合作社，他认为合作社的独特之处在于工人阶级的自主创立，地位中立，无论是与政府还是资产者均无交涉，恩格斯也主张让农民通过自愿的方式逐步接受之。沈红梅和霍有光（2014）④ 论述了马克思和恩格斯农业合作化理论的逻辑基础是改造小农经济、理论基础是土地国有化、生产实质是规模经营，基本原则是自愿、示范与社会帮助，并归纳了马克思和恩格斯的合作社理论对中国合作社实践的指导。任大鹏和赵鑫（2019）⑤ 通过运用马克思由具体到抽象、再由抽象到具体的研究方法，过滤现实中有关合作社碎片化的现象，得出了合作社的本质是人的联合，是经济价值与社会价值相统一的组织体的结论。当代合作社的资本化倾向、成员一股独大现象是合作社价值扭曲的表

---

① 温铁军：《农民专业合作社发展的困境与出路》，《湖南农业大学学报》（社会科学版）2013年第4期。
② 秦愚：《中国农业合作社股份合作化发展道路的反思》，《农业经济问题》2013年第6期。
③ 侯立平：《合作社：从资本主义脱颖而出的生产模式》，《经济学家》2006年第5期。
④ 沈红梅、霍有光：《马克思恩格斯农业合作化理论在中国的历史实践及基本经验》，《华中农业大学学报》（社会科学版）2014年第5期。
⑤ 任大鹏、赵鑫：《马恩合作社思想与当代合作社价值反思》，《中国农业大学学报》2019年第8期。

现，重塑集体主义精神是合作社价值回归的基本方向。朱丁和汪先平（2019）[①]用马克思主义的视角结合中国实际，剖析影响农民专业合作社的政策、组织和科技等因素。张千友、蒋和胜和高洪洋（2019）[②]归纳出中国农业合作化思想演进的逻辑体系，即沿着"两条主线"演进：理论上以马克思主义农业合作化理论的中国化为主线，实践上以农民"组织起来"发展生产力为主线。

同时，随着农业供给侧结构性改革的提出，也有学者从农业供给侧结构性改革的视角研究农民专业合作社。孟秋菊和徐晓宗（2019）[③]从农民合作社视角分析农业供给侧如何改革问题是目前学界研究的薄弱环节，认为目前农民合作社已在农业结构优化、农业节本增效、农产品安全保障、农产品品质提升、农产品流通服务改善等方面发挥着有效作用，但还面临着发展不规范、带动力不强、人才缺乏、资金短缺、质量管理方式落后等困境，需要政府和农民合作社两方面共同努力，加强政府的引导和管理，强化农民合作社的自我规范；加强政府的引导和服务，强化农民合作社自身的利益联结机制和抱团发展及特色发展；加强政府的引导和培训，强化农民合作社的自我学习提升；加强政府的政策扶持，强化农民合作社的自身吸引力；加强政府的监管和补贴，强化农民合作社自身的技术基础和监督保障。王勇（2019）[④]以马克思的供给均衡理论和有效供给理论作为农业供给侧结构性改革的理论基础来论述农业供给侧结构性改革和农民专业合作社的关系，分析合作社目前存在的问题和困难，分析合作社问题产生的原因并提出相关对策和建议。

---

① 朱丁、汪先平：《马克思主义视角下我国农民专业合作社发展研究》，《哈尔滨学院学报》2019年第3期。
② 张千友、蒋和胜、高洪洋：《新中国七十年农业合作化思想演进逻辑体系研究》，《西南民族大学学报》（人文社会科学版）2019年第4期。
③ 孟秋菊、徐晓宗：《农业供给侧改革中农民合作社的作用、困境与对策》，《西华师范大学学报》2019年第2期。
④ 王勇：《农业供给侧结构性改革下农民专业合作社发展研究》，《中国集体经济》2019年第19期。

2. 中国农民专业合作社治理研究

张晓山、苑鹏、潘劲（1997、2009）① 等较早注意到专业合作社管理行为问题，认为管理即决策，研究了合作社的管理决策体系设置、经营决策权实现形式以及生产经营权实现形式。苑鹏（2006）② 详细分析了我国农民专业合作社发展的制度环境、历史条件、市场条件、产业基础、组织基础、创办人供给、法律和政策环境七个基本条件，对合作社的本质进行了澄清。常青（2009）③ 以山西祁县、太古为例研究了农民专业合作社组织制度建设，大多数合作社成立了组织机构，运行也相对规范，但也存在问题：合作社内部利益分配机制不够合理，导致社员和管理人员互相猜忌，影响合作社向心力和凝聚力。徐旭初（2010）④ 认为民主管理好应该是规范社的要求之一，"民主管理好"主要表现在制度建设规范；组织机构健全；出资规范；民主选举、监督、决策、管理发挥好；分配合理；建账规范。徐旭初和吴彬（2010）⑤ 认为影响合作社绩效的因素有三个，分别是合作社的牵头人情况、产权结构和理事会结构，其中以产权结构的影响作用最大，其次是理事会结构和牵头人情况。合作社治理结构需要内部机制和外部机制的有机结合，但内部机制的制约作用更大一些。同时徐旭初（2012）⑥ 还认为合作社的治理结构从经济学意义上说是依托社员共有资产的所有权、剩余决策权及盈余返还的一种治理构架。

---

① 张晓山、苑鹏、潘劲：《中国农村合作经济组织管理行为研究》，《中国农村经济》1997年第10期。张晓山：《农民专业合作社的发展趋势探析》，《管理世界》2009年第5期。

② 苑鹏：《试论合作社的本质属性及中国农民专业合作经济组织发展的基本条件》，《农村经营管理》2006年第8期。

③ 常青：《农民专业合作社发展中存在的问题及对策》，《山西财经大学学报》2009年第4期。

④ 徐旭初：《当前我国农民专业合作社的发展趋势》，《江苏农村经济》2010年第12期。

⑤ 徐旭初、吴彬：《治理机制对农民专业合作社绩效的影响》，《中国农村经济》2010年第5期。

⑥ 徐旭初：《农民专业合作社发展辨析：一个基于国内文献的讨论》，《中国农村观察》2012年第5期。

李萍（2019）[①]认为目前我国学术界一般以西方合作社价值与原则为标尺来衡量我国农民合作社的规范性，存在着"制度背景的局限性"、"适用范围的局限性"和"理论范式的局限性"，认为尊重中国农民"互惠理性"和合作共享的现实需求，需要全面深化改革，完善中国特色社会主义制度体制机制，增强整体制度环境的益贫性和共享性，这应当是中国农民合作社是否"规范"之争的关键所在。杜静元（2019）[②]认为我国农业合作社分为早期发育阶段、改革开放后和合作社法颁布实施后三个阶段，每个阶段有相应的市场条件、制度环境和民情基础。

楼栋等（2011）[③]认为我国的农民专业合作社面临融资、税收、监管、运营等技术问题，也面临合作社内部制度和外部制度治理问题，同时也面临合作社文化比如对合作社的组织定位、实践绩效和未来走势等的认知问题。徐旭初（2013）[④]认为我国农民专业合作社（至少在东部沿海地区）的治理结构是一种基于能力和关系的合作治理结构。张晓山（2014）[⑤]认为合作社发展的一个突出问题是合作社水平不同，呈现多样性特点，规范发展的难点是龙头企业与农民社员之间建立公平合理的利益链接机制。苑鹏（2014，2014）[⑥]认为由于社员身份多元化导致农民专业合作社成员异质性进一步增强；合作社扩大经营规模的趋势是纵向一体化；合作社之间的联合与合作加速，人才短缺问题日益突出；外部环境方面，缺乏市民社会的组织、合作运动推动者供给不足、合作文化贫乏、农民缺乏自觉精神问题突出，

[①] 李萍：《如何看待现阶段我国农民合作社的"规范性"？——一个政治经济学的探讨》，《四川大学学报》2019年第1期。

[②] 杜静元：《中国农业合作社的演进历程及发生机制》，《求索》2019年第2期。

[③] 楼栋、常青、孔祥智：《当前我国农民专业合作社发展面临的问题、趋势与政策建议》，《学习论坛》2011年第12期。

[④] 徐旭初：《略论农民专业合作社理论研究进展及趋势》，《中国农民合作社》2013年第1期。

[⑤] 张晓山：《农民专业合作社规范化发展及其路径》，《农村经营管理》2014年第12期。

[⑥] 苑鹏：《中国特色的农民专业合作社发展探析》，《东岳论坛》2014年第4期。苑鹏：《农民专业合作社的多元化发展模式》，《中国国情国力》2014年第2期。

建议政府扶持重点在改善社会环境上，引导社会精英与农户向着利益共同体发展，财政扶持转向合作社之间的联合和合作转型。并认为按照成员结构特点，合作社分为两大基本类型，并提出异质性成员制度将引领农民合作社的多元化发展。邵科（2014）[①]认为成员资本、业务参与下的均衡股权和惠顾结构对合作社绩效的正面影响并不显著。崔宝玉（2015）[②]认为大农领办的合作社能够实现效率性和合法性，但效率性与合法性的顺利转换需要严格的转换机制。邵科、于占海等（2018）认为合作社治理难题主要体现在三个方面：由于法律及政策不完善导致合作社内部工作繁重、外部监管困难；日益激烈的竞争环境使合作社把焦点转向市场经营方面而非注重于其内部治理结构的优化、成员的异质性导致合作社内部缺乏相应的监督机制，少数能人在合作社中拥有优势话语权，合作社民主治理特征逐步弱化。邵科（2018）[③]还认为农民合作社治理处于能人和关系治理状态：理事长的关系权威比理性权威更有效；能人领办是合作社发展的关键条件；能人治理型合作社缺乏有效的内控机制。同时他还认为影响农民合作社治理状态的因素多样：成员异质性是影响合作社治理的基础因素；产权和理事会特征等是影响合作社治理的关键因素。

3. 中国农民专业合作社治理的内外部协同研究

张荣和王礼力（2014）[④]认为农产品类型、社员受教育情况、社员收入、社员与合作社契约是否紧密几个因素对搭便车行为具有显著影响。建议降低农户交易费用；设立进入合作社的资格门槛、与社员签订合约；完善合作社监督机制；规范合作社社员数量；鼓励社员入

[①] 邵科：《农民专业合作社组织结构对合作社绩效的影响——基于组织绩效的感知测量方法》，《农林经济管理学报》2014年第1期。

[②] 崔宝玉：《农民专业合作社：社会资本的动用机制与效应价值》，《中国农业大学学报》（社会科学版）2015年第4期。

[③] 邵科：《农民合作社的治理状态和影响因素》，《中国农民合作社》2018年第2期。

[④] 张荣、王礼力：《农民专业合作社社员搭便车行为影响因素分析——以陕西省为例》，《农村经济》2014年第11期。

股可以缓解社员搭便车行为。崔宝玉（2012，2015）[①]等人认为我国农民专业合作社治理绩效之所以不令人满意的主要原因是内部人控制所导致的治理失范，比如合作社核心社员之间、核心社员与非核心社员之间以及非核心社员之间的利益冲突，核心社员对非核心社员的利益侵占以及委托代理等失范问题，认为解决问题的根本是改善政府规制和外部环境，关键是正式制度和非正式制度的设计和实施。覃杰（2016）[②]从成员异质性转变为组织统一性的视角研究农民专业合作社演进机制，认为成员异质性、价值观、期望、要素异质与合作社组织认同、形象以及管理等问题冲突，并提出一系列促使合作社组织同一性的措施。李金珊等（2016）[③]从农民专业合作社的内外协同创新的视角，从战略、知识、组织三要素的内部协调以及法律法规、市场环境、文化等外部因素的影响为对象，认为要达到协同创新目标，对于合作社内部来说，必须完善组织内人事、股权结构及利润分配机制，对于外部来说，主要是增强组织内外协同创新目标的协同度，同时强化政府监督，稳固组织内部及其组织之间的信息共享制度。张益丰（2019）[④]通过数理模型和多案例比较分析，验证了在产品买卖型合作社治理过程中合作社的社会关系治理能降低产品交易成本及组织成本，有助于商品契约治理与要素契约形成交互治理的格局；要素参与型合作社中社会关系治理有助于降低合作社组织成本，优化合作社组织架构。基于上述结论提出政策建议：一是农户应积极融入合作社，通过合作来完成生产与销售全流程的标准化与集约化，在提升自

[①] 崔宝玉、刘峰、杨模荣：《内部人控制下的农民专业合作社治理——现实图景、政府规制与制度选择》，《经济学家》2012年第3期。崔宝玉：《农民专业合作社的治理逻辑》，《华南农业大学学报》（社会科学版）2015年第2期。

[②] 覃杰、袁久和、朱腾：《从成员异质性到组织同一性：我国农民专业合作社演进机制研究》，《中国市场》2016年第3期。

[③] 李金珊、袁波、沈楠：《农民专业合作社的内外协同创新——来自浙江省23家农民专业合作社的证据》，《浙江大学学报》（人文社会科学版网络版）2016年第2期。

[④] 张益丰：《社会关系治理、合作社契约环境及组织结构的优化》，《重庆社会科学》2019年第4期。

身参与市场能力的同时有效提高农产品质量；二是农业大户应积极领办合作社，通过对接合作社来优化商品契约履约环境；三是农业合作社应通过农业社会化服务供给形式来团结与服务社员，以社会关系治理促进商品契约与要素契约实现交互治理。四是政府应出台相应的农业社会化服务激励政策，鼓励合作社通过社会化服务来优化合作社治理环境。

4. 对农民专业合作社治理机制的专门性研究

中国学者用更加细微的角度从决策机制、激励机制、监督机制等方面对农民专业合作社进行具体研究。

（1）在决策机制方面

黄胜忠等（2007，2009）[①] 认为合作社社员的资源禀赋、角色特征以及对组织结构的认知等因素影响着其对组织承诺的稳定性，具体表现为社员对合作社情感上的认同和行为上的投入，结论是总体上表现为水平不高，需要进一步提高社员的归属感和忠诚度。邵科等（2008，2014）[②] 以浙江省合作社社员股份入股为样本进行分析，认为合作社成员个人能力、社会关系网络、业务分工等方面都有异质性，但是主要的表现为利益诉求的差异，认为现阶段成员异质性无法彻底消除；社员不需要人人入股，股东社员也不需要均衡持股，但理事会民主管理和监事会的民主监督要发挥好作用，避免一会独大，同时政府要在一定程度上限制成员异质性的程度，以便符合合作社的本质属性。同时还从合作社的成员业务参与、资本参与和管理参与的维

[①] 黄胜忠、林坚、徐旭初：《农民专业合作社的成员承诺研究——基于浙江省的实证》，《华南农业大学学报》2007年第4期。黄胜忠、徐旭初：《农民专业合作社的运行机制分析》，《商业研究》2009年第10期。

[②] 邵科、徐旭初：《成员异质性对农民专业合作社治理结构的影响——基于浙江省88家合作社的分析》，《西北农林科技大学学报》（哲社版）2008年第2期。邵科、黄祖辉：《农民专业合作社成员参与行为、效果及作用机理》，《西北农林科技大学学报》（社会科学版）2014年第6期。

度，分析成员参与的作用机理。孔祥智等（2009）[①]从成立机制（内生型、外生型）、产权结构、利益分配机制、决策机制、领导人及选举、运行、经费来源等方面进行了调研和描述。苑鹏（2009，2013）[②]从通过完善合作社内部治理、组织机构、加强社员合作理念、厘清社员和社长的双重身份有助于合作社持续发展的角度进行了研究，同时她还把视角深入到合作社青年组织建设，认为加强合作组织团建是提升合作社凝聚力、吸引青年入社、培养合作社后备力量的重要手段，从外部制度环境、青年人才资源以及基层组织资源等方面，分析目前合作组织团建面临的困难与挑战。楼栋等（2012）[③]从个人层面、组织层面和社会层面分析了企业家精神对农民专业合作社发展的作用，同时认为企业家精神之所以能够发挥作用，主要在于保障其拥有一定的对农民专业合作社的控制权，农民专业合作社要想顺利发展也必须要注意对企业家精神的挖掘和运用。徐旭初（2013）[④]认为相当部分合作社治理结构流于形式，合作社必将参与构建具有新的合理性的内外部利益协调机制。黄祖辉等人（2012）[⑤]以烟农专业合作社为例，分析将合作社的民主管理与外部介入融为一体的途径，并寻求两者的均衡，其支点为成员利益至上。李道和等（2014）[⑥]认为技术因素、政策扶持、企业家才能和内部治理机制都对合作社绩效有正相关的影响。黄祖辉等（2014）[⑦]还通过对粮食、果蔬、畜禽三

[①] 孔祥智、史冰清：《当前农民专业合作组织的运行机制、基本作用及影响因素分析》，《农村经济》2009年第1期。

[②] 苑鹏：《合作社领办人在农民专业合作社发展中的作用初探》，《中国农民合作社》2009年第5期。苑鹏：《农民专业合作社发展中的青年组织建设问题初探》，《农村组织与管理》2013年第4期。

[③] 楼栋、黄博、孔祥智：《企业家精神与农民专业合作社发展——以北京乐平西甜瓜专业合作社为例》，《农业部管理干部学院学报》2012年第8期。

[④] 徐旭初：《农民专业合作社必须运营优化》，《中国农民合作社》2013年第11期。

[⑤] 黄祖辉、高钰玲、邓启明：《农民专业合作社民主管理与外部介入的均衡——成员利益至上》，《福建论坛》2012年第2期。

[⑥] 李道和、陈江华：《农民专业合作社绩效分析》，《农业技术经济》2014年第12期。

[⑦] 黄祖辉、刘颖娴：《产品类型差异对农民专业合作社经营的影响》，《青岛农业大学学报》（社会科学版）2014年第3期。

种不同产品类型的合作社从股权集中度、民主管理度和盈余分配进行分析，建议政府应对不同产品类型的合作社制定针对性的政策，不能搞单一化、一刀切的政策。高华云（2018）[①]从契约选择的视角，用博弈论的方法分析了我国农民专业合作社盈余分配方式选择的理论逻辑。认为由于我国农民专业合作社成员存在很强的异质性，成员之间的博弈结果使得合作社选择"按股份为主分配"的契约。如果政府按法律规定强制干预合作社分配契约选择，势必会挫伤合作社投资者的积极性，从而影响合作社的发展。如果政府希望通过在对合作社扶持过程中附加条件来改变合作社分配契约选择，那么由于扶持力度较小而很难达到目标，因此，政府理性的选择是不干预。事实上，在现阶段我国农民专业合作社发展还不成熟的情况下，宽松的法律和政策环境对合作社的发展更为有利。

（2）在监督机制方面

罗必良（2007）[②]认为靠外部监督不能解决社员偷懒问题，组织内部的监督往往处于虚置状态。徐旭初（2011）[③]认为合作社的民主监管需要内部社员的信任，而社员内部信任分为信任方和被信任方，信任方指社员（信任倾向、文化程度、合作经验），被信任方包括合作社组织（规范、公平、绩效）、管理者（能力、人品、关心）、其他社员（正直、能力、声誉），这些因素对合作社的规范发展有正相关影响。同时徐旭初（2012）[④]还认为农民专业合作社治理结构混乱，治理结构形同虚设，民主管理有名无实，建议在调整合作社法的

[①] 高华云：《盈余分配、契约选择与农民专业合作社发展——基于核心成员、普通成员及政府之间的博弈分析》，《中南民族大学学报》2018年第5期。

[②] 罗必良：《农民合作组织：偷懒、监督及其保障机制》，《中国农村观察》2007年第2期。

[③] 徐旭初：《基于社员角度的农民专业合作社内部信任的影响因素研究》，《商场现代化》2011年第6期（上）。

[④] 徐旭初：《谈农民专业合作社法实施中的问题及相应的修法思考》，《中国合作经济》2012年第6期。

过程中适当规范合作社的内部组织机制。朱凤玲（2012）[①]认为合作社对进退机制的监管不健全，现行的法律法规应该对农民专业合作社的退出进行详细的规范，建立信息共享机制，加强对合作社退出的后续监管。胡明霞（2015）[②]认为当前我国关于农民专业合作社监管出现"先发展、再规范"、"强效率、弱公平"、"九龙治水、政出多门"的特点，在这样的情形下，农民专业合作社面临数量快速增长与发展水平不高并存、精英俘获、名实不符、内卷化等诸多问题，建议合作社应该对其自身的发展导向、准入机制、审计监管等方面进行进一步明确和完善。

（3）在激励机制方面

徐旭初等（2010）[③]认为能够影响农民专业合作社绩效的因素中理事会、股权、牵头人情况三个部分的比重较大，合作社绩效反过来也影响社员的积极性。雷兴虎（2011）[④]等认为现在我国忽视人力资本价值，缺乏经营者激励机制的制度设计，不注重经济激励的作用，缺乏经营者责任保险制度，激励机制实施的程序与范围有待完善。孔祥智等（2014）[⑤]介绍了国际合作社分配制度，大致经历了何瓦斯盈余分配原则、1937年的罗虚代尔分配原则、1966年修订的合作社分配原则、1995年重新阐明的合作社分配原则四个阶段，认为对管理者贡献的认可可以成为制定我国合作社分配原则的参考依据。

孟祥东和薛兴利（2015）[⑥]从协调利益关系的视角对合作社的利益链接、利益分配和利益保障三个机制做了详细研究，并提出在这三

[①] 朱凤玲：《农民专业合作社监管和退出机制研究》，《中国联合商报》2012年11月5日第4版。

[②] 胡明霞：《农民专业合作社规范运行的监管机制探析》，《农村经济》2015年第6期。

[③] 徐旭初、吴彬：《治理机制对农民专业合作社绩效的影响——基于浙江省526家农民专业合作社的实证分析》，《中国农村经济》2010年第5期。

[④] 雷兴虎、刘观来：《激励机制视野下我国农业合作社治理结构之立法完善》，《法学评论》2011年第4期。

[⑤] 孔祥智、周振：《分配理论与农民专业合作社盈余分配原则——兼谈〈中华人民共和国农民专业合作社法〉的修改》，《东岳论丛》2014年第4期。

[⑥] 孟祥东、薛兴利：《农民专业合作社利益机制研究综述》，《合作经济与科技》2015年第8期。

个方面存在的问题。盈余分配也是激励机制的一个组成部分,杨唯希(2016)[①]认为我国现行的盈余分配请求权是社员的重要权利,遵循按惠顾额返利为主、按股金分配为辅的盈余分配原则,公积金可以分割并量化到个人,实行社员个人账户管理制度,但是现实中立法规定存在盈余分配核算繁琐、任意性较大,分配原则、公积金提取不规范,法律实效不明显等问题,需要进一步改进。罗将华(2019)[②]认为受各方面因素的影响,部分农民专业合作社在快速发展的同时并没有做到又快又好的发展,存在辐射带动能力小而缺乏内部合作机制,外部发展环境不佳、内部管理不规范等问题,并提出了相应的优化对策。张佳伊和杨丽莎(2019)[③]认为在我国农民专业合作社的发展过程中出现了"搭便车"的行为,实际上就是合作社成员在集体活动中不愿意付出任何成本却想要收获最大收益的现象。借助公共物品中"搭便车"效应来分析合作社中的"搭便车"行为,剖析该行为的现象、产生的原因及其影响,并提出相应的解决措施,即建立合理的分配机制,消除信任危机;引领合作社成员创新品牌,积累社会资本;完善相关机制,共同达成多方利益。

(4)在外在治理环境方面

在综合的环境和合作社关系上,应瑞瑶(2002)[④]认为合作社发生异化的原因,包括了不利于生产要素自由流动的制度市场环境、很多对合作社的法律地位尚不明确的法制环境、小农意识和把集体经济等同于合作经济的文化因素等,并指出了矫正异化合作社的途径。张

[①] 杨唯希:《农民专业合作社盈余分配规则及实践探究》,《当代经济研究》2016年第2期。

[②] 罗将华:《农民专业合作社运行中存在的问题及优化策略》,《中国集体经济》2019年第19期。

[③] 张佳伊、杨丽莎:《农民专业合作社成员"搭便车"行为探究》,《经济研究导刊》2019年第4期。

[④] 应瑞瑶:《合作社的异化与异化的合作社——兼论中国农业合作社的定位》,《江海学刊》2002年第6期。

紫薇、戴瑞瑛和贺晨曦（2019）[1]分析了合作社、政府、金融机构以及消费者之间的信任情况，对各个主体之间的信息不对称问题进行研究，并建立以合作社为中心，政府、金融机构、消费者共同形成的多维信任机制，以促进合作社的发展。

在立法和合作社的关系上，徐旭初[2]（2009）注意到农民专业合作社的立法导向问题，立法应该促进合作社面向市场、社员主导、有竞争力。还注意到合作社文化的功能，认为合作社的文化核心一直是合作社如何平衡适应内外部组织环境变化与坚持合作社文化内核的问题。孔祥智和陈丹梅（2007，2009）[3]从农户的弱质性特点、农业的重要地位、农民合作组织对农业持续发展的促进作用、服务的正外部性等方面阐述了政府为什么要支持合作社的发展，介绍了国外政府和地区对合作社的扶持政策，并进一步总结认为政府对农民专业合作社的支持和扶持体现在六个字，即支持（资金支持、税收优惠、金融服务）、推动、参与（协助合作社的成立和运作）。苑鹏（2008）[4]关注到农民专业合作社法颁布后的新动向并提出相关建议，指出了《农民专业合作社法》颁布后合作社在总发展趋势、合作领域、合作内容、走向联合的态势以及合作社在农业现代化、产品专业化、标准化及品牌化方面有新变化；同时也指出存在的矛盾：地方部门急功近利、龙头企业钻空经营、工商税务等部门政策不配套，建议在加大宣传相关法律制度、加强和完善政府督管以及针对大型龙头企业加入合作社严加审核等方面进行改进。张益丰（2019）[5]认为在2017年《农民专业

---

[1] 张紫薇、戴瑞瑛、贺晨曦：《供给侧改革下农民专业合作社发展的多维信任机制研究》，《湖北经济学院学报》2018年第8期。

[2] 徐旭初：《合作社文化：概念、图景与思考》，《农业经济问题》2009年第11期。

[3] 孔祥智、陈丹梅：《政府支持与农民专业合作社的发展》，《教学与研究》2007年第1期。孔祥智：《大力发展服务于民的农民专业合作社》，《中国农民合作社》2009年第6期。

[4] 苑鹏：《〈农民专业合作社法〉颁布后的新动向及相关建议》，《农村经济》2008年第1期。

[5] 张益丰：《社会关系治理、合作社契约环境及组织结构的优化》，《重庆社会科学》2019年第4期。

合作社法》修订之后，进一步强化了新型农业经济合作组织的法人性质，在法律上确定了其独立平等的市场地位，但是其发展还面临认识误区、利益机制、市场风险、经营管理等多重困境，针对于此，必须要创新发展路径，进一步优化组织架构、流通形式、分配方式、运作机制。

在政府与合作社的关系问题上，苑鹏（2009，2009）[①]认为政府与合作社关系的立法定位为"指导"、"扶持"和"服务"，政府通过督促各级政府、农业主管部门落实职责，同时调查和收集了各省对农民专业合作社的支持情况，总结出扶持方式以"中央财政以直接补贴为主，地方财政以奖代补为主"，资金投向以"生产经营能力提高为主，组织的规范化建设为辅"，以便实现提升综合能力，发挥示范作用的目标，取得了很好效果，同时也指出了财政政策支持存在的问题。苏群、李美玲和常雪（2019）[②]认为财政支持提升了农民专业合作社绩效，对农民专业合作社的发展有较好的促进作用。

在文化与合作社的关系问题上，梁洁（2018）[③]认为我国农民专业合作社在"量"上实现了快速增长，但在"质"上则面临诸多现实困境。一些地方的农民专业合作社通过不断加强乡村文明建设，重塑乡村社会互助关系，提高了社员的参与积极性，增强了合作社发展的内生动力，为全国农民专业合作社突破发展困境提供了可以借鉴的宝贵经验。陈杉（2019）[④]认为乡土文化嵌入因素对社员、理事、监事等的行为都会产生影响，是当前合作社治理中的制约因素。"和合"治理文化承认社员之间的差异性、多样性以及治理机关事务的矛盾性，强调不同主体的共生性、包容性。治理主体应相互成就、协同

[①] 苑鹏：《〈农民专业合作社法〉关于政府与合作社关系的立法定位》，《青岛农业大学学报》（社会科学版）2009年第3期。苑鹏：《农民专业合作社的财政扶持政策研究》，《经济研究参考》2009年第41期。

[②] 苏群、李美玲、常雪：《财政支持对农民专业合作社绩效的影响——以种植业合作社为例》，《湖南农业大学学报》2019年第2期。

[③] 梁洁：《重视农民专业合作社发展中的文明建设》，《开放导报》2018年第12期。

[④] 陈杉：《合作社"和合"治理文化研究——基于乡土文化嵌入因素的审视》，《苏州大学学报》2019年第5期。

发展，疏导差异、分歧并解决矛盾，强调促进合作社与自然、合作社与社会以及各治理主体的关系处于一种持续的和谐状态。"和合"治理理念强调社员的自治主体性与社员的相互信任，尊重"异质共生"，强调"礼之用，和为贵"，是一种坚持平衡与合作、秉持"天人合一"的治理思想。

（5）参与乡村治理方面

阎占定（2012）、赵泉民（2015）、王进，赵秋倩（2017）[①]、黄佳民（2019）[②] 围绕合作社参与乡村治理的必要性与可能性、嵌入结构等问题展开研究，认为在多元合作共治下农民合作社日益成为乡村社会中不可忽略的治理主体，不论是在政府强力推动下，抑或自主嵌入乡村社会与其他治理主体联合，均体现出组织形态变迁中新事物的内在生命力。同时，也有学者对合作社作为载体创新社会管理进行研究，认为合作社参与乡村治理，不仅可以提升合作社成员的收入，还可以提高成员的合作意识、民主意识、守法意识和责任意识。黄佳民和张照新（2018）[③] 认为农民合作社在乡村治理体系中具有多项功能和价值，可以教育和引导农民，提高农民的组织化水平，能代表农民发声，成为农村公共事务协商决策的重要主体，可以承担乡村基础设施建设和公共服务，成为乡村社会建设的重要承载主体，可以调节农民之间、农民与其他各类组织之间的冲突和矛盾，成为乡村社会重要的纠纷调处主体。同时也建议从进一步发挥乡村治理的作用视角，推动合作社从转变观念、转变方式、完善法律等方面，加快推动合作社参与乡村公共事务的协商决策，承担更多公共服务。赵晓峰和许珍珍

---

① 王进、赵秋倩：《合作社嵌入乡村社会治理实践检视、合法性基础及现实》，《西北农林科技大学学报》2017年第17期。
② 黄佳民：《农民专业合作社在乡村治理体系中的定位与实践角色》，《中国农业资源与区划》2019年第4期。
③ 黄佳民、张照新：《农民专业合作社在乡村治理体系中的定位与实践角色》，《中国农业资源与区划》2018年第4期。

(2019)[①] 认为合作社是保障农民主体地位和保护农民发展权益的理想载体。乡村振兴需要重塑农民的主体性和组织性，以此避免在解决城乡发展不平衡和农村发展不充分矛盾的过程中进一步恶化农民的边缘性地位。整合国家财政资源和政府政策资源与合作社进行对接，一方面有助于发挥合作社在人才振兴、组织振兴、产业振兴、生态振兴以及文化振兴方面的五大功能，促进乡村振兴战略的全面落实，另一方面也有助于为合作社发展营造良好的外部环境，促进合作社产业升级和社员规模持续扩大，推进合作社健康发展。

（三）国内外研究现状的述评

1. 从国内外研究理论视角来看，国外学者虽然也有从人类发展的角度去研究合作社，把它作为一个帮助农民实现经济、民主和价值目标的工具，但是研究主流还是从企业治理、纵向一体化、联盟的视角对农民专业合作社进行研究，主要解决在市场条件下达到提高合作社绩效的问题，之后随着制度经济学的兴起，开始把制度经济学的理念引入合作社研究，从产权代理交易费用理论入手研究影响合作社绩效的问题，同时从合作社实践出发，研究全球供应链条件下成员异质化问题对合作社发展的影响。国内学者主流也是从交易费用理论、产权理论、制度变迁理论、博弈论等理论视角入手进行研究。与马克思主义合作社理论比较，西方经济学的合作社理论是以私有制为基础，以商品经济发展到市场经济阶段背景下产生的，农民合作社能弥补市场机制的缺陷，也能在一定程度上弥补在生产力发展水平不高条件下政府社会功能的缺失，这些好的经验能够促进我国合作社在中国的更好发展。中国的合作社也是嵌入在市场环境、政府政策和传统文化中，如果完全按照西方的合作社模式去发展合作社，也可能会水土不服，所以从马克思主义合作社理论入手研究中国合作社问题意义

---

① 赵晓峰、许珍珍：《农民合作社发展与乡村振兴协同推进机制构建：理论逻辑与实践路径》，《云南行政学院学报》2019年第5期。

重大。

2. 从国内外研究视域来看，国外在农民专业合作社治理方面主要关注内部治理机制的相关内容，运用博弈论分析影响合作社治理绩效的决策、监督和激励机制等相关因素，比如职业的责任和权利问题、剩余索取权的索取问题、合作社制度创新问题、成员异化背景下的合作社集体选择问题，社员过度控制问题等等。国内学者大多数从农民专业合作社发展的外部环境研究，比如合作社法律保障、与政府关系，在内部治理机制方面主要分析在产权结构、成员素质、经营方式等方面在实践中的影响因素。但是以往的研究很少从制度变迁的角度去分析农民专业合作社治理对中国合作社治理实践的传承，也很少关注微观的社员民主诉求导向、立法导向和市场需求导向对农民专业合作社发展的影响。

3. 从国内外研究方法来看，无论是国外还是国内在对合作社的研究，主要是从定性分析转向问卷调查、因子分析、回归分析、建构方程模型等定量分析，形成了一定的研究范式，对分析农民专业合作社有一定的方法论意义，但是影响农民专业合作社发展的因素纷繁复杂，过于精细化的分析与现实之间定会有一定的出入，而且中国幅员辽阔，区域差异较大，人员素质发展情况也不尽相同，应该寻求具有中国特色的解决之道。

三　研究方案

（一）研究目标、研究内容和拟解决的关键问题

1. 研究目标

中国农民专业合作社在当前农村发展中的地位越来越凸显，它不仅是一个经济问题，还是一个社会问题、政治问题，它不仅关系农民收入的提高，还关系农村整个经济发展和社会发展，是一个涉及农村社会转型、农业产业化、农村现代化的问题，因此对农民专业合作社

的研判定位在以下目标：

（1）以马克思主义合作社治理理论为基础分析中国农民专业合作社治理结构。在大量阅读文献的基础上总结马克思主义合作社治理理论的主要内容，并吸收西方有关分析合作社的治理理论框架，分析中国农民专业合作社治理结构。

（2）寻找到治理合作社公平与效率结合的改进点。合作制本身也体现共同富裕的要求，从微观视角研究合作社治理，找到合作社解决效率和公平的最佳切入点，实现合作社的经济功能和益贫功能的结合。

（3）构建内外协同创新的组织模式。合作社发展的唯一出路就是"创新"，本书分别从现实、法律和实践三个层面对农民专业合作社进行分析，在调研基础上提出能够促成合作社产学研、内外协同创新的组织模式，为合作社创新实践提供一些经验借鉴。

2. 研究内容

本书共有八部分：

第一部分：绪论。通过选题背景和国内外综述的整理和总结，在以前学者研究的基础上析出自己研究的思路和创新点。

第二部分：中国农民专业合作社治理的理论指导。通过对马克思主义合作经济思想的内容及其对中国合作社治理的指导作用进行分析。

第三部分：中国农民专业合作社治理的历史回顾。主要对中国农村合作社新民主主义革命时期、建国以后、合作化高潮时期、改革开放以来农民专业合作社治理状况和治理绩效进行梳理，明确中国农民专业合作社治理改进的历史背景。

第四部分：中国农民专业合作社治理改进的现实基础。分析了合作社组织的质性规定、制度基础及其约束中国农民专业合作社治理的行政行为、市场环境、产业链管理及其乡土文化的各种"嵌入"对合作社治理造成的各种困境。

第五部分：中国农民专业合作社治理的成员素质因素。对社员文化情况、民主意识、参与意识、权利意识和合作意识的研究并指出治理困境，提出改进对策。

第六部分：中国农民专业合作社治理的法律规制。结合国外合作社相关法律对合作社的规定及其我国合作社相关的法律规范，指出中国农民专业合作社在法律法规方面的治理困境并提出改进对策。

第七部分：中国农民专业合作社内部治理机制。对中国农民专业合作社治理的内部机制的运行现状、治理困境进行研究并提出改进对策。

第八部分：中国农民专业合作社治理的外部环境。通过对影响合作社经济制度、政治制度和文化制度等方面出现的治理困境进行剖析，并提出改进的具体对策。

3. 拟解决的关键问题

（1）从农民专业合作社治理的空间维度来说，主要针对其治理的共同性问题进行归纳。中国是一个农业大国，自然条件、区域结构不尽相同，地方文化、公众思维模式也不尽相同，所以通过空间视角对合作社治理的考察，总结其共性特点，为改进农民专业合作社治理提供借鉴。

（2）从农民专业合作社治理的主体维度来看，主要解决其治理的社员主体问题。由于影响合作社治理发展的因素纷繁复杂，既表现为其内外部机制的层次和联系的纷繁复杂，也表现为经济环境、政策环境、文化环境和法律环境对其的多元影响，还表现为社员角色不同、视角不同而产生的不同心理感受，所以必须有一个价值判断，中国关于农业、农村和农民的所谓"三农"问题，其主要的核心还是解决农民问题，其他问题也是农民问题的派生，所以本书的治理研究最终的价值判断在微观层面表现为社员在治理内部的地位和作用，宏观层面表现为对农村经济发展推动的绩效问题。

（3）从农民专业合作社治理的制度维度来讲，主要解决我国的市场环境、政策环境和文化环境对合作社的影响。在农业发展中，有一种朴素的说法："一靠政策，二靠科技，三靠投入"，制度本身虽然不是农业资源，但是它能够使资源进行不同的组合，为资源配置提供环境、从而产生不同的成本和绩效。所以对上升为政策的制度关注并提出改进建议。

（二）研究方法、研究手段及可行性分析

1. 研究方法

（1）定性和定量研究相结合的研究方法。本研究方法亦称为"建构主义方法"和"实证主义方法"相结合。定性研究在很大程度上依赖于研究者的感知对事物进行描述，主观性很大；定量研究主要通过量表、统计及其实验和检测的手段来进行研究，相对于定性研究来说客观性强一些。本书运用定性和定量研究分析相结合，对山西省农民专业合作社运用调查分析、实地走访等方法进行研究，尽量保持研究对象和研究内容的客观性。

（2）逻辑和历史相统一的研究方法。人们在一定的历史环境下形成的生产关系是客观的，不以主观意志为转移，它们是一定生产关系下的产物，是客观的。文章中遵循在生产力和生产关系的辩证运动中对农民专业合作社治理的历史变迁进行研究，并结合中国市场经济发展程度、政府保障措施、法律契约关系以及合作社文化进行分析并提出治理改进的对策。

（3）归纳和演绎相结合的研究方法。遵照合作社"民有、民管、民享"的原则基础上，进一步归纳出影响农民专业合作社治理的高素质人才、完善的法律制度、规范的治理机制及其良好的制度保障。

2. 研究手段

通过阅读经典文献、查阅中国知网和外文网站，进入中国国家图书馆网站，并通过田野调查、访谈的方式进行资料收集、数据统计，利用多种渠道完成论文写作。

3. 可行性分析

（1）有丰富的文献研究资料。关于农民专业合作社治理的问题学界已经进行了很多研究，无论是专著、论文、博士论文、报纸、外国文献都有涉及，为研究提供了丰富的文献资料。

（2）有丰富的实践案例。农民专业合作社的治理确实出现了各种的不规范，有现实的需求，为研究提供了很大的空间。

（3）有丰富的研究方法可以借鉴。学界也有各种研究方法可资借鉴，对本问题的研究提供了方法指导。

四　可能的创新点

中国农民专业合作社起步较晚，虽然有一定的经济带动性，但是带动性不强，关于合作社治理的问题研究也比较晚，问题较多，作为关系国计民生的能够带动农民增收、农村发展的经营主体，所以政府和相关管理部门、学者对其治理改进问题必须进行特别的关注和研究。本书的创新主要体现在以下几个方面：

（一）从马克思主义政治经济学的理论视角对中国农民专业合作社治理进行研究

在目前国内的研究实践中，对于合作社治理改进的研究视角主要是运用新制度经济学、演化经济学的相关理论视角对农民专业合作社的治理结构进行剖析。本书主要是从马克思主义政治学的视角，进一步归纳总结马克思主义合作经济思想的主要内容，并具体分析对中国农民专业合作社治理在融资渠道、组织运行和监督机制等方面的具体指导作用。

（二）对中国农民专业合作社在治理实践方面进行历史回顾

本书运用文献研究的方法对新民主主义革命以来的合作社治理结构及其对合作社治理绩效的影响两个方面进行针对性研究，也是本书的可能创新之点。

（三）运用"现状—困境—对策"的逻辑结构进行具体问题剖析

从微观的层面对影响专业合作社治理绩效的成员基础、法律规范、内部治理机制、外部治理环境进行具有针对性的研究，也是文章的可能创新之点。

五　样本选择

（一）地点选择

由于我国幅员辽阔，各个地区不论是经济发展还是社会发展方面存在较大差距，因此农民专业合作社发展程度也有所不同。本书选择山西省11个地区作为调研对象，一是因为山西有的地区在20世纪50年代就有一些典型的合作社。二是截至2016年，山西省在工商部门登记的农民专业合作社已经达到90001家[①]，发展势头好。

（二）问卷设计

本次问卷设计分为理事长卷和社员卷，合作社总个数164家，发放理事长卷164份，社员卷，每个合作社社员卷5份，共发放社员卷820份。理事长卷回收100%，社员卷回收800份，回收率为97.6%，微信卷200份。

（三）调研方式

1. 走访。主要是针对省级以上的示范合作社进行了走访，通过与理事长和社员交谈收集数据。

2. 发放问卷。依托长治学院思政部学生，经过选拔并进行短期

[①] 农业部农村合作经济经营管理总站课题组：《新常态下促进农民合作社健康发展研究报告（一）》，《中国农民合作社》2016年第11期。

培训，利用学生暑假返乡进行问卷调查。

3. 微信问卷。运用问卷星制作问卷，通过微信发放问卷。

（四）样本来源及其构成

样本来源及其构成

地区	合作社个数	百分比（%）	地区	合作社个数	百分比（%）
长治	22	13.5	吕梁	20	12.5
运城	3	1.9	临汾	16	9.6
阳泉	6	3.8	晋中	16	9.6
忻州	2	1	晋城	24	14.4
太原	8	4.8	大同	30	18.3
朔州	17	10.6			

第一章 中国农民专业合作社治理的理论指导

一 核心概念界定

从经济学的视角来看，合作就是通过有意识的自愿联合、相互扶持，增强群体竞争力从而达到共同目标的行为和过程。在人类发展史上，竞争与合作相生相伴，像一个硬币的两面，随着市场经济的发展，他们日益成为推动现代经济社会进步的两大力量，所以合作组织的本义是劳动者联合生存与发展的自助组织，是市场竞争的产物，在当今经济日益全球化、贸易自由化不断推进的情形下，"合作组织的价值、原则和机制在减少竞争带来的负面影响方面，正发挥着特殊的平衡作用，有助于和谐的经济增长与公正"。[①] 合作的效益包括两个方面，一是能够增加物质性收益，增大生产规模，产生外部性，实现所谓的"规模效应"和"聚集效应"。二是能够产生精神性收益。使人有某种归属感，实现人的自我价值。正是由于合作能够产生如此两方面的效应，才使人们更加重视农民专业合作社的治理问题。

[①] 曹泽华：《农民合作经济组织：中国农业合作化新道路》，中国农业出版社 2006 年版，第 12 页。

（一）农民专业合作社

1. 合作社定义和原则

在 1995 年的国际合作社联盟大会上加拿大历史学家伊恩·麦弗逊在报告中陈述：

一个合作社是通过人们共同占有和民主控制以实现人们经济、社会、文化需求和期望的自治联合体。[①] 此后国际劳工组织在第 90 次大会和第 80 届国际合作社日暨第 8 届联合国国际合作社日的致辞中都重申了这个定义。合作社包括七项基本原则：

（1）成员的自愿和开放

合作社是没有性别、社会、种族、政治和宗教歧视，开放给所有人能够使用他们的服务，愿意接受会员的职责的自愿组织。

（2）民主成员控制

合作社成员通过积极参与制定政策和作出决策民主控制合作社。作为选民代表的男性和女性对会员负责，所有成员采取"一人一票"的投票方式。

（3）社员经济参与

社员对合作社资本贡献公平、民主控制，至少部分资本通常是合作的共同财产。成员实行有限资本补偿。

（4）自治和自立

合作社遵循自治和自立原则，如果他们通过协议或其他手段从政府和其他组织中筹集资金，必须遵循成员民主控制的原则，并尽力维护合作社成员自治和独立的条件。

（5）提供教育和培训机会、宣传合作社

合作社为社员提供教育和培训的机会并通过选举代表、管理者、员工，以便能有效率地促进合作社的发展。他们告知公众，特别是年

---

① http://Ica.coop/en/whats-co-op/co-operative-identity-values-principles.

轻人和有想法的人有关合作社组织的根本宗旨、本质和能够带给他们的好处。

（6）合作社之间的联合和合作

合作社的国家、国际和地区机构成员通过促进地区合作来增强地区间的有效合作并促进合作运动。

（7）关注并关心社区

通过政策批准并促进合作社成员为社区更好更快发展而努力工作。

需要强调的是，世界上大多数国家都将 Farmer 一词表示为农场主，不同于我国按户籍进行的划分。Farmer 更准确的表述应该是作为一种职业的农业从业者①，区别于传统农学意义上的农民（Pasant）概念，我国的农民合作社（Farmer Cooperatives）概念和农业合作社（Agriculture Cooperatives）基本对应。国外合作社的划分一般遵从于产业化发展，所以农业合作社的概念使用频率更高。同时在合作社的英文名称使用上美国等国家习惯使用 Cooperatives，英国等欧洲国家大多使用"Co-operatives"，"合作社"还可简化为"Co-op"或"Coop"②。

2. 农民专业合作社定义

农民专业合作社是中国特有概念，经过对现有资料查询，1984的中央一号文件中出现了"农业合作社"、"专业合作经济组织"词语，"为了完善统分结合的双层经营体制，应设立以土地共有为基础的合作经济组织，可以叫农业合作社等名称。"③ 1985 年中央一号文件中提到"凡要农民出钱兴办的事，都要经乡人民代表大会讨论，坚持'定项限额'。任何额外的摊派，农民有权拒绝。供应农民的生产

---

① 吴彬：《农民专业合作社治理结构：理论和实证研究》，浙江大学出版社 2014 年版，第 7 页。

② 吴彬：《农民专业合作社治理结构：理论和实证研究》，浙江大学出版社 2014 年版，第 7 页。

③ 《中共中央关于一九八四年农村工作的通知》，1984 年 1 月 1 日。

第一章　中国农民专业合作社治理的理论指导　　35

资料，不得任意提价。一切有关的部门和单位，都要注意保护农民的利益，保护专业户的合法权益，并注意做好扶贫工作。"[1] 在1987年中央一号文件《把农村改革引向深入》中，提到了专业合作社和社区合作组织的区别，但是没有详细说明。1990年12月在中共中央、国务院的工作通知中讲到农业社会化服务体系应该包括"合作经济组织内部的服务"，在1997年的中共中央、国务院关于农业和农村工作的意见中指出对于农民自主自愿设立的各种专业合作社政策要给予支持和引导。[2] 通过法律的形式对农民专业合作社进行确认的是2001年修订的针对第一产业的《农业法》，该组织必须按照法律规定程序，按照民主管理、盈余返还、进退自由的原则进行业务的经营和服务活动，农民专业合作社的宗旨是为成员服务。

全国人大2005年9月起草《农民合作经济组织法》的征求意见稿里采用"农民合作经济组织"，2006年中央一号文件在合作经济组织中加了"专业"二字，2006年2月人大称为农民专业合作经济组织，10月改"组织"为"社"，并通过《农民专业合作社法》，规定："农民专业合作社是在农村家庭承包经营基础上，同类农产品的生产经营者或者同类农业生产经营服务的提供者、利用者，自愿联合、民主管理的互助性经济组织"。2017年12月，对《中华人民共和国农民专业合作社法》进行修订，并自2018年7月1日起施行，主要以列举的方式扩大了农民专业合作社服务类型。

从以上梳理可以看出，在合作经济组织前面有的时候用"农村"，有的时候用"农业"、有的时候用"农民"。本书认为农村合作经济组织是从地域的角度而言，相对应"城市"，包括社区合作组织、农村供销合作社和信用合作社、农村股份合作社、农民专业合作社、龙头企业领办合作社；农业合作经济组织是相对于工业的和商业的合作

---

[1]《中共中央、国务院关于进一步活跃农村经济的十项政策》，1985年1月1日。
[2]《中共中央、国务院关于一九九七年农业和农村工作的意见》，《十四大以来重要文献选编》（下），原文时间：1997年2月3日。

经济组织，是从产业发展的视角来命名；农民合作经济组织是相对于工人的视角，突出农民在合作经济组织中的主体地位。关于文件中出现的各种合作社名称之间有一定的关联性，如图1.1，农民专业合作社是农民合作经济组织的具体形式之一，各种社的总称便为组织。本书所采用的农民专业合作社的名词就停留在下图的层次，同时采用《农民专业合作社法》中关于农民专业合作社的定义。

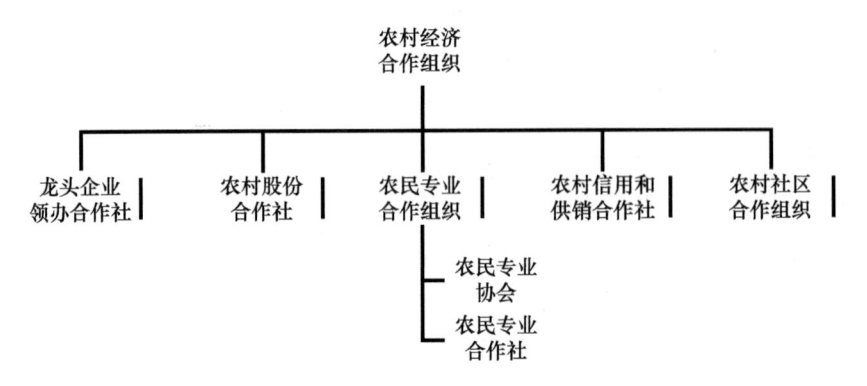

```
                    农村经济
                    合作组织
    ┌──────┬──────┬──────┼──────┬──────┐
  龙头企业  农村股份  农民专业  农村信用和  农村社区
  领办合作社  合作社  合作组织  供销合作社  合作组织
                      │
                    ┌─┴─┐
                   农民专业
                    协会
                   农民专业
                   合作社
```

图1.1 农村合作经济组织之间的关系

(二) 农民专业合作社治理

1. 治理

最早"治理"（governance）[①]用来表示"上帝之法授予国王对国家的统治之权"，[②] 20世纪80年代以后治理（governance）概念发生了变化，意指依托自身创造能力凭借有效管理途径，适应千变万化的外部环境以便提高公民福祉和人类可持续发展的普遍期盼。[③] 区别于

[①] 我国大多数学者将"governance"译为"治理"，以区别于统治、控制等词语，也有学者使用"治道"来解释"governance"。

[②] 孙柏瑛：《当代地方治理：面向21世纪的挑战》，中国人民大学出版社2004年版，第18页。

[③] 孙柏瑛：《当代地方治理：面向21世纪的挑战》，中国人民大学出版社2004年版，第19页。

"统治"和"政府控制"①的概念。

由于治理的概念复杂，英国学者罗伯特·罗兹建议人们可以从国家治理、公司治理、新公共管理、善治、新社会控制论和自组织网络等视角去理解治理概念，从公司治理模式的角度，治理强调其提供服务的开放和公正性，强调问题解决的全面责任。作为善治目标的治理，主旨在于建立多元的更开放广泛的公共事务管理体系和服务系统，强调"民主授权"；从自组织网络治理视角来看，强调在社会资本资源交换和共享中建立以合作互惠、互相信任为基础的，形成具有社会自主管理和公民自我管理的自主管理模式。② 同时罗兹还对支撑人类社会治理的市场模式和政府科层模式特征同治理网络模式进行比较，以便提出当代治理模式的显著特征，如表1.1所示。

表1.1　　　市场模式、政府模式与当代治理模式特征③

模式	市场模式	政府科层模式	治理网络模式
基本关系	契约和财产权	雇用关系	资源交换
依赖性程度	独立	依赖	相互依赖
交换媒介	价格	权威	信任
冲突解决和协调的方式	讨价还价和法院	规则和命令	外交式斡旋
文化	竞争	从属与服从	交互作用

有的学者认为当今的治理结构需要探讨的是如何将单中心的治理框架转变为多中心多角色互动结构，④⑤ 见图1.2所示。

---

① "统治"在英语中用 goveming 表示，"政府控制"用 government 表示。
② 俞可平：《治理与善治》，社会科学文献出版社2000年版，第87—96页。
③ Gerry Stoker eds, *The New Management of British local Governance*, Forwarded by R. Rhodes, New York: St. Martin's Press, Inc1999.
④ Weller, P., "In Search of Governance", in Pierre eds., *Debating Governance*, 2000.
⑤ Kooiman, J. and Vliet, *Govermance and Public Management*, in Kooiman eds., 1995, p. 109.

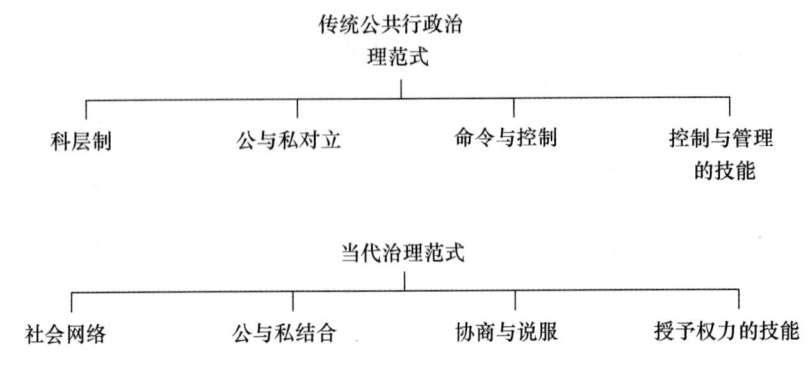

图 1.2 当代治理范式与传统公共行政治理的区别

```
              传统公共行政治
                 理范式
    ┌──────────┬──────────┬──────────┐
  科层制    公与私对立  命令与控制  控制与管理
                                      的技能

               当代治理范式
    ┌──────────┬──────────┬──────────┐
  社会网络  公与私结合  协商与说服  授予权力的技能
```

可以看出，当代治理范式与传统的公共治理范式中采用命令与控制的方式通过科层制进行控制与管理的技能不同，其是通过形成社会网络构建公与私结合的二元结构，通过协商与说服的方式，增强授予权力的技能的一种过程。许多学者从不同的角度对治理进行解释，其实质包括：第一，多中心治理；第二，权力运行上下互动、彼此合作和相互协商的多元关系；第三，社会网络化管理；第四，政府治理策略和手段向适应治理模式的方向改变。其通过相互协商和上下互动，彼此合作形成多中心治理，达到提高治理主体效率和维护公平的目的。

当然治理也需要形成权力权威，最终的目标都是为了维护社会秩序，这点与政治管理是相同的。但是治理又不同于管理，从主体和客体来讲，治理和管理不同的是其主体是包括政府和公私机构在内的多元主体，而管理的主体只能是政府，所以治理的主体更加宽泛，上至中央政府下至基层社区（包括公司和大学）都需要治理；从权力运行的向度来讲，政府统治的权力运行是单一向度的自上而下的方向管理，而治理主要是通过合作、协商和伙伴关系建立相同的目标，通过建立社会合作网络建立权威，基本依据市场原则、公共利益规则进行上下互动的多元管理。

2. 农民专业合作社治理

有治理就有治理架构，现在学术界普遍认为治理有市场、科层和混合形态三种架构，主要是为达到减少交易成本的目的，所以哪种架构能够达到减少交易成本的目的就采取哪种治理构架。如果外部供应商更便于合作企业依赖，那么就选择市场契约作为治理结构形式；如果更依赖于内部雇员就选择科层（企业）形式作为结构形式。作为企业就有公司治理结构，公司治理结构指企业组织形式的结构和运行结构，2015年经济合作和发展组织（OECD）指出：公司治理涉及公司管理者、董事会、股东和其他股东关系，旨在通过设置一套结构以便实现公司目标和确定实现手段，在执行过程中伴随着监控。[①] 此定义具有一定的代表性。"公司治理从大的方面来说涉及企业的组织方式、决策机制和利益分配的一切制度、法律和文化的环境，从小的方面讲主要指投资者与企业之间的契约关系和利益分配关系"。[②]

贝利和米恩斯在二十世纪三十年代提出公司治理的概念，但是到目前为止国内外学者对其的理解各不相同，科克伦（Philipl. Cochran, 1988）和沃特克（Stevenl. Wartick, 1988）认为公司治理问题包括了决策层和相关公司利益人之间在运作过程中产生的问题，其核心问题包括谁在公司决策中受益和谁应该在决策中受益的问题，当理论和现实不一致时治理问题就产生了[③]。柯林·迈耶（Mayer）在1995年发表《市场经济和过渡经济的企业治理机制》一文中认为公司治理是随着市场经济股份所有权和控制权相分离的服务于投资者利益的组织安排；詹森（Jensen）和哈特（Hart）认为公司治理结构是资本市场、政治法律和法规制度、产品和生产要素市场以及以董事会

[①] OECD. G20/OECD *Principles of Corporate Governance*, Paris: OECD Publishing, 2015, p. 9.

[②] 吴彬：《农民专业合作社治理结构：理论与实证研究》，浙江大学出版社2014年版，第11页。

[③] 张泽一：《马克思的产权理论与国企改革》，冶金工业出版社2008年版，第162页。

为主的内部控制机制。① 其产生是在当代理问题存在并且交易费用之大使得代理问题不能通过合约解决时产生的。

谭安杰认为公司治理结构的核心是建立监管体制,以求实现对内监督规范和追求股东利益最大化;钱颖一、林毅夫、张维迎教授认为公司治理结构是一套处理投资者、经理层和职工之间关系以便实现经济利益的制度安排,包括对控制机制、监督机制和激励机制的配置和运用。

需要指出的是在大多数情况下合作社被定义为一种企业形态,当人们更多地关注在市场经济发展环境下合作社的有效发展问题时,合作社的企业形态就更显得重要,在此种情况下的治理主要包括通过股东、理事会及其监事会来行使控制权、决策权和监督权。如图1.3②所示的治理结构,两个三角形交汇点以下部分属于管理,经理和专业经营管理人员共同行使经营决策权。

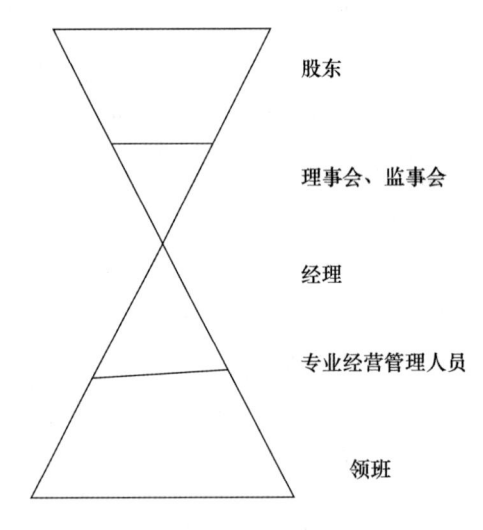

图1.3 农民专业合作社的治理结构

① 张泽一:《马克思的产权理论与国企改革》,冶金工业出版社2008年版,第162页。
② 张晓山、苑鹏:《合作经济理论与中国农民合作社的实践》,首都经济贸易大学出版社2009年版,第9页。

当然农民专业合作社的治理环境和治理过程从实践的发展来看总是和现实的各种因素互相胶着在一起，其实际上是一种双重属性的治理结构，从理论上来说农民专业合作社既是一个社会团体也是一个商事企业，但是在实践中受到的经济约束并不比其他类型的企业少。

合作社的发展也离不开社会文化的影响，在不同的社会文化中的旨趣也有变化，比如在人文主义传统深厚的欧洲国家人们往往将合作社更多地理解为具有理想主义或者保守主义的传统经典合作社共同体；而在实用主义传统鲜明的美国又将合作社视为一种企业形式，对合作社的治理主要是讲求效率和强调市场化。同时在合作社的不断实践中，也形成了合作社治理文化，其是指社员、理事、监事、经理人员等合作社利益相关者，在参与合作社治理过程中逐步形成的有关思想观念、目标、价值体系、社会风尚、道德伦理、行为规范、制度体制等，这些蕴含合作社价值观、宗旨、规则、标准等的制度成为合作社的行为准则，治理文化在治理主体的不断实践中根据现实的需求变化又形成了不同的治理结构。总体而言，在越来越多的国家更多把合作社视为企业而非自治联合体的今天，如何在发展合作社企业时又能有效保持合作社特有的理想与旨趣，就成为人们在思考合作社发展时更为深刻的困扰。

二 马克思主义合作化理论是农民合作社治理的理论指导

马克思认为合作社是劳动人民为改变生产条件和生活而自愿联合起来保护自己正当利益的经济组织。在无产阶级夺取政权以前，合作社是无产阶级通过组织领导和团结广大劳动群众进行斗争的工具。在无产阶级夺取政权以后，合作社是组织农民走社会主义道路的有效形式，是促进土地私有向社会占有的中间环节，但是单靠个体劳动者组成的合作社是决不能改造整个资本主义制度的，只有在无产阶级夺取政权后，合作劳动才能推广到全国并进行普及。恩格斯也非常认同马克思的观点，而且还特别强调合作社在向共产主义过渡时的地位和作用，并注意到了合作社利益同整个社会利益之间存在着矛盾。恩格斯指出："至于在向完全的共产主义经济过渡时，我们必须大规模地采用合作生产作为中间环节，这一点马克思和我从来没有怀疑过。"中国农民专业合作社的治理是在马克思主义合作经济思想的基础上，承继中国的农民合作社实践的过程中一步步发展起来的。从马克思、恩格斯合作社思想的提出，到列宁对农民合作社思想的实践，再到毛泽东通过合作社对中国农业的改造，邓小平提出"两个飞跃"思想的进一步实践，到如今习近平总书记对农民专业合作社问题的关注，中国的农民专业合作社在理论的指导下不断前进，在实践中不断摸索。

（一）马克思主义合作化理论内容

马克思主义合作经济思想从农民合作经济产生的制度基础、存在形式、发展阶段、组织目的、文化建设等七个方面进行了阐述。

1. 农民合作经济的制度基础

在马克思看来现代生产合作社之所以能够产生，在于资本主义生产方式下的信用制度和工厂制度。马克思把合作工厂制度作为未来社会主义社会的一种生产形式，将合作社视为未来社会的基层生产单位，同时非常注重新的制度得以实现所需要的客观条件。马克思曾说："没有从资本主义生产方式中产生的工厂制度，合作工厂就不能发展起来；同样，没有从资本主义生产方式中产生的信用制度，合作工厂也不可能发展起来。"[1] 马克思认为若农民不被雇佣农替代就会出现两种情况：一种是任何工人革命都会被农民阻止，犹如法国一般；一种是工人阶级取得政权并以政府身份进行直接改善农民生活状况的措施。这些措施是通过经济方式吸引农民参与革命，最终促使农民土地私有制过渡到集体所有制，正如马克思所说的那样，若要促进

---

[1] 《资本论》第3卷，人民出版社2004年版，第498页。

第一章 中国农民专业合作社治理的理论指导

生产，雇佣劳动只是暂时的、低级的形式，最终会被自愿进行的联合劳动所取代。由此可见马克思的合作经济思想从制度层面反映的是没有阶级对立的、不存在劳动依附于资本关系的新的制度关系。

2. 农民合作经济的组织原则

（1）遵循自愿互利和典型示范的原则

马克思认为农民合作社不应该是违背小农意愿，采取尔虞我诈和强取豪夺的手段进行的合作过程，而是应通过建立示范合作社，以其带动效应引导农民自愿、积极开展合作运动的过程。"当我们掌握了国家权力的时候，我们绝不会用暴力去剥夺小农（不论有无报偿，都是一样），像我们将不得不如此对待大土地占有者那样。我们对于小农的任务，首先是把他们的私人生产和私人占有变为合作社的生产和占有，不是采用暴力，而是通过示范和为此提供社会帮助"①，通过"这些农业合作社的范例，将说服最后一些可能仍在反抗着的小农看到合作社的大规模农场的优越性，……。"② "我们则坚决站在小农方面；我们将竭力设法使他们的命运较为过得去一些，如果他们下了决心，就使他们易于过渡到合作社，如果他们还不能下这个决心，那就甚至给他们一些时间，让他们在自己的小块土地上考虑这个问题。" "在把各小块土地结合起来并且在全部结合起来的土地上进行大规模的经营条件下，一部分过去使用的劳动力就会变为多余的；劳动的这种节省也就是大规模经营的主要优点之一……逐渐把农民合作社转变成更高级的形式，使整个合作社及个别社员的权利和义务跟整个社会其他部分的权利和义务处于平等的地位"③。恩格斯在《法德农民问题》中也指出，无产阶级在取得政权后引导农民走向农业合作化的纲领和步骤，对小农不能用暴力剥夺，而应通过示范把他们逐步引向合作社的生产和占有。列宁也曾经强调在组织合作社过程中遵循自愿原

---

① 《马克思恩格斯选集》第 4 卷，人民出版社 1995 年版，第 498—499 页。
② 《马克思恩格斯选集》第 4 卷，人民出版社 1995 年版，第 503—504 页。
③ 《马克思恩格斯选集》第 4 卷，人民出版社 1995 年版，第 499 页。

则的必要性，认为只有那些由农民自己自由发起的，其好处经他们在实践中检验过的联合才是有价值的，凡不是通过经济的道路，而是用法令和传单建立的集体组织一钱不值。同时他还认为只有经过实际证明了的劳动组合给农民带来的实际好处，才能吸引农民的加入，而不仅仅是靠向农民解释农业公社制度的好处或者宣传，而且特别强调向农民学习，认为只有向农民学习才能找到适合不同地区、不同阶段的过渡的方法，才能真正贯彻自愿的原则。斯大林也坚持发展合作社必须采用自愿的原则，1930年他曾经批评了违背"党在集体农庄建设事业中以自愿原则和估计到地方特点的原则为依据的政策"[①]。毛泽东也反对用命令主义发展合作社，"主观主义、命令主义，一万年也是要不得的，"[②] 提倡通过引导、说服和教育的方式，使农民自愿走合作化的道路，真正根据人民意愿改善组织形式[③]，特别是在1951年中国召开第一次互助合作会议，并通过了决议草案，总的精神是要"根据可能的条件而稳定前进"，防止不顾条件急躁冒进的"左"倾和消极对待互助合作的右倾两种错误思想，强调要遵守自愿和互利原则，以及尊重农民个体经济的积极性。

（2）坚持政府扶持的原则

马克思认为农民合作社的发展需要政府的扶持，政府为了农民的利益必须要牺牲一些社会资金，因为这项投资可能会节省9/10的社会改造费用。因此，从这个意义上来说，政府要慷慨地对待农民。[④] 1874年，马克思在《巴枯宁"国家制度和无政府论状态"一书摘要》中指出：在农民土地私有制大批存在的地方，无产阶级夺取政权以后，将以政府的身份采取措施，直接改善农民的状况，从而把他们吸引到革命方面来。恩格斯也非常认同政府对合作社支持的观点，他

[①] 《当代中国的农业合作制》编辑委员：《当代中国的农业合作制》（上），当代中国出版社、香港祖国出版社2009年版，第7页。
[②] 中共中央文献研究室：《毛泽东文集》第6卷，人民出版社1999年版，第303页。
[③] 《毛泽东选集》第1卷，人民出版社1991年版，第125页。
[④] 《马克思恩格斯选集》第4卷，人民出版社1995年版，第503—504页。

第一章　中国农民专业合作社治理的理论指导　　45

说，对于合作社的支持，"至于怎样具体地在每一场合下实现这一点，那将决定于这一场合的情况，以及我们夺得政权时的情况。可能我们那时将有能力给这些合作社提供更多的便利：由国家银行接受它们的一切抵押债务并将利率大大减低；从社会资金中抽拨贷款来建立大规模生产（贷款不一定或者不只是限于金钱，而且可以是必需的产品：机器、人工肥料等等）及其他各种便利"。列宁认为，"任何一种社会制度，只有在一定阶级的财政支持下才会产生"。[①]　"要在经济、财政、银行方面给合作社以种种优惠"、[②]　"要善于找出我们对合作化'奖励'方式（和奖励条件），找出能够帮助合作社的奖励方式，找出我们能用来培养出文明的合作社工作者的奖励方式。"[③]　当然，合作社作为一种非营利性经济组织，更需要国家的经济援助，并且强调支持合作社制度就应该是名副其实的支持，也就是支持那种确实有真正的居民群众参加的合作社。[④]

　　3. 农民合作经济的存在形式

　　马克思认为合作工厂和股份公司是在现实资本主义条件下合作经济的两种存在形式，并指出这两种存在形式都会随着经济环境和社会环境的变化而不断改变，属于过渡的存在形式；在无产阶级掌握政权条件下，合作组织的过渡形式（合作工厂和股份公司）则会变为农民合作社，这种农民合作社实行土地的国家所有制或集体所有制，依据地区的不同主客观条件，采用非暴力的经济手段让农民把土地交给合作社占有和统一支配使用。无论对于小农、中农和大农，合作社都不失为一种有效的组织方式。如果农民意识到他们现存的私人生产最终要灭亡并且做出最后的必要的结论，那么他们就会加入合作化运动。而无产阶级的任务就是要将农民的土地结合起来进行大规模经

---

①《列宁选集》第4卷，人民出版社1995年版，第769页。
②《列宁选集》第4卷，人民出版社1995年版，第770页。
③《列宁选集》第4卷，人民出版社1995年版，第770—771页。
④《列宁选集》第4卷，人民出版社1995年版，第769页。

营，将农民的单个生产和占有变为合作社的共同生产和占有，以此来发展壮大合作社，进而实现更高级的组织形式，即全国性大生产合作社。此种形式的合作社遵从自由平等的理念鼓励生产者按照合理的方式自觉从事劳动，将生产资料集中起来组织生产部门联合的组织生产，为联合体进行联合生产奠定了全国性组织基础。列宁认为合作社能够稳步变革生产关系，使农村朝向社会化、市场化演变，符合当时农村经济发展规律，能够解决个体农民走向社会主义道路所采用的组织形式问题，但是在实践发展中具体的合作社组织形式可能依据地区、发展阶段有所变化。毛泽东从中国农村和农民现状出发提倡农民组织起来，通过构建利益共同体，以获取这样的叠加效应。他通俗地说："三个臭皮匠，合成一个诸葛亮"[①]，所以通过组织起来，建立各种形式的合作组织，去实现单个农民或单家独户所不能办到的事情，也可以培养农民的集体协作精神，这也是毛泽东组织农民互助合作并对农民进行深层改造的目的。

4. 农民合作经济的实现阶段

马克思指出为了有效避免合作劳动的局限性，充分发挥合作劳动的积极作用，"合作劳动必须在全国范围内发展，必须依靠全国的财力。但是土地巨头和资本巨头利用政治特权来保持他们的经济垄断，因此，夺取政权就成为工人阶级的伟大使命"[②]。恩格斯强调，合作社可以形式多样，因地制宜，逐渐从低级形式向高级形式发展。列宁也认为这个过程的实现，"需要整整一个历史时代"，"如果不经过这一历史时代，不做到人人识字，没有足够的见识，没有充分教会居民读书看报，没有做到这一点的物资基础，没有一定的保障，如防备欠收、饥荒等等的保障——没有以上这些条件，我们就达不到自己的目的。"[③] 在中国的实践中，中共领导人也认同此观点，农民合作社的

---

① 《毛泽东选集》第 3 卷，人民出版社 1991 年版，第 933 页。
② 《马克思恩格斯选集》第 2 卷，人民出版社 1995 年版，第 606 页。
③ 《列宁选集》第 4 卷，人民出版社 1995 年版，第 770 页。

发展需要很长的实践，也需要好几个阶段，毛泽东提出合作社的发展从互助组到初级社到高级社的步骤，邓小平提出了"两个飞跃"① 的战略构想。1990年3月3日，邓小平指出："第一个飞跃，是废除农业人民公社，实行家庭联产承包责任制。这是一个很大的前进，要长期坚持不变。第二个飞跃，是适应科学种田和生产社会化的需要，发展适度规模经营，发展集体经济。"② 后来其在审阅党的十四大报告稿时，进一步阐释了"两个飞跃"思想。在这里涉及的农村经济的集体化，就是在一定程度上的农村合作化，发展集体经济就是发展合作社。可以看出，农民合作社的发展必定要经历艰辛漫长的过程。同时，经由社会主义道路共同消灭剥削进入共产主义社会道路的实现必须经过农民阶级和工人阶级联合才能充分发挥作用，这主要是由农业生产力水平的落后性、农民阶级自身的局限性以及小农私有者的弱势地位所阻碍的。

5. 农民合作经济的分配形式

"农民合作社对于劳动者（农户）的分配是以按劳分配为基准，但也存在其他的分配方式。比如在丹麦的一个村庄或教区，许多大的个体农户把自己的土地结合成一个大田庄，共同出力耕种，按照土地入股、预付资金和所出劳动力的比例获得相应的分配收入"③。恩格斯肯定了这种分配方式，即在从私人生产和占有变为合作社的生产和占有阶段，可以按入股土地、预付资金和所出劳动力的比例分配收入，同时也肯定了合作社在特定发展阶段上可以存在股金分红的分配方式，这种纯粹临时性的措施，不过要加以限制。④ 在后来的实践发展中，列宁、毛泽东、邓小平等也认同农民合作社的按劳分配方式。需要指出的是，毛泽东更注意到农民合作社的生产问题和分配问题的

---

① 《邓小平文选》第3卷，人民出版社1993年版，第355页。
② 《邓小平文选》第3卷，人民出版社1993年版，第355页。
③ 《马克思恩格斯选集》第4卷，人民出版社1995年版，第499页。
④ 《马克思恩格斯全集》第16卷，人民出版社1964年版，第219页。

矛盾，认为"无论是生产还是分配都要注意到，在不违背国家计划下的个人的灵活性和独立性，在分配中必须兼顾国家、集体和个人的利益，必须适当处理国家税收、合作社积累和农民个人收入的关系并注意调节其中的矛盾"。①

6. 农民合作经济的组织目的

（1）摆脱贫困，改善生活

马克思认为致使广大农民陷入贫困的直接原因是由土地的私人占有及对土地的小块划分和分散经营造成的，因此只有将私人占有的土地变为社会财产，建立农民合作社，由农业工人共同耕种，广大农民才有可能摆脱贫困。这种农民合作社是维护广大农民自身经济利益、促进生产发展的有效组织形式。② 恩格斯把丹麦的办法和思想运用于小块土地经营方面。"在丹麦，小土地所有制只起次要作用。可是，如果我们这一思想运用于小块土地经营方面，我们就会发现：在把各小块土地结合起来并且在全部结合起来的土地上进行大规模经营的条件下，一部分过去使用的劳动力就会变为多余的；劳动的这种节省也就是大规模经营的主要优点之一。要给这些劳动力找到工作，可以用两种方法：或是从邻近的大田庄中另拨出一些田地给农民合作社支配，或是给这些农民以资金和可能去从事副业，尽可能并且主要是为了他们自己的消费，在这两种情况下，他们的经济地位都会有所改善，并且这同时会保证总的社会领导机构有必要的威信逐渐把农民合作社转变为更高级的形式，使整个合作社及其个别社员的权利和义务跟整个社会其他部分的权利和义务处于平等的地位"。这里，恩格斯不仅论述了小块土地合作经营的优点，合作社要从事副业，而且合作社要改善农民的经济地位，逐渐把农民合作社转变为更高级的形式③。列宁认为合作社的目的就是帮助农民提高经济地位，并把这个目标上

---

① 黄道霞：《建国以来农业合作化史料汇编》，中共党史出版社1992年版，第412页。
② 《马克思恩格斯选集》第2卷，人民出版社1995年版，第630页。
③ 参见孙贺《合作社理论》，吉林出版集团有限责任公司2013年版，第99页。

第一章　中国农民专业合作社治理的理论指导

升为法令，而且提出检查的必要性，"检查农业公社必须帮助附近农民这项法令的执行情况"。① 斯大林也继承了列宁的观点，他引用列宁在1919年《俄共（布）第八次代表大会关于农村工作的报告》一文中所说："只有我们改进和改善了中农生活的经济条件，中农在共产主义社会里才会站到我们方面来，如果我们明天能够拿出十万台头等拖拉机，供给汽油，供给驾驶员（你们很清楚地知道，这在目前还是一种梦想），那么，中农就会说：'我赞成康姆尼'（即赞成共产主义）"②。毛泽东认为合作社能够通过统一的经营管理、提高耕作技术、增加生产资料等方式增加农作物产量，提高农民生活水平。③

（2）补充无产阶级队伍

马克思认为农民实现自身工人阶级化的组织形式是农民合作社，通过该组织"我们可以吸收更多的农民，尤其是自食其力的小农，以此来补充无产阶级的队伍，更迅速、更容易去实现社会改造"。④ 马克思还认为"合作运动是改造以阶级对抗为基础的现代社会的各种力量之一。这个运动的最大功绩在于：它用事实证明了那种专制的、产生赤贫现象的、使劳动附属于资本的现代制度将被共和的、带来繁荣的、自由平等的生产者联合的制度所代替的可能性"。列宁认为如果国家不帮助各种"共耕社、劳动组合和集体组织，它们就不会扎下根来"，⑤ 并结合当时俄国的实际情况指出：在国家政权已经掌握在工人阶级手里的条件下，"合作社的发展也就等于（只有上述一点'小小'的例外）社会主义的发展，……。"⑥

7. 农民合作经济的文化建设

列宁对于合作文化建设非常重视，在《论合作社》中，他提出当

---

① 《列宁选集》第4卷，人民出版社1995年版，第85页。
② 《列宁选集》第3卷，人民出版社1995年版，第787页。
③ 《毛泽东文集》第6卷，人民出版社1999年版，第427页。
④ 《马克思恩格斯选集》第4卷，人民出版社1995年版，第500页。
⑤ 《列宁选集》第4卷，人民出版社1995年版，第84页。
⑥ 《列宁选集》第4卷，人民出版社1995年版，第773页。

时摆在面前的两个任务其中之一就是在农村中进行文化工作。进行文化工作的经济目的就是合作化，认为"没有一场文化革命，要进行合作化是不可能的"，① 文化建设对农民合作社的发展具有很大的促进作用，农民加入合作社不仅仅是做一个聪明的商人，"农民应该牢牢记住的，他们以为一个人既然做买卖，那就是说有本领做商人。这种想法是根本不对的，他虽然在做买卖，但这离有本领做个文明商人还远得很。"② 必须在农民中进行文化教育。

（二）马克思主义合作化理论对中国农民专业合作社治理的指导作用

1. 对中国农民专业合作社组织形式的指导

在生产力发展水平不高，大量农民成为小块土地私有者，实行小块土地经营的情况下，需要无产阶级以政府的身份采取措施，"让农民自己通过经济的道路来实现这种过渡"，③ 促进土地从私有制转向集体所有制，这是马克思主义经典作家坚持的一贯原则，我国在实施家庭联产承包责任制的今天，必须在政府支持下进行适当规模的农业生产，前提必须是维护农民自身的经济利益，但是组织形式可以依据现实需求灵活选择。

2. 对中国农民专业合作社融资问题的指导

我国新型农民专业合作社广泛分布于种植业、果林、加工等领域，成为农村一支新型的组织资源，但组织发展只能在其自身资金充沛的条件下才能发挥，现在中国农民专业合作社面临的就是资金缺乏问题，所以合作组织的融资问题变得比较突出。中国新型农民专业合作社的融资包括两种渠道：一是内部集资，主要是通过收取农民入社会费或者募集股金，形成基本的组织活动资金。二是外部集资，一部

---

① 《列宁选集》第4卷，人民出版社1995年版，第773页。
② 《列宁选集》第4卷，人民出版社1995年版，第770页。
③ 《马克思恩格斯文集》第3卷，人民出版社2009年版，第404页。

分是国家、政府部门的拨款和资助,还包括银行部门的借贷等。另一部分是非社员的捐款或者法人单位的投资①。通过这两部分的融资,可以部分有效解决农民专业合作社的融资问题。前辈们也曾经预言过农民合作社发展会遇到的融资、政策支持等一些现实问题,认为国家的政策倾斜和资金支持能够带来更大的社会效益。他们认为,国家可以在无产阶级掌握政权、社会生产力发展允许的条件下给合作社提供各种资金扶持和金融借贷便利。比如通过国家银行向合作社提供低利率的抵押债务来从社会资金中抽拨更多的贷款(这些贷款主要用来为合作社提供资金及购买生产机器、人造肥料等必需的产品)为合作社进行大规模生产行为提供各种便利,真正实现对农民专业合作社的支持。

3. 对中国农民专业合作社治理机制的指导

从农民合作组织的实践来看,其作为促进农村生产、实现农民持续增收的一条有效途径的经济组织,其发展是伴随着科学管理、民主管理和高效管理不断完善的内部管理制度的发展而不断发展壮大的。马克思的合作经济思想是能够体现优于资主义治理制度的一种更讲求自愿、更民主的管理主张。马克思主张合作社内部必须实行劳动积累,由社员共同占有,遵循合作社社员民主管理原则。同时,马克思、恩格斯、列宁、毛泽东等人提出的发展合作社所遵循的自愿互利、典型示范、平等民主及国家扶持原则也能够反映出他们对农民合作社所持有的一种管理态度。

4. 对中国农民专业合作社决策运行机制的指导

马克思主义经典作家所提倡的农民自愿加入合作社主张、所倡导的遵循民主管理、民主决策等的民主自治原则来组建和发展合作社的思想充分体现了其组织宗旨。

我国农民专业合作社内部组织结构大多数采用的是"社员代表大

---

① 王春娟:《马克思合作经济思想与中国新型农民专业合作组织》,《当代经济研究》2011年第4期。

会+理事会+监事会"模式，社员自愿加入合作社，社员代表大会通过一人一票的投票方式选举出理事会成员（包括理事长），监事会发挥其对合作社的决策过程、经营过程的充分监督权利，合作社组织内部协同合作，尽力协调，其共同的目标是提高合作社作为经济组织的绩效和作为社会团体的"益贫"效用，更好地发挥对农民的辐射带动作用，促进农村经济的快速发展。

自愿、民主和平等不论是农民在加入合作社还是在经营决策中都是必须坚守的，我国农民专业合作社在发展过程中继承了马克思主义经典作家的一系列思想，同时在不同的经济社会环境中又进行调适。

5. 对中国农民专业合作社分配形式的指导

马克思"建议把各个农户联合为合作社，以便在这种合作社内愈来愈多地消除对雇佣劳动的剥削，并把这些合作社逐渐变成全国大生产合作社的拥有同等权利和义务的组成部分。"[1] 大部分采用按劳分配的形式进行。恩格斯在认同马克思的观点的基础上还提出另一种分配形式，"个体农户应当把自己的土地结合为一个大田庄，共同出力耕种，并按入股土地、预付资金和所出劳动力的比例分配收入。"[2] 并且，马克思和恩格斯赞同"让股东得到少量的利息这种纯粹临时性的措施"[3] 的在特定的发展阶段合作社采用的临时且有限度的股金分红的分配形式。

目前我国的农民专业合作社的利益分配主要是依据股权、惠顾者返还、盈余返还原则，对社员利润按交易额60%的比例返还，同时对于合作社剩余包括国家财政扶持资金、公积金和社会其他团体捐赠财产按照一定的比例平均划拨社员账户，但是由于我国的合作社发展时间短，在一些机制方面发展还不成熟甚至于在某些方面规定的阙

---

[1] 《马克思恩格斯选集》第4卷，人民出版社1995年版，第503页。
[2] 《马克思恩格斯选集》第4卷，人民出版社1995年版，第499页。
[3] 《马克思恩格斯全集》第16卷，人民出版社1974年版，第219页。

如，对利益分配比例的规定比较含糊，造成执行困难。

6. 对中国农民专业合作社监督机制的指导

关于农民合作社监督机制的论述，由于马克思和恩格斯所处时代的限制，没能直接参加领导社会主义国家农民合作社的实践活动，所以在马克思和恩格斯的著作中很少有对农民合作社的监督机制的论述。但是从他们提出的建立农民合作社组织的各项原则中我们可以推断：建成后的农民合作社组织在内部监管方面肯定会遵循社员主体原则，在合作社的经营决策、运营规范及其利润分配环节进行合理监控，把合作社组织的社会效用增加到最大。但是列宁提出要对实际的农民参加情况进行检查，"检查参加的自觉性及其质量——这就是问题的关键所在。"[①]

目前，监事会制度是中国农民专业合作社组织采用的主要监督机制，其通过对合作社的日常运营事务进行有效监管，使合作社的运营制度更加规范，促进合作社的健康发展。同时，对于合作社的财务管理和财务监察制度也开始走上正规，中国农民专业合作社正在通过对运营机制和财务机制的有效监管，促进其更加健康持续地发展。

7. 对中国农民专业合作社文化功能的指导

列宁对合作社文化功能非常重视，其培养文明的合作社工作者，做文明商人的思想，对我国今天发展农民专业合作社具有重要的启示价值。农民专业合作社是一所学校，在此中农民的合作意识和合作精神要得到提高、农民的技术水平要得到提升、市场意识特别是竞争意识也要得到提高，从这一视角看，农民专业合作社在农村文化建设中担当着重要功能。

[①] 《列宁选集》第4卷，人民出版社1995年版，第769页。

第二章　中国农民专业合作社治理的历史回顾

梁漱溟曾经说过乡村建设是中华民族复兴的起点，民族自觉觉悟到乡村就可以觉悟一切。中国的有识之士一直以来对乡村发展倾注心血，自近代以来，农民合作社一直在中国大地上实践，所以其治理的实践经验是中国农民专业合作社治理的实践基础。

一　新民主主义革命时期农民合作社治理实践

新民主主义革命时期的合作社实践由于受到当时相同的社会、经济、文化条件的约束，所以根据地的合作组织和国统区合作组织发展存在相同或者一致的地方，这个时期的治理实践为后来新中国建立以后的农村合作社运动提供了经验。

（一）新民主主义革命时期农民合作社的制度供给

新民主主义革命时期的农民合作社发展，有其自身的背景和制度供给，主要包括以下内容：

1. 面临着外族资本盘剥

我国近代的农村社会是一个动荡不安和贫穷落后的社会，鸦片战争后，西方列强纷纷侵入中国，通过强行签订的不平等条约修路开矿，进行自然资源和农业原材料的掠夺。中国在沦为半封建半殖民地

第二章 中国农民专业合作社治理的历史回顾

的同时，外国资本经济入侵的速度加快，"促使中国封建农业经济向着商品经济的方向加速发展"，粮棉等主要农产品的商品率和货币地租的比重上升。"据 30 年代的农业经济学家估计，全国平均农产品商品率不下于 40%"，特别是"棉花的商品率实际上接近 100%"。农产品商品化程度越高，货币地租的形式就越普遍，30 年代苏南地区货币地租达到 80%。然而，农业商品经济的迅速发展，并没有促进对农业生产的资本投入，相反加重了地租负担，如苏南地区的地租相当于农作物产量的 40%—50%，结果导致小自耕农破产和地主频繁转卖耕地，土地占有愈加分散化。[①]

外国资本依靠大地主、保甲长、高利贷主、中间商、官僚买办资本，控制土地、村庄社会、支配农村市场，他们通过提高货币地租比重、借款利息、商业利润等途径最大限度地搜刮农民的劳动和产品，如果"全部农业产值为 100，则自耕农消费 42%，佃农消费 21%，地主纯所得 20%，国家赋税 7%，商业利润 6%，高利贷利息 4%"，而从农民消费中，他们仍可以得到获利的机会[②]，也正是这些权势将大量土地狭小、农具简陋、耕作方式落后的农户卷入商品市场。换句话说，这一时期出现的农产品商品率上升，并不是建立在农业劳动生产率提高的基础上，而是通过农村封建势力强行剥夺农民全部剩余劳动力来实现的，其结果一方面使传统落后的农业与世界农产品贸易市场连接起来，我国人口大大增加，见表 2.1。另一方面使阻碍农业生产力发展的农村封闭社会关系得以延续下去，让越来越多的农民流离失所，生活极度贫穷，死亡率很高。（见表 2.2）

[①] 中国社会科学院农村发展研究所组织与制度研究室：《大变革中的乡土中国——农村组织与制度变迁问题研究》，社会科学文献出版社 1999 年版，第 247 页。

[②] 曹幸穗：《旧中国苏南农家经济研究》，中央编译出版社 1996 年版，第 41—49、77、189—191 页。

表 2.1　　　　　　　　　入口增加①

时期	入口总值（海关两）
民十六	138577830
民十七	101536144
民十八	144848337
民十九	167363840
民二十	183391570
平均	143143539

表 2.2　　　高的死亡率——乔启明氏一九二四至
一九二五年四省十一处调查②

省	县名	生产率（千人中）	死亡率（千人中）	自然增加率（千人中）
安徽	滁州	32.8	12.0	20.9
	宿县（甲）	55.5	33.3	22.2
	宿县（乙）	70.5	57.6	10.9
河南	郑县	20.3	19.6	0.8
	睢县	35.5	19.4	16.1
	永城	54.7	37.0	17.6
	永城（附皖）（亳县）	65.4	53.3	12.1
江苏	迈高桥	36.5	6.2	30.4
	淳化镇	43.0	17.0	26.0
	神策门	51.4	33.2	18.2
山西	猗氏	25.6	19.4	5.7
	平均	42.2	27.9	14.3

---

① 蔡藩国：《粮食产额的减少由中国农村经济的崩溃讲到"农民合作社"、世界合作运动之进展》，《南大经济》1933 年 2 月第 2 期。

② 蔡藩国：《粮食产额的减少由中国农村经济的崩溃讲到"农民合作社"、世界合作运动之进展》，《南大经济》1933 年 2 月第 2 期。

显然，殖民统治下的商品经济并没有带来经济和社会整体的协调发展，而是造成了社会和国家经济的严重扭曲，城市和工业的发展是以农村社会的停滞和贫穷落后为代价的，所以，在农村是没有独立的商品生产经营者生存的环境的，农民需要抱团取暖。

2. 面临着本族军阀混战

列强对中国的侵略使没落封建王朝的集权制度迅速崩溃，同时带来军阀割据的战争。愈演愈烈的军阀混战，给社会带来深重的灾难，农民的赋税徭役更是不堪重负。有关调查资料表明，1928年山东省征收的军费是地租的2.4倍，1930年河南省征收的军费超过地租的4倍。

由于经营农业负担过重和不安定，许多有势力的大地主搬迁到城镇从政从商，而将土地租给佃农，成为只收地租的寄生地主。[①] 据1934年对河南省23个县和江西省36个县地主从业状况的调查统计，两省专门经营农业的地主只占30%和22.8%[②]。西方列强的经济掠夺和政治支配、战乱、重赋、土地寄生制泛滥、加上中间商和高利贷对农村市场的控制和对农民的盘剥，使得农业生产力遭到极大的破坏。[③] 农民生活入不敷出，苦不堪言。

3. 面临着不可抗拒的天灾

在内外挤压的状况下，遇上自然灾害，往往有成百上千万的农民逃荒、饿死。1920年北方发生了大旱灾，灾情殃及数省，逃荒灾民上百万走上了离村的道路，从几省的离村统计中就可以看出当时的状况。（见表2.3）

[①] 中国社会科学院农村发展研究所组织与制度研究室：《大变革中的乡土中国——农村组织与制度变迁问题研究》，社会科学文献出版社1999年版，第248页。
[②] 实业部中国经济年鉴编纂委员会：《中国经济年鉴续编》，商务印书馆1935年版，第114—118页。
[③] 中国社会科学院农村发展研究所组织与制度研究室：《大变革中的乡土中国——农村组织与制度变迁问题研究》，社会科学文献出版社1999年版，第249页。

表 2.3　　　　　　历年各省区农家户数统计表（单位户）①

	民三年	民四年	民五年	民六年	民七年	民八年	民九年
直隶	4004320	4008979	3986112	3966761	3984702	3981397	—
奉天	1630438	1645685	1653872	1686646	1736309	—	—
山东	5303163	5051354	6096584	5454730	5350145	5367870	5487158
山西	1947977	1928791	1650066	1529546	1530138	1529518	1529553
江苏	4865097	4593120	4650817	4871984	4542749	4460827	4502070
安徽	2359579	2748611	2917274	2846014	2873489	2741223	2748921
江西	4077145	4110949	4058410	4064847	4064956	—	—
福建	1228903	1797340	1763295	1621352	1621449	1530695	—
浙江	3967453	3488121	3523235	3255215	3339556	—	—
湖北	3931033	4020864	3729073	3670771	3636654	—	—
陕西	1971874	1301808	1316473	1335176	1308132	1306336	1440001
甘肃	767277	761794	876823	865137	854129	—	—
广东	2624134	11562293	10293940	3925207	—	—	—
哈察尔	104866	112884	114210	115411	115607	201906	124955
吉林	550769	546474	551790	538898	588551	800520	578556

由上面的统计看来，除奉天、吉林、察哈尔、甘肃诸省因地广人稀，各省移民入境而户数增加外，其余各省农户数目皆日渐减少，这都是死亡和离村的证明。离村农民除一部分移居边境外，其他的多集中都市，导致都市劳动力过剩，同时也直接间接地增加了兵匪盗贼，使社会陷于不安宁状态，我们从离村农民的演化图 2.1 中就可看出，农民生活的艰难，为救济灾民，许多民间组织发起了募捐活动，并专门成立了开展社会救灾活动的组织，"中国华洋义赈会"就是其中最重要的一个。有名的要数华洋义赈会在河北香河、梁漱溟在山东邹平、晏阳初在河北定县进行的合作社试验。以华洋义赈会为例，其不

---

① 蔡藩国：《粮食产额的减少由中国农村经济的崩溃讲到"农民合作社"、世界合作运动之进展》，《南大经济》1933 年 2 月第 2 期。

第二章 中国农民专业合作社治理的历史回顾　59

仅接收海外捐款，同时也受到西方合作思想影响，开始认识到：救济不如防灾，防灾要靠民众。于是，1921年各地的华洋义赈会合并，组成"华洋义赈救灾总会"（以下称"总会"）。"总会"依照合作社的原理，首先在河北省农村建立了以农业信用为主要形式的合作社，通过信用合作社发放贷款开展以防灾为目的的水利建设事业。经过不断的努力，到1928年"总会"共发展合作社723个，其中设立在河北省的有604个。由于经费有限，得不到社会广泛支持和银行作后盾，"总会"从事的农村合作事业未能向全国扩展[①]。正是在这样的环境下，中国的合作社事业蹒跚起步。

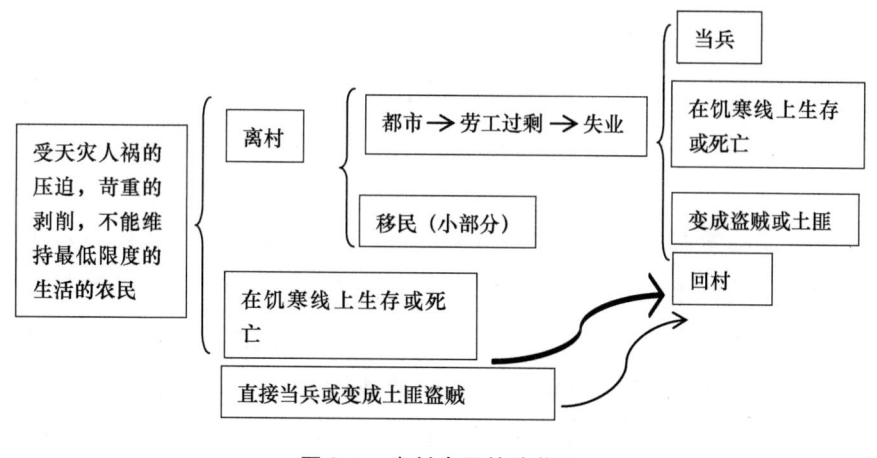

图2.1　离村农民的演化图

（二）革命根据地农民合作社的治理实践

中国共产党在根据地的合作运动，经历了三个时期。

土地革命战争时期毛泽东就把发展合作社列为十四件大事之一，指出："合作社，特别是消费、贩卖、信用三种合作社，确是农民所

---

① 中国社会科学院农村发展研究所组织与制度研究室：《大变革中的乡土中国——农村组织与制度变迁问题研究》，社会科学文献出版社1999年版，第249页。

需要的。"① 当时农业互助合作社主要在流通领域，未涉及农业生产领域，但是明显强调其在农民运动中的作用，同时在解决农村劳动力和耕畜农具不足问题方面的作用明显，毛泽东对这种劳动互助社作用给予了充分的肯定，指出："劳动互助社在农业生产上伟大的作用，长冈乡明显地表现出来了。"②

抗日战争时期陕甘宁边区政府领导成立了合作社指导委员会（1938年春改为合作指导局）和合作总社，颁发了《合作社发展大纲》，1939年10月政府又颁布了《各抗日根据地合作社暂行条例示范（草案）》，在党和政府的倡导和发动下，逐步发展了集体互助的农业生产合作社、运输合作社、综合性合作社（包括生产、消费、运输、信用）③ 等各种类型，尽管1939年毛泽东提出了"合作社群众化"的口号，但当时的合作社一般还没有"走上正规"。这一时期"我们的合作社，"真正好的很少"④，所以这个时期实行的是"民办官助"方针。

解放战争时期虽然在中国共产党领导下的各解放区农民经过土地改革，生产积极性空前高涨，大大促进了农业的发展，但是由于劳动生产率低下，不能合理使用劳动力、土地、工具。而且随着解放战争的规模越来越大，需要的战勤人员也越来越多，这就产生了农业劳动力大量减少、战勤人员家中土地耕种困难等问题。在这样的状况下，共产党开始实行"组织起来"的方针，采取典型示范的方法，贯彻自愿等价原则，不仅巩固和调整了原有的互助合作组织，而且建立了一些新的组织来缓解当时农村劳动力减少的境况。

---

① 《毛泽东选集》第1卷，人民出版社1991年版，第40页。
② 毛泽东：《毛泽东农村调查文集》，人民出版社1982年版，第311—312页。
③ 邢乐勤：《20世纪50年代中国农业合作化运动研究》，浙江大学出版社2003年版，第42页。
④ [英]根舍·斯坦因：《红色中国的挑战》，李凤鸣译，人民出版社1987年版，第113页。

(三) 国统区农民合作社的治理实践

国民党开展合作社组织的阶段分为三个：抗战前、抗战中和抗战后。

抗战前，在内忧外患的压榨下，我国农业人口的非自然死亡率非常高，再加上天灾，农村抛荒现象严重，据有关数据统计，1914年的荒地面积是358236867亩，1919年上升为848935784亩，1922年为896216784亩，[①] 增加了2.5倍。同时，由于农村金融体系混乱，各种借贷利率偏高，田赋征税种类繁多，田赋预征年数长，土地租金昂贵，高利贷猖獗，农民生活处于水深火热之中，社会动荡不安，为了缓解农业危机和政治危机，国民党开展了农村合作社运动。

抗战期间，由于国民党面临新一轮经济危机，合作社被划入战时体制，通过加强组织机构建设实现对合作社的监管，同时把在农民合作组织建设与当时国民党推行的保甲制度结合在一起，使农民合作组织作为控制农村的工具。

抗战后，国民党政府仍然通过建立和把控合作社组织来强化其在农村的统治。为发动内战，国民党以安定民众为掩护，把全国划分为若干绥靖区，并在区中心设置公署，以便控制区内的经济、政治、军事和社会活动。1946年11月，国民党政府颁布《绥靖区合作事业实施办法》，在绥靖区发展合作社，以配合军事上对解放区的进攻。所以在当时一提合作社，人们就把它视为监视农民的工具，对农业经济的促进作用几乎为零。

(四) 合作社组织的治理绩效

1. 革命根据地合作社组织治理绩效

(1) 正面绩效

一是解决劳动力缺乏问题，解决农户的实际困难。比如在苏区的

---

① 蔡藩国：《由中国农村经济的崩溃讲到"农民合作社"、世界合作运动之进展》，《南大经济》1933年2月第2期。

上杭县才溪乡，1929年7月才溪乡农民暴动成功后，大部分男子当了红军，农业中劳动力严重不足，为解决这一问题，该乡每个村成立了耕田队，后扩大到以乡为范围的劳动合作社，解决了包括红军家属在内的劳动力不足问题。同时对报酬也有了明确规定：群众之间的互助，每天工钱两毫，男女同酬，忙时平时一样。群众帮助红属，自带伙食、农具，不要工钱。红属帮助红属，每天一角半；红属帮助群众，每天两角。才溪乡组织耕田队和劳动合作社，有组织地调剂农村劳动力，使农业生产不但没因劳动力不足而受损失，反而有所发展，粮食增产。①

二是解决生产要素缺乏问题，克服了当时由于"扫荡"所造成的农村壮丁减少和耕畜农具不足问题。在抗战初期，根据地党和政府根据劳动互助社、互助组、代耕队和集体开荒、修田等组织的需求，解决了他们在农业生产中的困难，比如耕牛问题，并采取耕牛互助，鼓励农民饲养耕牛，设立"公共犁牛站"。根据毛泽东的兴国县长冈乡调查，全乡村437户，共有牛马110头，一家一牛占50%，两家一牛占15%，三家一牛占30%，没有一家养两头牛的。毛泽东指出："在现时的农业技术条件下，耕牛的作用仅仅次于人工。……农民中完全无牛的，平均要占25%，这是一个绝大的问题。"② 这些类型合作社的组建，有效缓解了这些矛盾。

（2）反面绩效

一是行政方式建立起来的经济组织，容易出现不巩固问题。且在这些组织中没有触动生产资料私有制，劳动形式没有利益链接，仅靠道德约束形成的劳动联合，组织比较涣散，稳定性不强。

二是生产效率不高。由于当时的合作社组织都是按照行政的方式

---

① 邢乐勤：《20世纪50年代中国农业合作化运动研究》，浙江大学出版社2003年版，第41页。

② 邢乐勤：《20世纪50年代中国农业合作化运动研究》，浙江大学出版社2003年版，第41页。

第二章 中国农民专业合作社治理的历史回顾 　　63

自上而下按乡按村抄名单，而不是通过自下而上让农民意识到集体互助劳动的好处而形成的，所以效率不会很高。虽然毛泽东早在1939年就在提出合作社要实现群众化的口号，但是仅仅也是停留在口号上，没有在实践中运用。

2. 国统区合作社组织治理绩效

（1）正面绩效

一是解决了一些农民的实际问题。当时国统区的合作社组织在农村经济凋敝不堪，农民入不敷出的境况下对农民进行借贷，借款的用途有的用来还债、有的用来赎田地、有的用来经营副业、有的用来购买生产类和生活必需品，这些能够解决农民当时的燃眉之急，也算是雪中送炭，对于维持国统区农村政权稳定起过一定的积极作用。

二是增强了农民的合作意识。从思想传播来说，借助合作社组织所培养的互助精神，增进了农民的合作意识，这对改变国统区农村落后的旧有习俗，促进乡村建设方面应当是有益处的。我们看到，新中国成立后，随着土地改革的完成而迅即展开的互助合作运动，许多地方的互助组、合作社其实就是利用了传统的农民业已习惯和熟悉的互助合作组织形式。从这个意义上说，国统区合作社组织建立后农民合作意识的养成，对建国后新政权开展的互助合作运动也具有积极作用。[①]

（2）反面绩效

一是国统区合作社沦为监控农民行动的统治工具。国统区的合作社组织也是一种在政府介入的状况下发展的以政府强制为主导的合作社运动，所以合作社的意志表现以政府偏好和选择为主，农民意志和农民偏好放在次位或者末位，虽然国民党政府标榜"农村工业化，农村科学化，农民组织化"的农村建设方针[②]，但对国民党来说监控农

---

① 梅德平：《国民党政府时期农村合作社组织变迁的制度分析》，《民国档案》2004年第2期。

② 杨百元：《农民组织问题——从过去和现在的组织说到将来的组织：合作社》，《组织》1944年第8期。

民行动才是真正目的。

二是合作社业务种类单一，信用合作占绝对优势，促进农民经济发展效果有限。由于当时的农民处于水深火热之中，甚至于很多处于赤贫状态，合作社主要以信贷合作社为主，"信用合作社这种方式并没有改变农民一盘散沙的劳动状态，所以不能通过改善农民的生产技术条件，扩大农民与市场的商品联系等途径来促进农业生产本身的发展"，[1] 国民党政府想通过直接的救济化解当时的农业危机，并达到财政收入最大化的愿望落空。国民党办合作社的种类如下，见表2.4。

表2.4　　　　国统区合作社组织种类统计表（%）[2]

年份	信用	农业生产	供给	运销	消费	其他
1931年	87.5	5.5		0.8	3.4	2.8
1937年	73.6	5.7	0.4	2.5	0.4	17.4
1939年	88.3	6.8	0.4	1.8	0.5	2.2
1945年	38.0	18.0	9.4	11.0	14.0	9.6
1947年	30.9	21.7	10.1	13.7	13.8	9.8

三是合作社组织的地区分布不均匀，组织规模小，入社农户少，致使农民所得实惠不多。造成国统区合作社组织这一制度缺陷的主要原因是绝大多数农民处境的极度贫困，因为农民的赤贫状态，致使少量的入社股金都可能成为妨碍农民入社的制约因素。[3] 根据1936年的统计，在全国的总数为37318个合作社组织中，分布的主要地区是交通较为便利、农业生产力水平相对较高的省区，集中在河北、山东、

---

[1] 梅德平：《国民党政府时期农村合作社组织变迁的制度分析》，《民国档案》2004年第2期。

[2] 本表根据杜吟棠主编《合作社：农业中的现代企业制度》第305页相关表格整理所得。

[3] 梅德平：《国民党政府时期农村合作社组织变迁的制度分析》，《民国档案》2004年第2期。

安徽、江苏、河南、湖北等 12 个省，这些省的合作社组织的数量占总数的 97.2%，而其他省区仅占 2.8%。①（见表 2.5）国统区的合作社组织不仅地区分布不均，而且入社社员少，规模小。从入社社员占全国人口比例看，1932 年仅为 0.03%，1938 年为 0.77%，1942 年为 2.54%，1944 年和 1947 年分别也只有 3.96% 和 5.53%。② 以上这些问题，自然限制了信用合作社的发展。

表 2.5　　　　　1936 年国统区合作社组织分布状况③

省份	合作社数（个）	比重（%）	社员数（人）	比重（%）
河北	6663	17.8	140202	8.5
山东	4965	13.3	131133	8.0
安徽	4125	11.1	206613	12.6
江苏	3305	8.9	147653	8.9
河南	3221	8.6	202202	12.3
江西	3209	8.6	312028	19.0
陕西	2066	5.5	82455	5.0
湖南	1985	5.3	67048	4.1
福建	1946	5.2	67380	4.1
湖北	1932	5.2	103456	6.3
浙江	1518	4.1	51870	3.2
四川	1322	3.6	61496	3.7
合计	36257	97.2	1573536	95.7
其他地区	1061	2.8	70224	4.3
全国总计	37318	100.0	1643760	100.0

---

① 梅德平：《国民党政府时期农村合作社组织变迁的制度分析》，《民国档案》2004 年第 2 期。
② 杜吟棠：《合作社：农业中的现代企业制度》，江西人民出版社 2002 年版，第 311 页。
③ 中国社会科学院农村发展研究所组织与制度研究室：《大变革中的乡土中国——农村组织与制度变迁问题研究》，社会科学文献出版社 1999 年版，第 251—252 页。

四是许多合作社组织的创办和经营大权落入地主、豪绅、商人之手，合作社组织的利益被地方强权势力控制，致使国民党政府企图通过合作社组织的制度安排，达到"复兴农村经济"的目的成为泡影。① 按照当时合作社组织的章程规定，信用合作社的借贷必须有两个社员作保，或交纳抵押品，否则难以形成借贷，这就大大地制约了农民的借款能力；而一些农民为了借款的需要，常常请地主、豪绅和商人提供担保，致使农民的借款大权被这些强权势力所操纵，农民依然陷入地主、豪绅和商人的高利贷盘剥之中。同时，一些地方强权势力，"常假名组织合作社，乃向农民银行借得低利之借款，用之转借于乡民，条件之酷，实罕其匹。此种合作社非特无益于农民，反造成剥削农民之新式工具。"② 由此可见，在一个被强权势力所把持的合作社组织内，贫苦的农民不是无钱入社而被剥夺入社资格，就是入社后而听命于强权势力的摆布。总之，普通的平民百姓难以借助合作社组织所应有的公平原则，来平等地分享合作社组织所带来的各种收益，这实际上是国民党政府所强制实施的合作社制度安排的最大制度缺陷。③

需要指出的是，在当时也有人呼吁建立联合社，分层次从以乡为单位的单位社、县联合社、省联合社、中央联合社中，通过调节资金、生产品之运销消费品之供应、农民生活之指导，以求农村农民经济的改善，农业的振兴，国民经济的提高，这种呼吁在当时的环境下难能可贵。④

---

① 梅德平：《国民党政府时期农村合作社组织变迁的制度分析》，《民国档案》2004年第2期。

② 梅德平：《国民党政府时期农村合作社组织变迁的制度分析》，《民国档案》2004年第2期。

③ 湖北省枝城市地方志编纂委员会：《宜都县志》，湖北人民出版社1990年版，第379—380页。

④ 斯成：《混合业务合作社与农民经济》，《中建》1947年第8期。

二 新中国成立后至 1956 年农业生产合作社治理实践

新中国建立之初,满目疮痍,各地的流通渠道不畅通,工业需要的农业原料短缺,农业生产所需要的各种工业品也很难得到,为了满足当时工业生产的需要,也为了满足农民增加生产的积极性和改善生活目标的愿景,中国共产党提出按照自愿互利、国家帮助、典型示范的原则组织生产,发展农民合作社。

(一) 新中国成立以后进行农业合作化运动的制度供给

1. 农村的阶级结构出现了新的变化

新中国成立后的农村,很多贫农依靠政策和自己的辛勤劳动上升为中农。农民表现出两个方面的积极性,一是在个体经济的积极性,另一个是互助合作的积极性。互助合作的积极性是迅速恢复和发展国民经济和促进工业化的基本因素之一。应该看到,解放后农民对于个体经济的积极性是不可避免的,但是不能忽视和粗暴地挫伤农民这种个体经济的积极性,所以当时党坚持了巩固地联合中农的政策。对于富农经济,也还是坚持其存在和发展。在当时的条件下我国的个体经济在相当长的一个时期内将大量存在,《政治协商会议共同纲领》曾经指出:应该"使各种社会经济成分在国营经济领导之下,分工合作,各得其所,以促进整个社会经济的发展",其中也包括了"农民和手工业者的个体经济"。除此之外,共同纲领还有以下规定:"凡已实行土地改革的地区,必须保护农民已得土地的所有权。"[①]

2. 农民对互助合作有迫切的需求

由于战争对流通渠道造成的破坏,在刚刚建立的新中国,各地

---

① 中国科学院经济研究所农业经济组:《国民经济恢复时期农业生产合作资料汇编1949—1952》(上册),科学出版社 1957 年版,第 3 页。

有许多农副产品找不到销路,而农村生产、生活所需要的工业品又难以买到,供需信息渠道不对称,农民急切需要建立对供、销能够提供桥梁机构的组织,所以供、销合作组织应运而生。刘少奇曾经指出"在农村中,农民要求合作社或国营经济机关办理的,大概四件事情:第一,是把他们多余的生产品推销出去,并且在价格上不使他们吃亏;第二,供应他们所需要的生产资料,并且在价格、质量和供应的时间上都不使他们吃亏;第三,供应他们所需要的生活资料,同样在价格、质量、时间上都不使他们吃亏,能较市价便宜一些;第四,办理信贷事业,使他们能存款和借款,利息不过高。"[1]

中国共产党认为要克服农民不能集中生产要素进行生产、面临自然灾害应对能力弱等问题,必须提倡"组织起来",这样既能解决广大贫困农民迅速增产增收问题,同时也能够提升农民购买力,还能增加更多的商品粮食及其他工业原料。中国共产党在进行农民互助合作的开展过程中,按照自愿互利和典型示范的原则,促进了互助合作的进一步发展和深化,政治协商会议共同纲领根据人民解放区长期的经验和党中央的方针,曾经作出规定:"在一切已经彻底实现土地改革的地区,人民政府应组织农民及一切可以从事农业的劳动力以发展农业生产及其副业为中心任务,并应引导农民逐步地按照自愿和互利的原则,组织各种形式的劳动互助和生产合作。"[2] 正如刘少奇所说,办好这些事,就能够把大量的农产品控制在自己的手中,大量供给工厂原料和城市需要,又能为国家推销大量的工业品;就能使合作社成为国营经济机关与广大农民小生产者密切结合的纽带,使合作社和农民成为国营经济的同盟军,使农民和国营经营都避免商人的中间剥

---

[1] 中共中央文献研究室:《建国以来重要文献选编》第2册,中央文献出版社2011年版,第497页。

[2] 中国科学院经济研究所农业经济组:《国民经济恢复时期农业生产合作资料汇编1949—1952》(上册),科学出版社1957年版,第4页。

削；最后，还能使合作社的共产党员和先进分子用集体主义的精神去教育广大的农民群众，使他们了解并接受社会主义的原则。[①]

3. 政府对建立合作社的积极倡导

新中国成立后，党和政府在农业生产方面，积极倡导和鼓励发展劳动互助组织，并制定了各种奖励和优待政策，规定农业合作组织可享受国家贷款、技术指导以及购买使用优良品种，农用药械和新式农具的优先权，以及国家贸易机关推销农业和副业产品、供给生产资料的优先权。毛泽东在《关于农业合作社问题的讲话》中提到："中央早已指示过，省委、地委、县委必须建立一个主管互助合作的机构（生产合作部或农村工作部），使之成为党委在这方面的有力助手。未建立的必须迅速建立，已建立的要健全人事与工作。"

（二）新中国成立以后农业生产合作社的治理结构

1. 农业生产合作社的类型

依据统计，1951年全国已有农业生产合作社400个左右。这些合作社大部分分布在华北、东北及陕西、山东等区、省的农村中。其组织规模一般的有十余户至二十余户，耕种二三百亩土地，最小的只有四五户，最大的有七八十户，耕种上千亩的土地。按着他们的土地占有情况与收获物分配的方法，大体可分为下列三类：第一类是劳力和土地共同分配收益合作社，这类合作社大多数是把土地与劳力按一定比例分配收获物，其比例数也因各地的具体情况不同而有所差别，一般是劳力的分配比例高于土地，如劳六地四、劳七地三等；其中各户土地又按面积、产量、耕作难易等折成地分（或标准亩）分粮；劳力又按劳动数量折成工分取酬。也有的是将社员的土地固定产量，在固定产量内劳力与土地按原定比例分配，超产部分全归劳动力。还有的是用固定地租把社员的土地租入社内，除去地租后按劳分配。这类

[①] 中共中央文献研究室：《建国以来重要文献选编》第2册，中央文献出版社2011年版，第498页。

合作目前为数最大，它是在土地私有基础上农民容易接受的形式，对于劳力较多、土地较少和劳力较少、土地较多的农户都能兼顾，所以这类合作今后应大量发展。① 第二类是完全按劳力分配收益的合作社，这类合作社一般是在国有土地上组织起来的；也有的是在集体开荒、修滩、放淤土地共有的基础上组织起来的，其收获物完全按劳动分配。这类合作社目前为数不大，还只能在特定条件下才可以发展。② 第三类是只按土地分配收益的合作社，这类合作社有的是对劳力采用工资制，除去工资后，按地股分配收益，也有的是按每户入社土地数量与费工多少，评定每户应摊工数，使彼此入社土地与势力平衡一致，只按地股分粮，一般的不再分算工资，如有出工长短不齐者则用工资找补。这类合作社在发挥劳动积极性和提高生产量方面，远不及前述两类。它是介于第一类合作社与互助组之间的形式，应引导这类合作社过渡到第一类合作社。

2. 农业生产合作社经营管理

（1）以"户"为单位和"自愿"出入社为原则进行合作社管理

采用以一个劳动力为一社员，以"户"为单位进行算账；社员出入社有自由权，但是为了不影响生产，一般入社与出社均是一年期，不能半途加入或退出。

（2）土地入社和评产管理

社员入社须带入其全家土地的绝大部分，同时也应允许每户留少量土地自己经营，但自己经营的土地绝不可多，以免劳动分心。入社土地要经过民主评议，将自然亩按着常年产量并参照位置远近、土质好坏、耕作难易等条件，折算成标准亩计算。如第一年评产有不合理处，下年可以调整。土地入社后已有显著加工投资者，出社带地时应

---

① 中国科学院经济研究所农业经济组：《国民经济恢复时期农业生产合作资料汇编1949—1952》（上册），科学出版社1957年版，第15页。

② 中国科学院经济研究所农业经济组：《国民经济恢复时期农业生产合作资料汇编1949—1952》（上册），科学出版社1957年版，第16页。

对社作出适当补偿。[1]

(3) 劳动管理

主要是合理的评分记工。一是确定底分，死分活评；二是小段包工，定额管理；三是"四定"到组，以产计酬。[2]

3. 农业生产合作社的财务管理

财务管理的好坏，是每个社员十分关注的一件大事，也是关系到农业社兴衰的一项重要工作，是实现共同富裕的靠山，包括三个方面的内容，一是财务公开。年初预算，年终决算，生产计划，收益分配等重大财务活动，都必须经过社员大会批准方可执行，确实做到了财务公开，民主理财。[3] 二是账簿齐全。设9本账：现金账，专管货币形式出现的收入或支出；现金分类账，专记某项款从何而来用于何处；劳动记工账，专记社员劳动日；粮食收入分配总账；粮食分户账；社员投资账；租种土地的租额土地账；社内逐日往来账；社内财产账。[4] 三是制度健全。随着农业社的不断发展，各项财务管理制度也在不断完善。逐步形成了一套完整的财务预算、决算、审批、监督制度，做到了有章可循。同时，针对集体公有农具、耕畜、储备粮、生产设施及其他固定资产，也都制订了相应的管理制度。[5]

4. 农业生产合作社的计划管理

计划管理是整个经营管理工作的总开关、总链条。各个农业社在

---

[1] 中国科学院经济研究所农业经济组：《国民经济恢复时期农业生产合作资料汇编1949—1952》（上册），科学出版社1957年版，第22页。

[2] "四定"是把土地、耕畜、劳力、农具固定到作业组，对作业组实行包工包产，以产计酬，超产部分比例分成。在四定基础上创造了"五等十三级"劳动定额管理。例如山西省武乡县窑上沟王锦云初级农业生产合作社进行了工分等级的划分，全部农活（84种）分为五等：一等为技术重活；二等为重活；三等为一般技术活；四等为一般活；五等为轻活。在五等基础上又划分了十三级，即一等分为二级、二等分为三级、三等分为三级、四等分为二级、五等分为三级。以三等一级活作为水平线，也就是完成三等一级活的定额，记一个劳动日。三等一级以上的多记工分，三等一级以下的少记工分。根据这个原则，确定一等一级为12分，五等三级为7分，也就是最高和最低等级的定额，相差5分工。

[3] 魏晋峰：《武乡农业合作史》，山西人民出版社1996年版，第28页。

[4] 魏晋峰：《武乡农业合作史》，山西人民出版社1996年版，第29页。

[5] 魏晋峰：《武乡农业合作史》，山西人民出版社1996年版，第29页。

国家计划指导下，都根据本村的实际，制订了长远规划和年度计划，后来逐步发展为农业生产、副业生产、劳力使用、财务收支、收益分配、固定资产购置、农田水利建设、农村社会发展8个方面的计划。既给社员树立了长远计划又明确了近期目标，能够调动社员的积极性。①

5. 农业生产合作社的运行管理

（1）合作社的领导机构

"中华全国合作社联合总社为全国合作社的领导机关，其根据中央人民政府的政策法令、国家的经济计划和全国合作社代表大会的决议，领导全国合作社的工作。各县有5个以上基层合作社成立时，得成立县合作社联合社。各省有1/3以上的县成立联合社时，得成立省合作社联合社。大行政区及专署于必要时，亦得成立合作社联合社，或设立上级联合社的办事处"，② 县级合作社通过乡镇传达指令，支委会是农村领导互助合作与具体布置贯彻农业生产的基层组织，所以社长必须参加支委会。老社发展社员在50户以下者须经区委研究，50户以上者须经县委批准；新社发展社员在30户以下者，须经区委研究，30户以上时须经县委批准。

（2）合作社的组织结构

合作社的组织在50户以下者应设社长一名，专掌握全面工作；副社长二名（其中应有一个妇女社长），一个领导生产、一个领导妇女；会计一名，负责掌握全面财务；可设技术供销委员。合作社的组织在50户以上100户以下者，除设社长，副社长，会计以外，应根据合作社的情况，增设供销社委员、副业委员、技术委员等。合作社的组织在100户以上者应增设各种委员会。如生产建设计划委员会、财务委员会、文教委员会、生活委员会、秘书（负责整理保管材

---

① 魏晋峰：《武乡农业合作史》，山西人民出版社1996年版，第29页。
② 黄道霞：《建国以来农业合作化史料汇编》，中共党史出版社1992年版，第21页。

料)。[1]

(3) 合作社组织制度

一是选举制度,主任、副主任、社务委员会委员及小组长,每年选举一次,连选得连任,一般以年终结账后选举为宜,以免新旧交替影响生产,但是特殊情况除外。社员大会(或社员代表大会)至少每三个月举行一次,须有过半数的社员(或社员代表)出席始得开会,没有上半数的社员出席(或代表)同意,不得成立决议。[2] 二是学习制度,认为阅读和讲解报纸应成为制度,社员应积极参加农民业余学校,提高社员文化程度和掌握农业科学技术。社员中学习成绩优良者,应予以奖励。提高社员的思想、政治、文化水平。这是发展和提高合作社的保证。[3] 三是财务制度,账目要日清月结。财务管理要公开,年终结账,民主监督,防止贪污浪费。四是奖惩制度,定期评选劳动模范。凡是积极劳动或有新的创造因而显著地提高了工作效率者,经社员大会或社员代表会通过,应给予精神的或物质的奖励。凡是劳动怠惰,或不服从社员的章程、决议,或违反政府法令者,应按情节轻重,由社员大会或社员代表会给予教育、批评或适当处分,直至开除出社。[4]

6. 合作社的利益分配制度

(1) 土地入股和劳力分配。每一社员的土地入股量不得少于2/3,留下的少量土地为社员提供必要种植所需,比如瓜果、豆角、辣椒等,所入股土地按民主评议评估产量,分红比例不超出30%,劳力分红不少于50%。

---

[1] 魏晋峰:《武乡农业合作史》,山西人民出版社1996年版,第29页。
[2] 中国科学院经济研究所农业经济组:《国民经济恢复时期农业生产合作资料汇编1949—1952》(上册),科学出版社1957年版,第43页。
[3] 中国科学院经济研究所农业经济组:《国民经济恢复时期农业生产合作资料汇编1949—1952》(上册),科学出版社1957年版,第43页。
[4] 中国科学院经济研究所农业经济组:《国民经济恢复时期农业生产合作资料汇编1949—1952》(上册),科学出版社1957年版,第44页。

(2) 公积金、公益金分配。公积金为农业社集体的公共财产，为全体社员所创造，其数量随社的发展壮大而逐渐扩大，其主要用途是为扩大再生产，任何人不得破坏与分散，公积金10%。公益金是为防备灾害、劳动奖励及举办公益事业等，公益金5%。①

7. 农业生产合作社的监督制度

(1) 监察委员会的监督机制

凡是五十户以上的合作社，都建立有监察委员会，其与管理委员会平行，监督社员大会决议的执行；对失职人员提出处理意见；监督财务会计、杜绝贪污浪费；监督劳动纪律的执行。②

(2) 各级合作社联社的监督机制

审查和核对所属合作社和地区的各种计划，包括组织计划、业务计划以及各种综合计划，并监督贯彻执行锁定计划；领导和检查所属合作社的各种业务，包括财务的和组织的工作。③

(3) 全体社员大会的监督机制

审核批准全社生产计划和报告；审核批准预决算；审核批准每年度从收入中扣除公积金、公益金的比例数量及公积金与公益金的动用事项；核批新社员入社及对社员的奖罚。

8. 农业生产合作社的法律基础

新中国成立后中国共产党逐步把合作社经济上升至法律层面，在1949年9月29日《中国人民政治协商会议共同纲领》中规定："鼓励和扶助广大劳动人民根据自愿原则，发展合作事业"。1950年的《中华人民共和国合作社法》规定合作社是通过自愿联合保护农民经济利益的经济组织，同时规定了该组织的业务种类、国家的优惠政策、民主集中制原则，国家对合作社在贷款利息、订货价格、运输、税捐等方面的优待政策。在1955年通过了《建国以来重要文献示范

---

① 魏晋峰：《武乡农业合作史》，山西人民出版社1996年版，第110页。
② 魏晋峰：《武乡农业合作史》，山西人民出版社1996年版，第132页。
③ 黄道霞：《建国以来农业合作化史料汇编》，中共党史出版社1992年版，第21页。

章程草案》，规定农民合作社是在国家领导下自愿组建，通过统一使用土地、牲畜、劳动工具等生产资料进行共同劳动并通过统一分配获得劳动成果，逐步实现生产资料公有化的经济组织。并规定了每个社员的权利义务。

(三) 农业生产合作社的治理绩效

农业生产合作社的发展经历了从互助组到初级社到高级社的过程，在此过程中，1956 年达到顶点，但是 1956 年以后，慢慢发展到人民公社。在 1956 年以前，合作社的正面绩效大于负面绩效。

1. 正面绩效

（1）全国的农产品产量、银行贷款量、合作社的产量提高了

从全国农产品产量来看：1956 年全国农业（包括林牧副渔）总产值较丰收的 1955 年增长了 5%，粮食产量增长了 4.8%，油料增长了 4.5%，甘蔗增长了 6.7%，甜菜增长了 3.1%，黄红麻增长了 0.1%，烤烟增长了 33.8%，水产品增长 5.1%[①]。如湖北省粮食比 1955 年增加了 22 亿斤，棉花增加了 100 多万担，猪增加了 100 多万头，牛增加了 20 万头，其他经济作物和副业生产也都有显著的增长。[②] 山西省农业总产值比 1955 年提高 13%，粮食单位面积产量比 1955 年提高 11%，棉花总产量比 1955 年提高 11%。[③] 从银行的贷款量来看：1956 年上半年春耕期间，国家银行的农贷较 1955 年底增加了 18 亿元以上，相当于 1955 年同期的 4 倍以上。同时，在这个时期，国家为了帮助农民解决春耕时期的生产、生活困难，又发放了 8 亿多元的预购定金，相当于农民可能在收获后出售农产品价值的 10%—20%。[④] 从合作社角度看：据中央农村工作部对 1956 年 14 个省市 1154 个高级社的典型调查，增产社占 67.6%，平产社占

[①] 中国社会科学院、中央档案馆：《1953—1957 中华人民共和国经济档案资料选编（农业卷）》，中国物价出版社 1998 年版，第 1142—1143 页。

[②] 叶扬兵：《中国农业合作化运动研究》，知识产权出版社 2006 年版，第 769 页。

[③] 叶扬兵：《中国农业合作化运动研究》，知识产权出版社 2006 年版，第 769 页。

[④] 莫日达：《我国农业合作化的发展》，统计出版社 1957 年版，第 141 页。

8.8%，减产社占 23.6%。但是，各省情况不同，差别较大。如据黑龙江省统计局的材料，1956 年黑龙江省 8835 个社，增产的 5142 个社，占 58%，不增不减的 980 个社，占 11%，减产[1]的 2713 个社占 31%（包括重灾社 700 多个）[2]。山西省 19400 个农业合作社中，增产社占 67%，平产社占 8.43%，减产社占 24.57%[3]。江苏省 1957 年 1 月对 44395 个社的调查估算，增产社占 27.95%，平产社占 8.95%，减产社占 63.1%[4]，陕西省增产社占 61.5%，平产社占 17.84%，减产社占 20.66%[5]。1956 年湖北高级社中增产社占 92.25%；福建省有 73% 的社增产。[6]

（2）社员收入明显提高

社员的收入状况最能真实地反映高级社的实际绩效。据中央农村工作部对 22 个省 1030 个高级社的典型调查，如果包括灾区，增收户为 69.81%，平收户为 7.4%，减收户为 22.79%。如果不计算灾区，则增收户为 72.62%，平收户为 7.66%，减收户为 19.72%。各省情况也不相同。据山西省对 3367167 户社员的统计，增收户占 71.2%，平收户占 10.3%，减收户占 18.5%[7]。在江苏省参加分配的 6869956 户农户中，增收户占 44.05%，平收户占 14.54%，减收户占 41.41%[8]。据黑龙江省统计局的材料，1956 年[9]黑龙江省 8835 个社，增加收入的农户占 68%。[10]

---

[1] 叶扬兵：《中国农业合作化运动研究》，知识产权出版社 2006 年版，第 770 页。

[2] 《黑龙江省委农村工作部骆子程同志在夏收座谈会上的发言》，1957 年，广东省档案馆藏，档案号：217—1—189。

[3] 田酉如：《山西农业合作化》，山西人民出版社 2001 年版，第 277 页。

[4] 《关于农业社农业生产资料——地委合作部长会议资料》，1957 年，江苏省档案馆藏，档案号：3062—永久—56。

[5] 陕西省农业合作史编委会：《陕西省农业合作重要文献选编》（下），陕西人民出版社 1993 年版，第 596 页。

[6] 叶扬兵：《中国农业合作化运动研究》，知识产权出版社 2006 年版，第 771 页。

[7] 田酉如：《山西农业合作化》，山西人民出版社 2001 年版，第 279 页。

[8] 《中共江苏省第四次省委书记会议〈情况与资料〉第 6 号》，1957 年，江苏省档案馆藏，档案号：301—长期—351。

[9] 叶扬兵：《中国农业合作化运动研究》，知识产权出版社 2006 年版，第 770 页。

[10] 《黑龙江省委农村工作部骆子程同志在夏收座谈会上的发言》，1957 年，广东省档案馆藏，档案号：217—1—189。

第二章 中国农民专业合作社治理的历史回顾

据陕西省对 2841407 户农户统计,增收户 66.57%,① 1956 年秋收分配时期,湖北省曾调查了 170 多万户社员家庭,其中有 84.22% 的户口比之前增加了收入。② 1956 年福建省 85% 的农户增收。③

(3) 基本上解决了一些弱势群体的生存和基本保障问题

自土地改革后,农村始终存在一些弱势群体,其生活非常困难,需要依靠政府的救济,合作社由于把分散的经营经济变成了大规模的集体经济,而且在发展生产的基础上,扩大了公益金的福利资金积累,所以解决了这些人的生活保障问题。例如山西省武乡县 1956 年享受社会救济和国家供应的 1321 户,鳏寡孤独困难户有 1123 户,占到受助总数的 85%,这些困难户按照五保政策分别以社为单位得到了解决,共给国家节约了供应粮 79 万斤,而且保证了困难户的生活水平同样提高。因而不少人感激地说"合作化道路越走越明,高级社里没有穷人"。④

(4) 较好地进行农田水利、道路等公共建设,提高抗灾能力,从而保证农业生产

随着农业生产合作社的发展,土地逐渐变为公有,可以解决公共的农田水利建设,同时可以集中精力进行农业生产,减去了与个体农户交涉的成本。据统计,1955 年实际上参加秋收分配的农业生产合作社为 63.4 万个,入社农户为 1692 万户,占全国农户总数的 14.2%。从 1955 年 10 月以后,发展速度逐月地迅速上升了(参见表 2.6)⑤。

---

① 陕西省农业合作史编委会:《陕西省农业合作重要文献选编》(下),陕西人民出版社 1993 年版,第 596 页。
② 《湖北省去年农业生产取得很大胜利 广大农村充满欢乐气氛,农民同声称赞农业社 王任重同志谈一年来湖北农村工作的基本经验》,《人民日报》1957 年 1 月 24 日。
③ 《福建省委农村工作部部长郭述尧在第四次全国农村工作会议上的发言》,1957 年,江苏省档案馆藏,档案号:3011—长期—111。
④ 魏晋峰:《武乡农业合作史》,山西人民出版社 1996 年版,第 137 页。
⑤ 童大林:《农业合作化大发展的根据》,人民出版社 1956 年版,第 1 页。

表2.6　　　1955年到1956年加入农业生产合作社的数据统计

时间	入社农户（万户）	占全国农户总数的百分比（%）
1955年10月	3813	32.5
1955年11月	4940	42.1
1955年12月	7545	63.3
1956年1月	9555	80.3
1956年2月	10419	87.0
1956年3月	10668	88.9
1956年4月	10845	90.3
1956年5月	11013	91.2

同时，由于当时水利建设条件很差，当遭到灾害时，合作社具有较强的抗灾能力。如江苏省盱眙县古河乡万洪农业社有180亩麦子，洪水来时组织160个劳力连夜抢收，免遭损失。[1]

（5）有利于进行大规模的生产改制，从而提高农业产量

农业生产合作社能够克服过去单干过程中人力和财力的问题。例如，土地加工可以增加产量，但是，原来组员单干就出不起工资或不愿意负担工资。如山西省王锦云互助组计划加工土地，"地多的组员怕加工多了出不起工资，只好不多加工"；[2] 又如山西武乡王锦云互助组计划多施肥，有些组员又嫌羊卧地（将羊赶到田地野宿积肥，农民借用别人的羊群"卧地"须付给羊主一定的代价）太贵，就只有不卧了。[3] 还有山西平顺县川底郭玉恩互助组想增加肥料，"但买不起羊群"（当地农民主要用羊的粪便作肥料）。[4] 发展合作社以后，就能够克服在人力和财力方面的局限，改进生产技术，提高农作物

---

[1] 叶扬兵：《中国农业合作化运动研究》，知识产权出版社2006年版，第762页。
[2] 叶扬兵：《中国农业合作化运动研究》，知识产权出版社2006年版，第735页。
[3] 叶扬兵：《中国农业合作化运动研究》，知识产权出版社2006年版，第735页。
[4] 叶扬兵：《中国农业合作化运动研究》，知识产权出版社2006年版，第735页。

产量。

2. 负面绩效

在实践的过程中，合作社也出现了负面绩效。高级社取消了土地报酬，不考虑土地状况和劳动力自身状况，完全实行按劳分红，违反了互利原则；由于1956年后的高级社是一哄而起建立的，规模偏大，对生产管理的改进形成很大阻力；分配中的矛盾突出，生产队只进行生产不进行分配，高级社统一分配，所以会产生分配和生产之间两张皮的现象，最终只能实行平均主义。

(1) 高级社取消了土地报酬，完全实行按劳分红，违反了互利原则

从土地占有状况来说中国土地状况复杂，有平川、也有山丘，在临近的村与村之间的生活资料占有状况比较一致，但是站在全国范围来说就不同了，无论在土地数量上还是在土地占有质量上有些村庄吃亏，有些村庄沾光，取消了土地报酬实际上就违背了互利的原则。从劳动力的强弱来说，每个农户的劳动力也有很大差别，有的劳动力多而强，有的劳动力少而弱，甚至缺乏劳动力。因此，建立高级社，取消土地报酬，完全实行按劳分配，就意味着那些土地多而好或劳力少而弱的农户必然吃亏，那些土地少而差、劳力多而强的农户必然沾光，这就从根本上违反了互利原则。如果像中共中央原先设想的那样，分情况进行高级社的逐步推进，比如在一些初级社连年增产的情况下，在保证所有社员增加收入或不减少收入的前提下，逐步降低土地报酬直至取消土地报酬，这种选择是可以逐步被人们接受的，但是在1955年底，我国能够具备联产增收的合作社的数量还不多，和中央原先的设想有出入，各地的合作社"只是在冒进的生产规划鼓舞下，以为能够使90%以上的社员增加收入，就贸然大量发展高级社，脱离了实际情况"。[①] 所以出现了后来的退社风潮。

---

① 叶扬兵：《中国农业合作化运动研究》，知识产权出版社2006年版，第765页。

(2) 高级社在生产管理方面出现了困境

我国合作社从互助组升级为初级社相对是一个平稳踏实的过程，但是从初级社到高级社升级的时间较短，很多高级社是"一哄而上"建立起来的，缺乏互助和合作经验，而且规模非常大，往往包括几个村庄，户数达几百户甚至上千户，虽然中央也注意到这些问题，对合作社规模进行了调节，但是从高级社内部管理来说，缺乏有效的管理黏合剂，不能解决内部生产管理的有效合作问题。

(3) 高级社内部分配矛盾难以解决

主要表现在高级社在分配方面实行统一分配，但是在生产的过程中是以生产队为单位进行，这样就使得分配和生产两张皮，生产队做工做好做坏一个样，强队和弱队之间没有奖惩机制，在分配上出现了平均化，不能起到激励作用，虽然后来中央实行了"三包一奖"制度，实行队社分权，在一定程度上缓解了高级社统一分配造成的平均化弊端，但是还是不能很好地反映出各个队的实际效率，充分鼓励大家的积极性。

三 合作化高潮时期合作社治理状况

1955 年，在《中国农村社会主义高潮》中，毛泽东提到：小社人少地少资金少，不能停留太久，应当逐步合并；[①] 1958 年 7 月，《红旗》杂志传达了毛泽东兴办公社的设想，指出"把一个合作社变成一个既有农业合作社又有工业合作社的基层组织单位，实际上是农业和工业相结合的人民公社。""我们的方向，应该逐步地有次序地把'工农商学兵'组成一个大公社，从而构成为我国社会的基本单位。"1958 年 8 月上旬，毛泽东视察河北、河南、山东三省农村，明确肯定"人民公社这个名字好，包括工农商学兵，管理生产，管理生

[①] 中共中央办公厅：《中国农村的社会主义高潮》（中册），人民出版社 1956 年版，第 610 页。

活，管理政权。"① 后在山东视察进一步肯定办人民公社的好处在于能够结合工农商学兵，方便领导。至此，办人民公社好，直接办人民公社成为当时的主流。1958 年 8 月 29 日，中共中央政治局扩大会议在北戴河召开，会议通过了《中共中央关于在农村建立人民公社问题的决议》。1958 年 9 月 1 日，《迎接人民公社高潮》的评论在《红旗》杂志上发表。9 月 10 日，《人民日报》发表《先把人民公社的架子搭起来》的评论。至此，建立人民公社的思想基本形成。在 1960 年 1 月 1 日《人民日报》元旦社论中这样说：在发展社会主义建设这样一个新任务方面，终于找到了三个法宝，这就是：建设社会主义的总路线，"大跃进"的发展速度和人民公社组织形式。② 随着人民公社化运动如火如荼地开展，毛泽东自信地认为找到了一条适合中国情况的社会主义建设道路。③

（一）人民公社的制度供给

1. 尽早实现国家工业化是建立人民公社的主要目的

实现工业化是近代以来两大历史任务即国家独立和民族富强的必要条件，也是近代社会发展的必然选择，为了实现国家工业化，历代仁人志士都进行了艰苦卓绝的探索，从晚清时期"洋务运动"到民国时期"实业救国"，但都以失败而告终。新中国成立初期，我国的工业基础极其薄弱，毛泽东曾说过，我们能制造桌椅板凳、茶碗茶壶，能磨面粉、种粮食，但是别的，比如汽车、飞机、坦克都不能制造。毛泽东深知经济基础决定上层建筑的深刻道理，所以人民公社的产生与中国的工业现代化有着密切联系。与此同时，西方国家不允许刚走上社会主义道路的中国实现工业化，所以对我国无论是在军事

---

① 郭德宏、孟庆和：《人民公社化的经验与教训》，《党史研究与教学》1992 年第 5 期。

② 徐达深：《中华人民共和国实录（1957—1961）》第 2 卷（上），吉林人民出版社 1994 年版，第 389 页。

③ 安贞元：《人民公社化运动研究》，中央文献出版社 2003 年版，第 265 页。

上、外交上还是在政治上都进行全面封杀，国家安全面临着极大威胁，所以必须建立强大的民族工业体系。在当时中国，建立工业大国所需要的资金很难提供，只有从当时占我国国民生产总值大多数的农业体系中转移，因此，建立"人民公社"，以最低的代价把农民的农业剩余集中到国家手中成了当时的最好选择。

2. 解决广大人民的温饱问题是建立人民公社的又一目的

中国共产党是从贫穷落后的旧中国走过来的，对旧中国生产力低下、人民在饥饿中挣扎的历史感受深切。几千年的自给自足小农经济的存在，使得中国的农业生产力水平低下，靠天吃饭，抵御自然灾害的能力薄弱，因此，提高农业产量、解决中国人民的温饱问题成为中国第一代领导集体的首要努力方向。毛泽东在1957年省市区党委书记会议上的讲话中提到："农业是国民经济的基础，全党要大办农业，大办粮食。""中国的大问题还是农业问题。中国五亿人口，四亿农民，农业搞好了，上去了，工业也就好办了；手中有粮，心中不慌。"[①] 在他看来，组织起来建立公社，能够提高生产力，解决中国广大人民的温饱问题。

（二）人民公社的治理结构

1. 人民公社的运行机构

合作化高潮时期中国推行政社合一的人民公社制度，政社合一是人民公社组织形式的基础，实行所谓的"三合一"，即党、政、社三合一，党的委员会也是社的委员会；乡人民代表大会与社员代表大会合一，乡人民委员会与管理委员会合一，乡干部与社干部合一。以当时典型的遂平县卫星人民公社组织机构为例，如图2.2所示。

可以说，这个机构还是相当庞大的，其人员编制也是比较多的，见表2.7所示。

[①] 中共中央文献研究室：《毛泽东文集》第7卷，中央文献出版社2004年版，第186页。

第二章 中国农民专业合作社治理的历史回顾

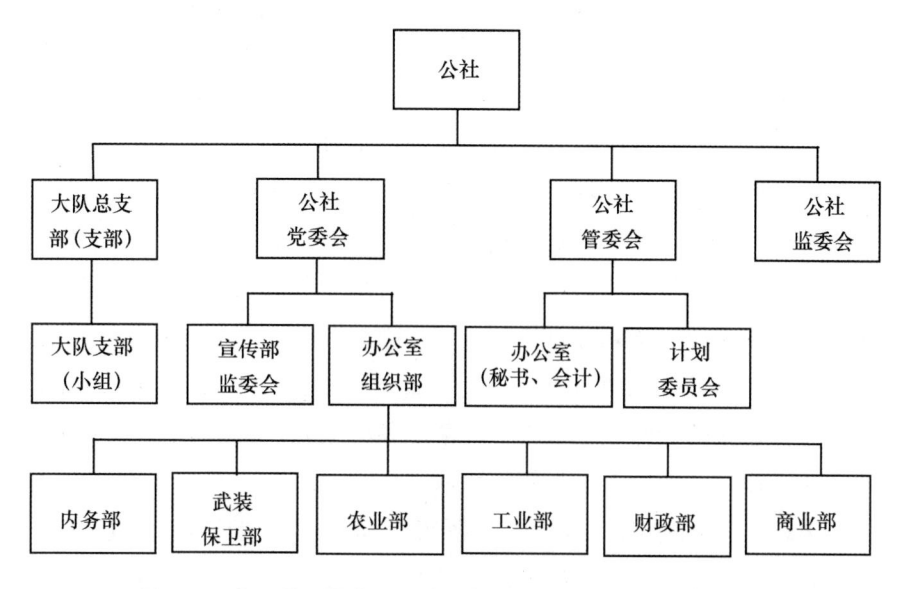

图2.2 遂平县卫星人民公社组织机构情况一览表（1958.8）

表2.7　　遂平县卫星人民公社管理委员会编制表①

部别	编制总数（个）	管委会			内务部	武装部		工业部		农业部	水利部
		主任	副主任	秘书		部长	副部长	部长	干事		
名额	24	兼1	4	1	1	1	兼1	1	1	兼1	1

部别	财政部		商务部	服务部	文教卫生部	饲养部	计划委员会			勤杂		
	部长	会计					主任	副主任	干事	通讯员	炊事员	电话员
名额	兼1	5	1	1	1	兼1	1	1	1	1	1	1

2. 人民公社的经营管理

人民公社的管理原则是"统一经营，分级管理"。一是在财务管理上，由公社统一制定财务计划，批准预决算；生产大队掌握限额以

---

① 安贞元：《人民公社化运动研究》，中央文献出版社2003年版，第252页。

内的生产开支和社员预支；实行财务包干的公社，生产队也可以掌握少量的生产开支。二是在劳动管理上，由公社制定统一的全公社劳动规划，组织全公社范围的劳动协作，规定全公社的劳动定额；大队可以根据生产需要，统一调配各小队的劳动力；各生产大队和小队可以修改和补充劳动定额。三是在农业生产管理上，公社对大队、大队对小队分别颁布产量指标的投资指标，实行超产节约的奖励，公社给各大队、大队对各小队划分耕作区，调配牲畜农具，颁布主要作物的生产指标（总产量和播种面积），在保证完成公社生产计划的前提下，大队在作物区的划分、小杂粮、蔬菜的种植上允许有一定的机动性[1]。四是在工业生产管理上，根据就地取材，工农结合，互相促进，充分发挥设备能力的原则，适当划分各级管理范围。规模大的，投资多的，收益大的如冶炼厂、制鞋厂、纺织厂、较大型的食品工厂、榨油厂等，均归公社直接管理；规模较小的，如面粉加工厂、缝纫厂、滚珠厂、小农具修配厂、砖瓦窑等由大队管理；小队能够办、而且对农业生产有直接促进作用的工业，如颗粒肥料厂、饲料加工厂、沼气、土化肥、缝纫等均由小队管理。有些工业也可以公社、大队、小队同时举办。对各大队、各小队管理的工业，实行计划管理、超额提成奖励的办法。五是在家畜家禽饲养业方面，主要交各小队管理，社对小队实行按比例分成办法，大队和公社办较大型的畜牧饲养场等。六是在林业生产管理方面，零星树木和小片树林，均交小队管理，收益实行和公社比例分成，今后发展任务由公社规划。七是在渔业生产管理方面，在几个小队范围内的水坑，由大队管理，一个小队范围内的水坑由小队管理，收益实行社队按比例分成。八是在商业管理方面，供销部直接由公社管理，分布在各大队的分销点，由大队管理。[2] 九在文化上，大、中学校、正规电影院和大型图书馆均由公社管理。分布在各大队的红专大学、业余中学、小学及小型俱乐部均由大队或小队

---

[1] 安贞元：《人民公社化运动研究》，中央文献出版社2003年版，第252页。
[2] 安贞元：《人民公社化运动研究》，中央文献出版社2003年版，第253页。

第二章 中国农民专业合作社治理的历史回顾　　85

管理。①

3. 人民公社的利益分配

（1）分配制度

人民公社的分配制度实行半供给半工资的分配制度，供给和工资部分基本是对半的比例。供给部分包括社员的基本生活必需品，比如有的公社实行"七包"，包吃饭、包穿衣、包医疗、包生育、包教育、包居住、包婚丧，也有的公社实行"六包"，"五包"，还有的只包吃饭、包粮食，根据生产条件按人平均分配。工资部分有的按不同等级每月四元至十五元，有的两三元不等。劳动好的另外发给一部分奖励工资。供给部分和工资部分所占的比重，以河南新乡七里营人民公社为例，大体是全年供给部分五十元，工资部分（包括奖励工资）五十元，供给部分和工资部分各占一半。其他公社，有的供给部分比重大些，有的工资部分比重大些。由于人民公社刚刚建立，各地经济条件不同，包的范围不可能一致，工资也不可能一致。但是不管怎么样，吃饭不要钱，按月领工资，对农民来说，是破天荒的大事。许多公共食堂都是这样②：第一天吃的多，超过定量；第二天略有超过；第三天就回到原来的供应数字，或者接近原来的供应数字。这一下，一块石头落地了，农民满意了，干部也放心了。李先念曾回忆：北戴河会议的时候，有的同志提出"吃饭不要钱"，现在看来，全面实行这个办法并不困难。我想，其他生活必需品也是这样，哪一种产品丰富了，哪一种就实行供给制的办法，按需分配和定量供应的部分逐步扩大，按劳取酬的部分逐步缩小，这样，一步一步地向共产主义过渡。……在这里，大家提出这样的问题：农民实行了半供给半工资的分配制度，城市怎么办？职工和国家工作人员怎么办？看来形势逼

---

① 中国人民大学农业经济系：《人民公社参考资料选集》第2集，中国人民大学出版社1958年版，第52—53页。

② 安贞元：《人民公社化运动研究》，中央文献出版社2003年版，第254页。

人，这个问题必须及时加以考虑。①

（2）供给制度

供给制在当时被说成是按需分配的因素，主要是指社员在公共食堂吃饭或吃饭不要钱。当时名噪一时的共产主义试点县，河北省徐水县在1958年10月9日制定了《关于人民公社实行供给制的试行修正草案》。从这个方案可以清楚地了解当时全国实行供给制的情况，大概内容如下：

第一，供给制的范围

农民（农民、大、中、小学学生）、工人（工厂的工人，机关、企业、事业单位的工人）、干部（党、社、团体及企业、事业单位的干部、服务人员、教员、商业人员、医务人员、炊事员）及一切工作人员。

第二，供给制等级的划分标准

供给制标准是本着公社成员大体平等，生活费用稍有提高，又不绝对平等的精神，农民、工人、干部略有差别，适当分等级，在生活必需品特别是伙食、服装日用品和津贴方面有精细的安排。一是在伙食方面，大、中学学生每人每月5元，小学学生每月4元，幸福院老人每人每月4.5元，幼儿每人每月3元；工人等级根据劳动强度和技术高低分为两等：劳动强度较高和高等技术人员每人每月12元，劳动强度较低，每人每月8元等等。当时的伙食一般不发给本人，以食堂为单位发供应证，凭证到附近粮库领取，其他部分一律折款发给货币。二是在服装日用品方面，农民中男女整半劳力，每人每年发给服装布24尺，棉花1斤半，鞋3双，袜子2双，毛巾1条，肥皂2块，根据需要发给草帽1顶。大、中学学生每人每年发给服装布24尺，棉花1斤半，鞋3双，袜子2双，帽子1顶，肥皂3块，毛巾1条。高、初小学学生，每人每年发给服装布22尺，棉花1斤半，鞋3双，

---

① 李先念：《人民公社所见》，《人民日报》1958年10月17日。

第二章 中国农民专业合作社治理的历史回顾 87

袜子2双，毛巾1条，肥皂2块。幸福院老人，每人每年发给服装布24尺，棉花1斤半，鞋2双，袜子2双（棉花内包括1双自做），毛巾1条，肥皂2块。幼儿园每人每年发给服装布12尺，棉花1斤半，鞋5双，袜子2双，小毛巾1条，肥皂1块。托儿所每人每年发给服装布8尺，棉花1斤半，肥皂11块，小毛巾1条。[①] 工人除根据工作需要发给工作服外，每人每年发给服装布24尺，棉花1斤半，鞋3双，袜子3双，毛巾2条，帽子1顶，香皂2块，肥皂2条，牙膏2盒。干部（教员）每人每年发给服装布24尺，棉花1斤半，鞋3双，袜子3双，毛巾2条，帽子1顶，香皂2块，肥皂2条，牙膏2盒。服装、日用品每年发2次，3月份发1次，9月份发1次。农民男女整半劳力、大、中学学生、工人、干部一律折款发给本人；幸福院、小学学生、幼儿园、托儿所，集体发给实物。[②] 三是在津贴上，农民根据劳动态度、技术高低、劳动强度分为两等：1等每月1元、2等每月2元。在此基数上要大体掌握一、二等各占50%左右。大、中学生每人每月零用费5角（小学学生每人每月1角，幸福院老人每人每月3角，幼儿园、托儿所零用费每人每月1角，集体掌握，不发给个人）。[③] 工人按劳动态度、劳动轻重、技术高低分4等：1等1元、2等2元、3等4元、4等8元。干部分为四级，县委委员、教授、讲师、主治医师、剧团主演每人每月8元；科、局长、中学校长、各乡公社党委书记、副书记、社长、副社长，以及相当于以上干部每人每月5元，一般干部、教员、商业人员等每人每月3元；练习生、服务员、炊事员等每人每月2元。退休人员的伙食、服装、日用品按农民劳力待遇，因其对革命有一定贡献，每人每月发给津贴3元。退出现役享受抚恤待遇的残废军人，其抚恤费不再发给，服装、日用品按农民劳动力供给标准。津贴每月发给3元。

---

① 安贞元：《人民公社化运动研究》，中央文献出版社2003年版，第256页。
② 安贞元：《人民公社化运动研究》，中央文献出版社2003年版，第256页。
③ 安贞元：《人民公社化运动研究》，中央文献出版社2003年版，第256页。

第三，文化福利制度

干部、工人、农民看戏、看电影、洗澡不花钱。每 10 天发给澡票 1 张（设澡堂的不发）。20 天发给理发票 1 张，一个月发电影票 1 张。农民的由各公社印发，工人的由工厂印发，干部的由机关印发。文化福利制度也实行供给制。农民、工人、干部结婚，男女双方每人补助 1.5 元；生育补助 3 元；死亡本着节约精神适当发给埋葬费。文化娱乐需要买的器具，县属各机关、企业、事业、工厂、学校等单位，根据需要造报计划，由各主管部门报财粮部批准予以购买。办公费和书报费，由财粮部将款拨到各单位，由各单位集体掌握。各公社农民、工厂、学校等单位需购买的文化娱乐器具和学校学生书报文具费，财粮部拨给各公社，由各公社统一掌握使用。

第四，公费医疗制度

人民公社实行全民公费医疗，干部执行公费医疗证。工人由公社财粮部将医疗费拨到工厂单位，工厂单位有医疗机构的，在本单位医疗，没有医疗机构的将医疗费拨给就近医院，凭证在就近医院治疗，需要转院治疗的，一律付给现款。农民的医药费，由县拨给各公社，由各公社统一掌握，农民看病在本公社有效，本公社不能治疗经医生证明转院，转院治疗一律付给现款。[1]

第五，工资制度

关于发放工资的方法，各地做法不同，但基本原则是根据劳动力的情况，评定级别，根据级别确定一个劳动力每天劳动所得。[2] 因为当时实行供给制，社员所得实际上成了两部分，一部分是通过"各取所需"供给制来分配，一部分通过"按劳取酬"的原则，通过工资和劳动奖励的办法发给。实行伙食供给的合作社，一般供给部分占到 60%，工资部分占到 40%。实行基本生活需求供给的，供给部分占到社员收入的 80%，工资事实上已经变成了社员的生活"津贴"。

---

[1] 安贞元：《人民公社化运动研究》，中央文献出版社 2003 年版，第 257 页。
[2] 安贞元：《人民公社化运动研究》，中央文献出版社 2003 年版，第 259 页。

4. 人民公社的激励制度

激励制度主要体现在工资奖励中，工资中的奖励部分，在农业生产上，公社掌握50%，大队掌握30%，生产队掌握20%。奖励对象主要是集体，同时也发个人奖励。奖励的办法：集体奖，分春秋两次；个人奖，生产队社员根据生产计划的完成情况，十天一小评，一月一大评，经过评比，随工资发放奖励工资，领取奖励工资的人数，一般要占社员总数的40%—60%。

（三）人民公社的治理绩效

1. 正面绩效

粮食产量提高；发挥了农民的社会主义积极性，每个社员收入水平都有所增长。见表2.8、2.9、2.10。

表2.8　　　　　　七里营人民公社二十年来粮食总产量

年度	粮食总产量（万斤）	年度	粮食总产量（万斤）
1957	1040.6	1968	3070.9
1959	1195.0	1971	4606.0
1962	1681.6	1974	5626.1
1965	2510.4	1977	5640.5

表2.9　　　　　　某社的每个社员收入水平资料[①]

收入来源	1977年 金额（元）	1977年 百分比（%）	1978年 金额（元）	1978年 百分比（%）	1978年与1979年对比（%）
从集体经济所得收入	75	71.4	97	70.2	129.3
从家庭副业所得收入	30	28.6	41	29.8	136.7
合计	105	100.0	138	100.0	131.4

---

① 陈永秉：《农村人民公社统计》，农业出版社1980年版，第119页。

表 2.10　　　　　新联公社河东大队划船垱生产队
　　　　　　　　1978 年收益分配与上年比较表

项目	金额（元）	占总收入（%）	占纯收入（%）	上年	与上年比较 +、-	（+、-）%
总收入	27315.22	100	—	24547.72	+2767.50	+11.27
纯收入	20312.95	74.36	100	17979.38	+2333.57	+12.98
一、国家税金	661.25	2.42	3.25	660.82	+0.43	+0.06
二、集体提留	4358.70	15.96	21.46	3697.26	+661.44	+17.89
1. 公积金	2447.40	10.06	12.05	1979.26	+468.14	+23.65
2. 生产费基金	546	2.00	2.69	491	+55	+11.20
3. 储备粮食金	546	2.00	2.69	736	-190	-25.82
4. 公益金	819	3.00	4.03	491	+328	+66.80
5. 社员生活基金						
三、社员分配	15293	55.98	75.29	13621.30	+1671.70	+12.27

从表中看出该生产队在纯收入增长的基础上，比较好地处理了积累与消费的关系。集体积累比上年增长了 17.89%；社员的生活也有相应的提高，即比上年增加了 12.27%[①]。

2. 负面绩效

（1）脱离了当时的社会实际，抑制了乡村市场经济发展

农民的市场交换行为本身是一种经济行为，但公社制度对交换行为的约束却带着超经济的强制性。事情在这里发生了质的变化，经济问题变成了政治问题，政治的激化又导致了革命。[②] 人民公社由于其很强的政治性导致乡村市场的发展非常弱，当人民公社的供给制不能满足民众的需要时，民众自然会通过市场进行交换，但是由于市场氛围的缺乏，短缺的商品不能满足人民的需求，而且价格非常昂贵，在

---

① 洪乌金：《农村人民公社收益分配》，农业出版社 1980 年版，第 85 页。
② 张乐天：《告别理想：人民公社制度研究》，上海人民出版社 2005 年版，第 81 页。

第二章 中国农民专业合作社治理的历史回顾

当时的民众中留下了沉重的记忆。河北省在第一次郑州会议前向毛泽东汇报，1958年秋收后，河北省人民公社分三类情况：一类是吃饭都没有保障，要求国家救济；二类是能管社员吃饭，但发不出工资；三类是能发一点工资，有一个月发几角钱的，有发一元钱的，有发两元钱或三四元钱的。一些能发工资的社，也是发一两个月就难以为继了，所以真正按劳分配的部分微乎其微。

（2）人民公社"一平二调"的体制抑制了农民个体生产的积极性

当时农村的"共产"、"一平二调"，客观上压制了农民个体生产的积极性，老百姓曾说："上级搞的'一平二调'，比老鹰抓小鸡都容易，老鹰抓小鸡，小鸡还能叫几声，现在平调你的东西，谁也不敢吭一声。"① 这些行为导致了农民出现了入社前杀鸡宰羊，变卖家产的情况。"现在每个人都必须变卖个人财产去'投资'，看起来，没有一个人能准确地、真正地了解'投资'的含义。我们被告知，必须把东西交给政府，这就是'投资'。"② 河南的嵖岈山公社在1959年秋，为建立牛场、"万头猪场"和"万鸡山"，令各大队替公社建了305间畜舍；调饲养员50多人、牛192头、猪89头、鸡2700多只。上调这一天，"到处牵牛赶猪，追鸡捕鸭，闹得全社鸡犬不宁，人心惶惶"。③ 还有安徽省凤阳县小溪河公社，为了办农场，占了长塘大队最好的3200亩地；办畜牧场就抽调各大队大小牲畜277头；办猪场不仅赶来大队、小队的种猪、母猪、小猪、肥猪339头，而且一个电话就把长塘大队的先进猪场划归了公社；办砂场搞运输就抽劳力398个，拉来平车33部、马车6辆、木船一只、骡马8匹；成立农具厂，就抬大队机器9部；别的大队生活困难就乱调粮食336800斤；需要钱用，就扣留大队卖粮卖烟款182500元；需用房子，就撵社员

---

① 刘华清：《人民公社化运动纪实》，东方出版社2014年版，第183页。
② 刘华清：《人民公社化运动纪实》，东方出版社2014年版，第183页。
③ 刘华清：《人民公社化运动纪实》，东方出版社2014年版，第182页。

搬家，侵占民房197间。这些行为打击了农民的生产积极性。据国家统计局1960年1月报告：到1959年底，经过反右倾斗争后，全国公共食堂已由1958年10月底的265万个增加到391万多个，参加公共食堂吃饭的约4亿人，占人民公社总人口的72.6%。4亿农村人口"按需分配"，即按勉强维持生命的最底伙食标准在公共食堂吃饭，这就是人民公社分配制度的主体。这种平均主义的分配制度，用群众通俗的语言来说，就是："干不干，都吃饭；干不干，都吃一样的饭"；"工多不喜，工少不急，两餐稀饭，你吃我吃"。既然干和不干一个样，干多干①少一个样，那么，人还为什么去干，为什么去多干呢？新华社1959年1月18日内部报道，广东省新会县人民公社第一次发工资后，出现"四多四少"和"三化"的现象，即："吃饭的人多，出勤的人少；装病的人多，吃药的人少；学懒的人多，学勤的人少；读书的人多，劳动的人少"；"出工自由化，吃饭战斗化，收工集体化"。这就使劳动生产率普遍下降。这不是一个公社或一个县的问题，而是全国性的普遍问题，是人民公社制度本质特征所决定的。②

（3）缺乏有效制度约束，党内民主受到挑衅

"三级所有，队为基础"的人民公社制度把人口管制在村落中，虽然较之前在管理上有一定的秩序，但是其物资流动只能在大队内部流动，按照资源稀缺的一般规律，大队内部队员之间的竞争加强甚至于激烈，为了争取到更多的资源，队员之间对内部权力的争夺成了人民公社制度的一个突出特征，大队成为一个集劳动、分配、权利制度保障的混合体，在这样的环境下，掌权是一件十分重要的事情。谁掌权，谁就在地方的政治等级中处于较高的或者至高的位置上，他不仅能受到尊敬，而且动不动就可以发号施令。掌权者不仅为了组织并通

---

① 安贞元：《人民公社化运动研究》，中央文献出版社2003年版，第261页。
② 安贞元：《人民公社化运动研究》，中央文献出版社2003年版，第262页。

过组织而用权，也可能为了其他目的、通过其他方式运用权力。① 甚至于在有的时候表现出简单的粗暴、独断专行、以势压人等等，破坏了党内民主纪律。

四 改革开放以来中国农民专业合作社治理状况

（一）改革开放以来中国农民专业合作社的历史沿革

改革开放以来，乡村市场的力量在不断增大，其作为一种"基层力量"不断嵌入到合作社组织中，成为该组织不可忽视的一种力量，约束着农民的市场行为。因此，有关农村合作制度的研究不能忽视乡村市场，有关农村市场的研究也不能忘记合作社。在合作社的发展过程中，政府首先对传统合作社资源进行改造，早在1982年就提出要恢复合作社相关组织进行放权，使其成为群众性组织，赋予该组织在经营管理方面更多的灵活性和民主性。1982年至1983年，供销总社进行了新中国成立以来首次全国性大范围的社员股金清股分红。对全国3.5万个基层供销社的3.6亿元社员股金落实了股权、补发了红利，同时新吸收社员1300万户，使全国入股农户达到了1.3亿户，占总农户的70%。到1983年底，95%的基层供销社和80%的县级供销合作社分别召开了社员代表大会，初步建立起民主管理制度。但是相当多的新社员入股仅仅是为了分红，此阶段的改革仅仅具有恢复性质，同时政府也积极进行发展新的合作组织。1984年的中央一号文件提到农村经济组织在政社分设以后可以在群众自愿基础上根据生产发展需要进行多种多样的形式探索，不要自上而下强制推行某一种模式。1985年一号文件提出依据和遵循商品经济的规律对合作社进行管理的规定；1987年提出合作社做好为农户提供生产服务任务，鼓励农民合作组织进入流通领域；1998年中央一号文件规定要推动适

---

① 张乐天：《告别理想：人民公社制度研究》，上海人民出版社2005年版，第93页。

度规模经营,加强合作社内部规范管理;在 2004 年的中央一号文件中提出不断提高国家科技投入在农业科研包括农民专业合作社中的比例,增强农业科技创新的能力。①

农民专业合作组织是农民和产业龙头企业、农业科技推广部门等之间的纽带和桥梁,能够提高农产品的竞争力并引导农民进入市场,在农民增收和建设农业现代化方面起到促进和推动作用。农民专业合作组织是农民和产业龙头企业、农业科技推广部门等之间的纽带和桥梁,能够提高农产品的竞争力并引导农民进入市场,在农民增收和建设农业现代化方面起到促进和推动作用。《中共中央、国务院关于 2009 年促进农业稳定发展农民持续增收的若干意见》要求"加快发展农民专业合作社,开展示范社建设行动"②。农民专业合作组织是农民和产业龙头企业、农业科技推广部门等之间的纽带和桥梁,能够提高农产品的竞争力并引导农民进入市场,在农民增收和建设农业现代化方面起到促进和推动作用。2007 年随着农民专业合作社法的颁布实施,农民专业合作社的发展数量剧增。同年 12 月在关于《中共中央、国务院关于切实加强农业基础建设进一步促进农业发展农民增收的若干意见》文件中提出:"各级财政要继续加大对农民专业合作社的扶持,农民专业合作社可以申请承担国家的有关涉农项目"。③ 2010 年的中央一号文件提出扶持农民专业合作组织是农民和产业龙头企业、农业科技推广部门等之间的纽带和桥梁,能够提高农产品的竞争力并引导农民进入市场,在农民增收和建设农业现代化方面起到促进和推动作用。同时提出扶持农民专业合作社延长产业链,扶持其自办农产品加工企业并为其提供便捷高效价廉质优的专业化服务,增加农业专项资金,提高其对农户的辐射带动能力;④ 2012 年中央一号

---

① 郑有贵、李成贵:《一号文件与中国农村改革》,安徽人民出版社 2008 年版,第 382 页。
② http://www.ce.cn/cysc/agriculture/gdxw/200902/01/t20090201_18084681_3.shtml.
③ 郑有贵、李成贵:《一号文件与中国农村改革》,安徽人民出版社 2008 年版,第 419 页。
④ http://www.ahnw.gov.cn/2006nwkx/html/201001/%7B1DF909FC-1CEB-4FE4-86FB-00AD04857FB8%7D.shtml.

文件提出重点要通过政策扶持提升农民专业合作组织进入市场的能力；2013年中央一号文件要求提升合作社整体素质，规范合作社运行机制，提高其对农民的带动能力和市场的竞争能力；实行部门联合评定、政府重点扶持示范社机制；规范合作社信用合作制度，完善合作社优惠税收政策；建立合作社智库建设，对合作社主要负责人进行培训，引进高素质人才；尽快修订农民专业合作社法，探索合作社联合社的科学登记及其管理办法。确实把农村合作社等新型合作社组织作为农村基层社会管理的载体；① 2014年中央一号文件继续强调农民专业合作社规范治理问题，推动集群发展，密切与农户、农民合作社的利益联结关系。2016年中央一号文件提出通过加大农户对农产品加工销售环节的利益分享来加强农业产业链同农民之间的利益联结，完善农民合作社与社员之间的利益返还机制。②由此可见，我国的农民专业合作社在政府政策的帮扶下借助市场经济和现代科学技术对其的供给需求的不断调整进行深入发展。

（二）改革开放以来中国农民专业合作社的制度供给

改革开放以来，我国农村实行了家庭联产承包责任制，农业合作社的发展对中国农村经济的发展起着重要作用。农民分散化的生产经营导致他们先天的弱势地位，其权益得不到保障。农业合作社的建立对于完善农村经济、推动农业现代化都有着建设性的意义。

1. 中国实现农业产业化需要选择农业合作社

农业产业化对于稳定农产品价格、提升农产品质量、增加农民收入、改善农村资源分配以及农村剩余劳动力的转移都有着巨大的作用。而在此过程中，农业合作社的建立又是其必由之路，其对产业链的纵向及横向延伸都有着积极的意义。首先，农业合作社的创办顺应了中国浓厚的地缘文化，这对产业化组织的形成有推动作用。其次，农业合作社

---

① http://web.11315.cn/web/lngs/news-1362990766604.html.
② http：//news.china.com/domestic/945/20160127/21322182_all.html#page_2.

将分散的农户结合在一起,在面对市场和企业时,大大降低交易成本。最后,农业合作社的日趋成熟渐进式地促进了农业产业化的发展。在产业化发展的过程中,农村存在的短板显而易见,一是由于农民文化程度低,往往只能按照经验种植,对优良的品种、先进的农业生产技术知之甚少。二是产品的产量低、质量差,产出的农产品卖不出好价钱,找不到好市场。其结果是谷贱伤农,导致农民的种田积极性降低,影响农业的发展,使得我国农业在国际竞争中明显处于劣势。

2. 分散式家庭经营需要农业合作社的补充

随着中国社会主义市场经济体制的逐步建立,一家一户分散式的小规模的农业生产与市场经济间的矛盾逐渐突出。信息不对称以及农户之间在生产和经营水平上的差异,导致农户与市场的交易费用很大,一家一户的小作坊式的生产也很难抵御自然风险和市场风险,并往往导致农业再生产的中断,出现凑热闹的局面。具体表现为市场陷入一种难以破解的怪圈——若逢种植面积大、蔬菜贱卖的年份,来年农民便跟风减少种植面积,菜价又像过山车似地往上涨,这会使得农业生产出现大起大落的周期性变动,不利于国民经济的稳定,也影响了农民自身利益。结合农业经济发展比较成熟的国家或地区的经验和中国的实际,在不改变农户作为基本生产单位的前提下,分散的农户组织起来建立农业合作经济组织,就可以大大降低单个农户与市场的交易成本,从而能有效地提高农民收入,进而促进中国农业的健康发展。

3. 农业合作社是农民接受再教育、培训的重要平台

美国著名社会学家阿厉克斯·英格尔斯曾指出,人的现代化是国际现代化必不可少的因素,它并不是现代化过程结束后的副产品,而是现代化制度与经济增长赖以长期发展并取得成功的先决条件。以2005年农民文化水平数据为例,全国范围内5.04亿农村劳动力中,小学及小学以下文化程度的占34.10%,其中基本不识字的占6.87%[①]。发达国家的经

---

① 陈锡文:《走中国特色农业现代化道路》,《农村工作通讯》2007年第2期。

验表明，农村合作社本身就是一种学习型组织，是对农民进行教育培训的有效平台，因而农业合作社的建立有助于增强农民自主经营、自主管理的能力，从而有效地提升农民的综合素质。政府部门可以通过合作社举办各种农业知识的学习班，刺激农民学习的兴趣。提升其种植技术，激发其种植热情。中国农民的文化水平和科技水平的提高对于中国农业现代化起着至关重要的支持作用。

（三）改革开放以来中国农民专业合作社的治理现状

1. 从发展数量来看，农民专业合作社数量在不断增加，带动农民数量亦不断增加

一是合作社数量不断增加。据统计，截至2018年12月底，全国有农民专业合作社204.4万家，是2010年底的5.4倍，见表2.11所示。

表2.11　　　　　2010—2018年农民专业合作社数量

年份	数量（万户）
2010	37.91
2011	52.17
2012	68.89
2013	98.24
2014	128.88
2015	153.1
2016	179.4
2017	199.9
2018	204.4

二是农民专业合作社吸纳成员数不断增加。农民专业合作社的成员数是指加入合作社并拥有合作社剩余所有权或控制权的成员数量。按照《农民专业合作社法》的要求，成员中农民成员数量比例不低

于 80%，所以成员数可以反映出合作社对农民的组织带动情况。依据农业农村部统计资料显示，截至 2017 年 12 月份全国农民专业合作社吸纳成员数为 64101193 户，见表 2.12，比 2016 年增加 6.96%，其中普通农户数为 52624940 户，占合作社总成员数的 82%，比 2016 年增加 1.44%。

表 2.12　　　　2017 年 12 月农民专业合作社成员情况①

名称	数量（户）	比上年增加或减少（%）
总成员数	64101193	6.96
普通农户数	52624940	1.44
专业大户及家庭农场成员数	1981619	-1.37
企业成员数	306013	4.25
其他团体成员数	233647	1.27

2. 从理事长身份来看，主体是普通农民身份

从 2017 年农业农村部统计数据来看，具有普通农民身份的理事长占到 76.9%，具有村干部身份的占到合作社成员数的 13.4%，具有企业身份的占到合作社成员数的 2.7%，基层农技服务身份的占到成员数的 1.7%，其他社会力量的占成员数的 5.3%，如表 2.13 所示。

表 2.13　　　　农民专业合作社理事长身份比例

名称	数量（人）	所占比例（%）
普通农民	1095223	76.9
村组干部	191305	13.4

---

① 数据来源于 2017 中国农业统计资料，http://zdscxx.moa.gov.cn:8080/misportal/public/publicationRedStyle.jsp.

续表

名称	数量（人）	所占比例（%）
企业	38201	2.7
基层农技服务组织	24154	1.7
其他	75263	5.3
总计	1424146	100

3. 从组织作用来看，农民专业合作社的带动力明显增强

农民专业合作社是促进农业现代化的重要经营主体之一，从成员构成上来说，农民专业合作社的组成包括87%的普通农民，还有专业大户和家庭农场成员200万个，农业企业社会团体成员50万家，所涉面非常的广泛[①]。同时，在全球供应链的时代，农民专业合作社成为集提供耕、种、收、运各环节重要组织，按照经营服务内容，农民专业合作社提供的服务涉及产加销一体化服务、生产服务、购买服务、仓储服务、运销服务和加工服务等内容，能够汇入本村，促进农村经济的发展。按照农村农业发展部统计数据，可以看出农民专业合作社汇入本村情况，如表2.14所示：

表2.14　　　　2017年农民专业合作社汇入本村情况

名称	数量（个）
5万元以下的村	136642
5万—10万元的村	66003
10万—50万元的村	61856
50万—100万元的村	15879
100万元以上的村	21098

---

① 安徽财经大学、中华合作时报社：《中国合作经济发展研究报告（2018）》，《中国合作经济》2019年第3期。

4. 从经营实效来看，农民专业合作社的带动辐射作用明显增强

随着农业现代化的不断发展，农民专业合作社带动农户增收的能力日益增强，对农民的吸引力也不断增加，截至2018年，农民专业合作社社员的出资额比2012年高出4.2倍①，社员的出资额更能反映农民加入合作社的意愿和合作社对农民的吸引力。

同时，由于农民专业合作社本身的益贫性特征，在其发展中，日益成为产业扶贫的重要载体，而农民合作社作为"人的联合"的经济组织，相对以利益为导向的企业，其在追求经济发展的同时会兼顾贫困户的利益和权利，是连接政府和贫困户的不可或缺的中间制度载体。2011年中共中央、国务院印发的《中国农村扶贫开发纲要（2011—2020年）》鼓励积极培育农民合作组织，通过农业合作社带动贫困户增产增收，充分肯定了农民合作社在产业扶贫中的作用。2015年《中共中央 国务院关于打赢脱贫攻坚战的决定》中指出："加强贫困地区农民合作社和龙头企业的培育，发挥其对贫困人口的组织和带动作用，并强化其对贫困户的利益联结机制"。2016年初《关于加大脱贫力度支持革命老区开发建设的指导意见》再次强调了农民合作社对贫困户的"造血"功能。2016年5月《贫困地区发展特色产业促进精准扶贫指导意见》明确指出农民合作社扶贫的途径，并提出对农民合作社给予财政支持。

5. 从农业供给侧结构性改革看，农民专业合作社成为推进农业供给侧结构性改革的重要力量

农民专业合作社立足市场、创新供给、激活需求，组织农产品标准化、品牌化、绿色化生产，2017年全国有8万多家农民专业合作社实施标准化生产、注册产品商标，3万多家农民专业合作社创办加工实体、开设社区直销店，一些还进行直销配送、会员制消费、认购式销售等营销创新②，如表2.15。

---

① 安徽财经大学、中华合作时报社：《中国合作经济发展研究报告（2018）》，《中国合作经济》2019年第3期。

② 本数据来自于2017年农业农村部关于农村经济管理的数据统计。

表 2.15　　　　2017 年农民专业合作社规范化经营情况

名称	数量（个）	比上年增减（%）
实施标准化生产的合作社数	89446	+8.97
实施注册商标的合作社数	81353	+8.56
拥有农产品质量认证的合作社数	43443	+7.98
创办加工实体的合作社数	31380	+19.03

第三章　中国农民专业合作社治理改进的现实基础

　　对于从人民公社体制束缚下解放出来获得独立经营权与自由选择权的中国广大农民而言，需要合作是不争的事实，但是中国农民"善分不善合"的命题在学界引起了很大的争论，对于"善分"还是"善合"，不能简单立论，其是一种经济偏好，但是偏好稳定必然取决于社会经济制度环境的稳定，传统的农业社会是"马铃薯经济"，分散经营以自给自足为主，所以建立在社会分工基础上的经济合作的内在动力不足。随着中国农村推行以家庭联产承包责任制为主的改革后，农村、农民走向"原子化"，然而中国的农村也正伴随着市场化、社会化的路径发展，作为农民专业合作社发展的小农发展与市场化的小农发展相辅相成，逐渐市场化小农的市场意识不断增强，能够促进合作社在市场中的主体地位，而合作社在市场中主体地位的加强也能进一步提高小农的市场意识。由此看出农民专业合作社确实能够为农民带来实际利益，理论上应该有很大的吸引力，但是在现实的经济生活中，中国农民专业合作社的发展和对农民的吸引力远没有想象中的那样好，或者失去了吸引力，或者出现了很多的"假冒、伪劣合作社"，许多地方还出现了社员"被合作化""被社员化"的问题。2016年12月中央经济工作会议提出要进行农业供给侧结构性改革，从产品结构、经营结构、农业资源的绿色循环利用、适度规模经营、农业创新机制激活、促进三产融合等方面进行突破。对于农民专业合作社自身发展来说，虽然数量很大，但是治理结构不够完善，处于数量的扩充阶段，要想顺应农业供给侧改革的大势，在社员素质、运行机制、法律规范、政府扶持、社会文化环境等方面必须进行治理改进，以便解决农民专业合作社发展的突出问题。

一　中国农民专业合作社治理的制度基础

（一）生产力发展是农民专业合作社治理的经济前提

生产力发展的制度需求是农民专业合作社发展的经济前提，在我国统分结合的双层经营体制下，"一方面与我国农村生产力水平相适应，另一方面又因其对农业生产社会化的制约而阻碍农村生产力发展，这种制度的两重性，必然激发农民通过提高自身的合作化组织程度对家庭经营进行创新。"[①] 特别是在经济全球化背景下，过于分散的家庭经营很难应对国际市场上对农产品的标准化和质量安全的要求，所以必须主动对家庭经营的组织形式进行创新，实现农业各生产要素之间的联合，提高农民组织程度，创新经营体制，实现农业生产社会化，在此过程中以什么样的组织形式存在能够提高农业生产之间各要素的有效联合，这取决于生产力发展的程度。因此，生产力发展是农民专业合作社治理的经济前提。

（二）合作经济组织供不应求是农民专业合作社产生的制度需求

农村经营组织制度是农民专业合作社治理的制度前提，20世纪70年代以后，我国取消了人民公社制度，表明旧合作制度的失败，特别是在农村实行家庭经营制度以后，农民的生产经营组织程度开始变得相对"分散"，农民在生产和生活服务需求上的种种困难，在市场经济和灾害面前碰到的各种风险，在权益上受到的各种侵害等等，

[①] 曹泽华：《农民合作经济组织：中国农业合作化新道路》，中国农业出版社2006年版，第51页。

都成了农业和农村发展的突出矛盾。正是在农村合作经济组织供应不足的情况下，一些农民开始自愿组织起来，所以新型合作组织在其一产生就表现出独立经营的特质，是在生产服务、产品销售、权益维护等方面的自愿联合体。

（三）政府推动引导是农民专业合作社产生的制度诱因

农民专业合作化的发展路径可以区分为诱致性和强制性两种。诱致性农民合作化主要是合作主体为寻求获利机会而自发倡导、组织和实施的变迁，体现"渐进性、差异性、多类型"特点。强制性农民合作化主要是凭借政府本身的强制力资源实现目的的过程。中国新型农民专业合作社是一种在农民自愿组合基础上为减少外部交易成本而建立的诱致性路径选择，"渐进性"指不急于求成，根据我国农村发展实际与合作经济发展根基比较薄弱这一现实，不能一哄而上，走以前的老路。"差异性"指根据各地农村的自然条件、经济发展水平、社会文化传统等条件的不同，依据各地自身优势发展合作社。所谓"多类型"指先发展小范围的农民专业合作社等组织形式，然后以典型示范的方式进行推广。

同时，当前我国农业发展基础薄弱，合作社组织的交易成本很大，需要政府适当支持和引导，世界上任何一个国家的农民合作组织要想发展好都离不开政府的引导和政策扶持。越发达的国家，各项政策扶持力度越大，农民合作经济组织发展越完善，农民参加合作经济组织越多。特别是在中国，处于发展初期的农民专业合作社更需要政府的引导和支持，通过规范影响合作社规范发展的法律法规、财政税收等手段促进其健康发展。

（四）提高绩效是农民专业合作社治理的基本目标

提高治理绩效，减少交易成本的制度需求是农民专业合作社的基本目标。资源稀缺致使人类产生了竞争，在外部交易成本方面，由于农民生产主要依赖自然环境，散居于农村，信息体系建设相对滞后，所以获取市场信息的成本很高；同时，我国农业基本上是一个"靠天"吃饭的产业，受到市场要求"鲜活"的特点，农民所面临的各种风险很大；在政策参与方面也由于中国农民分散的群体虽然结构庞大，但是没有力量与其他利益集团抗衡，使得交易成本变高。在内部交易成本方面：一方面是组织成本高，由于农民团体居住分散，信息沟通困难，同时在工业化进程中具有较高文化水平的劳动力前往城镇，剩下的农民大部分文化层次较低。这一点世界合作社发展的实践已经证实，许多发达的国家之所以能够组织大规模的农民利益集团开展有效的农民合作化运动，莫不与本国的农业生产经营者和参与者有很高的文化水平、很强的合作意识和组织意识相关。而发展中国家的生产经营者或参与者也正因为文化层次较低、合作意识和组织意识不强等原因，使得组织成本上升。① 另一方面是对其监督约束的成本高。农民专业合作社是一种公共品，排他性不强且有很强的正外部性，所以组织本身的搭便车问题很难克服，而且是规模越大涉及农民利益越多的大规模合作社的搭便车问题越严重。这种情况对于合作组织中的"企业领导者"或者能人来说激励效果不大，所以对于怎样减少内部监督成本，也是合作组织需要实践和总结的问题。

二　中国农民专业合作社治理的制度边界

（一）农民专业合作社的制度属性

合作社从1844年罗虚代尔公平先锋社开始，到今天也已经走过了200多年的历史，经典合作社规则也在不断地适应环境，但其在控制权方面表现出的"成员民主控制"、在所有权方面表现出的"资本报酬有限"和收益权方面表现出的"按惠顾额返还盈余"质性底线

---

① 曹泽华：《农民合作经济组织：中国农业合作化新道路》，中国农业出版社2006年版，第101页。

没有发生变化,是合作社区别于其他经济组织的标识。

1. 经典合作社的制度益贫性

合作社是民主管理的组织,社员自愿结合、实行一人一票进行管理并且实行利润返还,其天然就有益贫性的功能,这就决定了合作社在反贫困方面能够起到其他组织所难以企及的作用。

合作社是以社员合作为基础的组织,强调其成员共同出资,在决策中实行"一人一票",社员对合作社的资本做出公平贡献并加以民主控制;进行经济参与,社员盈余的分配按社员与合作社之间交易额的比例返还给社员;关注社区发展。[1] 这样的运作模式使成员更多地受益。同时在实践中我国很大一部分是由具有带领广大村民脱贫致富愿望的村书记或者村委会主任领办的,合作社组织正好成为他们实现愿望的经济载体。作为经济组织的农民专业合作社在发挥益贫作用方面的途径多种多样,一是通过土地托管形式。通过全托或半托形式可以解决农户由于外出打工或者缺乏劳动力而致贫家庭的问题。二是通过产业链金融途径帮扶困户。这里的产业链金融指有能力的合作社通过资金扶持或者通过先向农户赊销农业生产资料等途径,帮助农户脱离贫困。以发展蔬菜大棚温室蔬菜的农民专业合作社为例,合作社可以通过资金互助帮助缺乏资金的农户提供资金,本息均可在合作社蔬菜销售后获得。社员还可以向合作社赊销生产资料,等产品销售完毕以后在销售款中扣除成本资金,达到扶持农民摆脱贫困的目的。这些方式在实践中灵活多变,深受广大社员欢迎[2]。三是将电商平台引进村庄[3]。目前农村的市场大部分是淘宝和京东这样的大电在运作,同时也出现了针对农业农村的专业电商平台,比如山西省的乐村淘,一些电商平台纷纷与合作社建立对接,有的专门组织具有一定文化水

---

[1] 张晓山:《合作经济理论与中国农民合作社的实践》,首都经济贸易大学出版社2009年版,第6页。

[2] 孔祥智:《合作社的益贫性》,《中国农民合作社》2016年第7期。

[3] 孔祥智:《合作社的益贫性》,《中国农民合作社》2016年第7期。

平和劳动技能的贫困户子女到电商企业工作,解决了一部分农民的就业问题。四是提供培训服务。农民专业合作社通过对社员进行市场信息的讲解和对所经营农业种类的实用技术进行培训,提高农民专业技术水平并提高其适应市场经济的能力。在此过程中通过对社员文化知识的培养还能提高社员的整体素质,加快社员脱贫致富的进程。

2. 经典合作社的成员同质性

成员同质性包括成员资格的同质性和成员角色的同一性。

(1) 成员资格的同质性

合作社具有准公共物品的特性。准公共物品就是介于公共物品和私人物品之间的东西,在现实中很少有纯公共物品,也很少有纯私人物品,有的学者把合作社看成为一个典型的生产型"俱乐部"[1],认为在俱乐部内部成员具有同质性,其禀赋和偏好差别不大,比如在个人拥有的各种经济、人力、社会资本方面,包括经济利益的偏好差别不大,成员在合作社内部没有竞争性,共同享受合作社产品和各种服务,但是针对合作社外部具有排他性。由此可以理解合作社一致强调成员资格的同质性,因为同质性可以很好地降低成员内部的交易成本,同时也容易形成一致的合作精神、组织精神、趋同的价值观等文化层面的认同,也容易达成一致,形成合作社在满足社员经济利益需求之上的高层次的社会、文化需求,实现农民专业合作社的组织旨趣。

(2) 成员角色的同一性

成员与合作社的关系,分为顾客、惠顾者、控制者与所有者,每一种角色都代表不同的商业关系,但是合作社与企业公司不同的地方是把超过成本部分的剩余分配给拥有股权的人,合作社必须用最低的成本服务社员[2]。合作社社员既有通过合作社来采购或者售卖产品的

---

[1] 黄祖辉等:《合作社的"理想类型"及其实践逻辑》,《农业经济问题》2014年第10期。

[2] Eugene Clark, "Farmer Cooperatives and Economic Welfare", *Journal of Farm Economics*, No. 1, 1952, p. 35.

顾客身份、还具有通过惠顾返还来分享合作社收益的惠顾者身份、同时也是通过投票来行使治理和控制权的控制者、还是具有一定股份的所有者,合作社成员是这四种身份的高度统一。在现实中合作社还有许多这四种身份的任意"混搭",比如,一些使用者可能被称为非成员顾客或非成员惠顾者,因为他们可能集顾客、惠顾者和所有者为一身,但他们不具备投票权①。随着现实的发展,合作社对资金的要求越来越高,以致于要成为社员的首先一条是必须出资,因为只有涉及到共同的经济利益关系才会增加合作社的稳定性。但是也必须看到出资人的禀赋和爱好,如果出资人在资源禀赋和兴趣爱好方面不同的话,其发展也不会一帆风顺。

所以,只有建立在成员禀赋和偏好一致基础上的出资才会达成同一性,当然随之带来的合作社的投入品和产出品也必须是同质的,所以我国《农民专业合作社法》把合作社成员界定为"同类农产品的生产经营者或者同类农业生产经营服务的提供者、利用者",同时强调农民专业合作社成员生产或交付的产品也应该是同一的,这也是合作社前面为什么加"专业"的原因。

3. 经典合作社的市民社会基础

马克思在 1859 年写的《〈政治经济学批判〉序言》中把市民社会定义为"物质生活关系的总和"。

独立自主的市场化力量是合作社组织存在的前提。所谓的市场化力量是指在非特权、非垄断资源的控制下经济主体自由意志的表现,其必须遵循平等交易法则、必须建立符合社会分工体系的利益集团。一句话,"这种力量在市民社会中的直接表现就是,以最原始的个性要求来驱动收益最大化的经济行为"②。

---

① 黄祖辉等:《合作社的"理想类型"及其实践逻辑》,《农业经济问题》2014 年第 10 期。
② 袁祖社:《权力与自由:市民社会的人学考察》,中国社会科学出版社 2003 年版,第 132 页。

正是在市场化力量的驱动下，社会团体组织得以产生，其最大特点是与个人利益密切相关，诸如社会中存在的各种经济组织、政治组织和民间组织，目的主要是通过契约形式保证所代表个体利益的实现和满足，具有"个体"性质，不代表国家或集团利益。合作社经济组织正是在这样的环境中成长出来的。

在西方经济社会的催生下，"合作社成员已经由最初的在经济活动中的弱者组织成长为为了其自身利益的实现而且怎样能够实现的最佳判断者了"[①]，由原来的合作运动的积极倡导者推动自发的组织合作社变成了合作社成员的自觉维护获得更多的公平和收益的经济组织，从中可以看到市民社会在商品经济之上产生了个性团体和个人的自由觉醒，是合作制经济存在的前提，市民社会也促进了合作经济组织的发展，市民社会是一个以经济生活为主体、满足社会成员利益需求并且与市场经济紧密相连的社会，其理性化的经济行为、秩序化的社会行为都由契约形式保驾护航。所以在市场经济存在的外在环境下，农民专业合作社要想顺利发展也必须通过个体之间的理性选择而与组织签订契约，形成利益链接机制。

但是我国农村经济发展中商品化程度低，农业生产者参与农产品交易活动的意识缺乏，农产品的生产环节和流通环节联系不紧密，农户的经济地位和经济行为不独立、不自主，在市场经济中处于弱势地位，所以我国农民专业合作社发展还处于初级阶段。

4. 经典合作社的自我服务性质

十八世纪晚期的欧洲国家还不是福利国家，但是随着工业化的发展，资本主义经济取得了很大发展，同时出现了资本家通过压榨工人获得剩余价值的残酷局面，工人阶级除了少量的雇佣工资外，没有所谓的福利保障，工人的生存境遇糟糕，工人和资产阶级之间的矛盾日益上升，工人罢工事件频繁，在此背景下，"合作社组织从一开始包

[①] 赵泉民、井世洁：《市场化力量的缺失：对20世纪中国合作社经济困境的一种诠释》，《甘肃社会科学》2005年第6期。

括罗虚代尔先锋社为代表就以维护工人的基本权利和切身利益出发，提升工人社会地位，减少工人在消费环节的利益盘剥为目标"[1]。这个目标为合作社的宣传赢得了好的形象，"成为社会底层人士包括工人阶级用来抵抗外来经济剥削的充满温暖和阳光的经济福利组织"[2]。这迎合了当时工人阶级谋求通过自我服务、自给自足的方式提升自身生活质量和生存境遇的心理，所以合作社组织开始不断地组建，受到工人阶级和社会底层人士的追捧。

随着二战的结束，资本主义国家开始以德国为首在俾斯麦的推动下由政府开始推行福利改革，挤占了原本的合作社福利小屋的存在空间，同时随着二战后世界经济的不断复苏，合作社生存的外部环境已发生了很大变化，其谋求自我保护自我服务的意义已经明显弱化，而且随着全球供应链管理时代的到来，供应商、分销商、零售商等环节的产业链上下游之间的整合给合作社的市场竞争带来很大的挑战，且人们消费水平明显提高，需求层次不断上升，市场供应必须随着顾客的需求不断调整，合作社要想在市场经济的大环境下占有一席之地，必须全力以赴，适应各种环境变化。

可以看出，随着社会的发展，社会福利制度不断完善，买方市场的形成，合作社就得不断作出调整，在中国亦是如此，由于中国农业的产业化时间先于合作化的时间，所以改革开放以后的农民专业合作社在面临外部激烈竞争的条件下生存更加困难，从理论上，我国的合作社"福利小屋"有发展的空间，但是在实践中也面临如何充分发挥自我服务功能和为更好地生存作出调整之间作出选择的问题。

（二）中国农民专业合作社治理内容

农民专业合作社的治理问题主要关注两个方面："一是追求农民

---

[1] 朱晓鹏：《走向发展之路——合作社会主义研究》，当代中国出版社2003年版，第38页。
[2] 黄祖辉、邵科：《合作社的本质规定性及其漂移》，《浙江大学学报》（人文社会科学版）2009年第4期。

专业合作社的效率，倾向于利益取向的治理问题；二是追求社员公平权利，倾向于公平取向的治理问题。"①

从利益取向合作社治理结构研究公司治理，主要是以控制与被控制为主要框架来分析合作社治理规范和合作社的本质特征等问题，主要涉及产权和制度安排、合作社的内部人控制、社会资本控制合作社、合作社质性规定的"漂移"等。从公平角度进行的治理结构主要强调独立的民主管理、合作社的益贫性目标、社员的主体地位等；合作社的治理结构应该是利益取向和公平取向的合二为一的治理模式，当然在体现双重价值取向的交汇点上出现的问题最多，需要适应变化的问题也最多。

1. 中国农民专业合作社治理的产权结构

现代企业治理理论认为企业必须有明确的产权，它是一系列契约组合，对于签约人对自己投入的财产必须产权明晰，在合作社内部的财产所有权包括了股权、债权和人力资本所有权，在具体的形式上表现为所有权主体所享有的收益权和剩余控制权，对于所分享的权重，由合作社组成资本的结构、法律法规及其习俗、生产要素的供求情况等因素决定，不同企业有不同的情况。

关于农民专业合作社的产权问题，瑞典农业大学的 Jerker Nilsson 教授于 2001 年从投资者和惠顾者的角度划分出四种典型的合作社产权类型，如图 3.1 所示②。

Nilsson 从产权角度来说明产权结构在影响合作社治理结构方面的情况，绘制了四种典型的农民合作社类型，分别是传统合作社、企业化合作社、衰退合作社以及超合作社/非合作社。从传统合作社的角度来看，人们关注投资的精力少，关注成员惠顾者角色方面的内容多。当然，在合作社组织中，无论哪种形式都以增进其成员的利益为

---

① 管珊等：《农民专业合作社的网络化治理》，《中国农村观察》2015 年第 5 期。
② 参见吴彬《农村专业合作社治理结构：理论与实证研究》，浙江大学出版社 2014 年版，第 73 页。

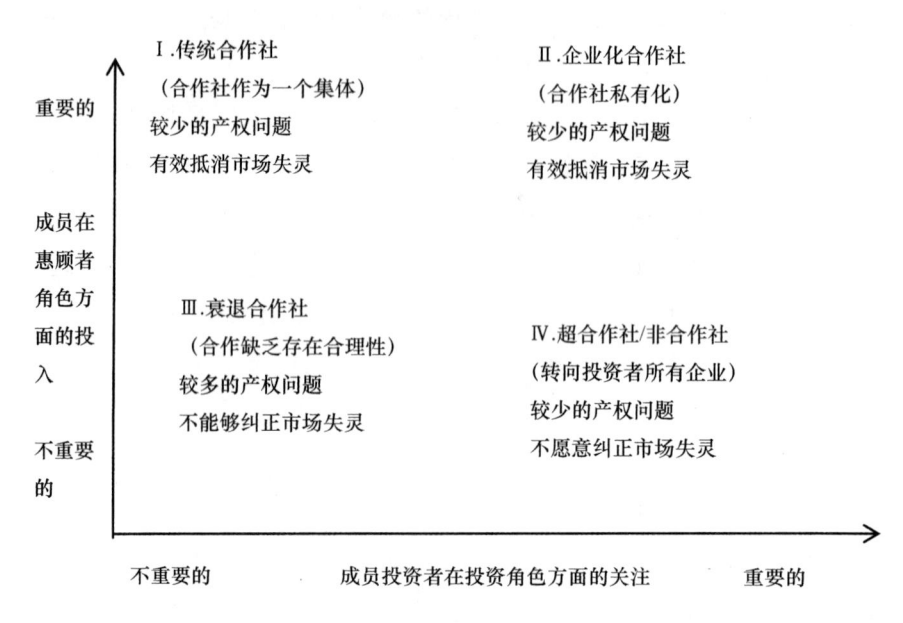

```
重要的          Ⅰ.传统合作社                    Ⅱ.企业化合作社
              （合作社作为一个集体）            （合作社私有化）
              较少的产权问题                   较少的产权问题
成员            有效抵消市场失灵                 有效抵消市场失灵
在
惠
顾
者
角
色
方
面            Ⅲ.衰退合作社
的            （合作社缺乏存在合理性）          Ⅳ.超合作社/非合作社
投            较多的产权问题                 （转向投资者所有企业）
入             不能够纠正市场失灵                较少的产权问题
                                              不愿意纠正市场失灵
不重要
的

        不重要的      成员投资者在投资角色方面的关注      重要的
```

图 3.1　基于成员角色感知的合作社产权类型分析框架

目标，传统合作社通过投资者和惠顾者之间的关系进行利益分配和剩余索取权的分配，能够发挥共同作用应对进入市场的相关难题。但是随着合作社的发展，成员在投资方面的关注越来越多，关注惠顾者角色的内容越来越少，最终走向非合作社，随之合作社控制权也发生游移，而且农民专业合作社普遍存在的成员异质性必然会影响其产权安排，关注产权角色越多，合作社的"精英俘获"情况越突出，越容易通过调节剩余分配方式实现对合作社收益权和控制权的掌握，实现在稀缺资源占有方面的主动权。

2. 中国农民专业合作社治理的内外部结构

治理结构是一种通过一系列稳定的契约关系来联结并约束所谓的经济组织中资本投资者、产权所有者和管理者之间的相互权责、利益关系，并节约交易成本和交易费用的系统性组织框架，治理结构的主要形式是市场和企业，还包括一些混合形式。农民专业合作社就是包括内部治理结构和外部治理结构两个方面的科层治理和市场治理相结合的双重模式。

(1) 中国农民专业合作社内部治理结构

农民专业合作社内部治理结构包括社员代表大会、理事会、监事会以及高级执行层，以此作为组织程序来确保和调节实现合作社的治理机制，实施对其经营管理和绩效监督控制的任务。合作社的治理机制具体包括一人一票的决策机制、监督和执行层执行的监督机制和主要进行薪酬管理的激励机制等，具体组织关系见图 3.2 所示。

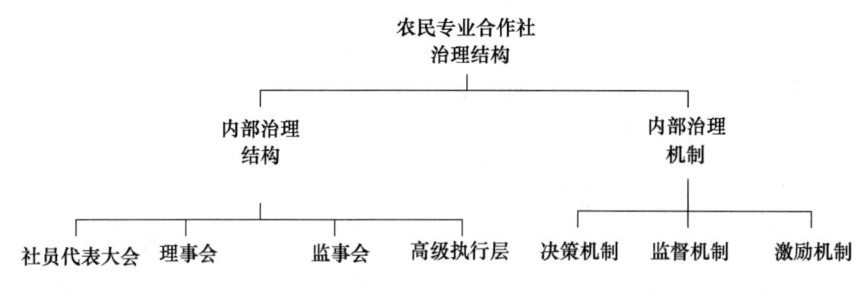

图 3.2 农民专业合作社内部治理结构

合作社的治理机制和治理结构在一定程度上是相同的，但也有区别，主要是静态和动态之别，农民专业合作社的治理结构相当于合作社的硬件配置，侧重于组织构架的安排，而治理机制相当于合作社的软件系统配置，侧重于动态的内部构架之间的协调运转，只有两者很好地有效结合才能提升合作社的治理水平，提高合作社治理效率。①

在决策机制方面，一个主要的内容是决策管理和风险承担分离的问题。农民专业合作社的管理运营是由理事会决定，但是承担盈利或亏损的风险是全部社员的责任，所以导致运行过程中合作社出现了决策管理与风险承担没有相互约束。合作社的产权模糊也带来了合作社成员的搭便车问题、成员视野问题、出现了由于剩余索取权的有限权

---

① 吴彬：《农村专业合作社治理结构：理论与实证研究》，浙江大学出版社 2014 年版，第 12 页。

利而导致的不能进行市场化交易而带来的多重代理问题、由于成员的异质化而衍生的利益诉求的不同而导致的内部利益冲突问题。[①]

在监督机制方面,一个重要的内容是对农民专业合作社的财务进行监督。在合作社发展中,由于产权模糊,依据股权多少确定的强势主体的介入,监督机构的监督力度不够,甚至有些合作社的监督功能被架空,监督功能形同虚设。

在利益分配机制方面,由于目前农产品处于卖难阶段,农民对交易额不甚了解,但是能够意识到资金的稀缺性、没有高回报不足以吸引高资本等经济道理,农民专业合作社的现状是资金短缺,所以在利益方面表现为难以实现社员利益最大化,在社员的关联方面很难真正形成利益关联体。

(2) 中国农民专业合作社外部治理结构

合作社组织发展的外部治理结构是指影响其正常发展的外部环境,包括农村发展的市场环境、政府政策制定、法律规范、合作社文化等内容。

第一,在农村经济市场环境方面,由于农村小农经济的存在和发展,市场交易效率极低,交换范围极小。随着市场经济的发展,市场化对农户的孤立经营构成压力,面临单个交易成本和生产成本的上升,农民经济组织应运而生。但是由于农民天生的弱质性以及中西部农村发展的滞后性,市场化程度还比较低,对农民自发组织形成合作社组织所形成压力和激励力量还不够。

第二,在政府政策制定方面,由于合作社机制是由民间自发的经济组织转为政府振兴农业、发展农村经济的有效合作机制,所以在合作社与政府之间的互动关系方面,在实践中更多表现出政府在其发展中占据绝对主导地位,合作社发育和发展对政府的依赖性加大,且规模较小,对农村经济发展所起作用还显微弱,其关系长期的结果可能

[①] M. L. Cook, "The Future of U. S. Agricultural Cooperatives: A Neo-Institutional Approach", *American Journal of Agruicultural Economics*, No. 2, 1955, pp. 1153 – 1159.

导致合作社蜕变为私人营利企业或产生新的政企不分。

第三，在法律规范方面，合作社的相关法律颁布为其发展提供了坚实的法律支撑，但是其在规范发展方面，法律约束形同虚设，农民专业合作社的独特属性没有表现出来，制度边界模糊。同时农民专业合作社的目标不清晰，现实中农民、农业、农村三者关系密切，具体到农业发展合作社的以哪一方面为导向出现了分歧，提升农户市场竞争力和提升农产品市场经济力在某种程度上是有冲突的，同时也出现农民专业合作社治理的偏差。对于影响农民专业合作社的外部法律环境而言，对支持农民专业合作社发展的相关规范，大多数是原则性条款，比较笼统，有的甚至是一些宣传性的口号，不能予以落实，出现"上有政策、下有对策"现象及其"政策软化法律"现象。

第四，在合作社文化方面，中国是一个以农业文明为典型的国家，小农形态在文明中占据的地位较久，小农有着得过且过的心理，同时中国社会是一个伦理本位的社会，"人一生下来便有与他相关系之人（父母，兄弟等），人生且将始终在与人相关系中而生活（不能离社会），如此则知之上，此种种关系，即是种种伦理"①，以伦理组织起来的中国传统社会使公家与私家有着游离不定的界限，费孝通称之为"差序格局"，同时，在中国传统文化中，公平和平均是一对孪生姐妹，小农追求在平均得到和同等付出下的"特殊"公平观，使得农民出现"善分不善合"现象，制约农民专业合作社的发展。

3. 利益取向的中国农民专业合作社治理结构

倾向于利益取向的治理主要通过解决合作社组织内部的利益分配机制、监督机制和激励机制的相互协同来达到合作社组织的效率。如果合作社内部没有盈余，管理者自身激励成为问题，投机取巧现象出现，管理者不具有剩余索取权；合作社集体内部的投机取巧，就变成奥尔森所提出的"搭便车"问题，产生了对个体社员的激励问题。

---

① 梁漱溟：《中国文化要义》，上海世纪出版集团2004年版，第72页。

利益取向的中国农民专业合作社治理结构主要体现在"委托—代理"模型的博弈利益。中国农民专业合作社在发展初期一般是"大农—小农"的资本带动型的"委托—代理"模型。

(1) 合作社"大农—小农"资本结构的"委托—代理"模型

贝利和米恩二十世纪三十年代在《现代公司与私有财产》一书中对非金融类公司股权结构进行研究,认为所有者和经营者相分离是投资者所有企业发展成现代公司制企业之后的产物,同时也导致"委托—代理"问题的出现。公司治理也被看成是委托代理关系,其中股东被看成是委托人,董事是代理人,企业是委托人和代理人之间通过契约或者合同形成的经济网络组织。

农民专业合作社是由多个个体组织起来的企业,全体个体不可能都参与经营和管理,而且合作社内部不同社员、董事会、经理层等成员的职责不同,合作社中的"委托—代理"的关系也不同。

学人们一直关注合作社的"委托—代理"问题。有学者[1]在20世纪50年代开始关注合作社内部的成员关系问题,库克[2]认为合作社首先要搞清楚是使谁受益的问题,为了防止社员与董事会、经理层之间出现利益分歧,就会出现控制权问题,从而出现代理成本增加的问题。还有学者[3]认为合作社内部代理人和委托人身份的确定与投资者所有的企业不同,当农民是代理人,合作社是委托人的时候就是合作社向农民提供合同,当农民是委托人,合作社是代理人时就是农民向合作社提供合同。

国际上对农民合作社的"委托—代理"问题是以社员是委托人,

---

[1] Phillips, R., "Economic Nature of the Cooperative Association", *Journal of Farm Economics*, No. 35, 1953, pp. 74–87.

[2] Cook, M. L., "The Future of U. S. Agricultural Cooperatives: A Neo-Institutional Approach", *American Journal of Agricultural Economics*, No. 10, 1955, pp. 1153–1159.

[3] Eliers, C. and Hanf, C. H., "Contracts Between Farmers and Farmers Processing Cooperatives: A principal-agent Approach for the Potato Starch Industry", in Galizzi, G. and Venturini L., eds., *Vertical Relationship and Coordin-ationin the Food System*, Heidelberg, Physica, 1999, pp. 267–284.

合作社是代理人，社员向合作社提供合同的"委托—代理"结构为研究假设的，在我国由于农民专业合作社处于发展初期，大农（各类种植大户和各类农业企业）领办合作社的形式占一半以上，产生了"大农—小农"的资本结构模式，这种模式对于"委托—代理"结构的影响是不同的。大农是合作社内主要的资本投资者、决策者和经营者，决定着合作社的经营决策、投资融资方式、规则制定等问题，还掌握着合作社对于利润分配的规则制定和分配权利，他们可能会利用对合作社的控制权来伤害或者放弃小农利益。小农可能会采取搭便车的行为，合作社的规模越大小农搭便车的问题越广泛，且可能随着合作社内部成员异质性情况的增加、合作社管理者（特别是大农）资金偏好和价值偏好的不断异化，使得合作社面临更加尖锐、更加广泛的治理问题。

（2）合作社"大农—小农"资本带动型结构的"委托—代理"模型内容

2007年国家出台农民专业合作社的相关政策以后，大农户为了抢占优惠政策，开始领办农民专业合作社，在此过程中，出现了"大农—小农"的资本带动型结构，大农的资本处于核心地位，小农的资本处于外围地位，两种资本并驾齐驱，如图3.3所示，大农在合作社中的地位体现了劳动和资本的联合，其凭借在合作社中的资本地位，对合作社的控制程度、管理以及合作社剩余索取①和分配的规则制定都占有很大的支配权，且随着大农利益的增加，其投资可能会继续追加，结果就是核心资本数量占绝对优势，出现所谓的"资本锁定"，合作社竞争力不断提高，同时也可能出现"大农吃小农"的现象，大农挤占小农的利益，打击小农投资的积极性。

---

① Hansnlann（1988）指出，剩余索取权或称剩余收益权（residual earnIngs），其所指的收益包括了企业的所有净回报额，涵盖了净现金收益和任意资产的净增值收益。参见吴彬《农村专业合作社治理结构：理论与实证研究》，浙江大学出版社2014年版，第34页。

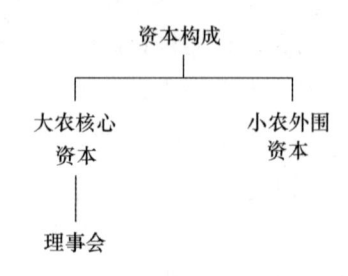

```
            资本构成
           /        \
      大农核心      小农外围
       资本          资本
         |
       理事会
```

图 3.3　农民专业合作社资本构成

依据对合作社的投资情况，小农的资本构成也可以分为更高股份资格社员、股份资格社员、外围社员和非社员，分别和合作社之间形成了高度合作、中度合作、低度合作和不合作的关系，如图 3.4[1] 所示，他们同样具有对合作社的收益权、监督权、决策权和投票权，但是这些权利的实现必须依托于社员完全自由的退出权。小农加入合作社的目的就是要获取一定的效益，例如降低农业生产成本、获得合作社利润分红、获得更高的农产品销售价格、获得稳定的产品销售渠道等，同时小农必须通过缴纳会费、损失入股资金的机会成本等内容加入合作社，这也算是小农加入合作社要付出的成本。当小农根据"成本—收益"的标准权衡感知有更好的经济组织能够替代合作社经济组织或者感知自己所获利益不多甚至受损，他就会用退出的方式放弃合作社。[2]

由于大农资本的带动性，小农不管是哪种社员，都不能改变合作社大农资本的"主导"地位，"小农依据利益最优化原则来选择资本合作化程度"[3] 但是小农怎样保证自己的利益，林毅夫认为合作社成

---

[1]　崔宝玉：《农民专业合作社中的委托代理关系及其治理》，《财经问题研究》2011年第 2 期。

[2]　崔宝玉：《农民专业合作社中的委托代理关系及其治理》，《财经问题研究》2011年第 2 期。

[3]　崔宝玉：《农民专业合作社中的委托代理关系及其治理》，《财经问题研究》2011年第 2 期。

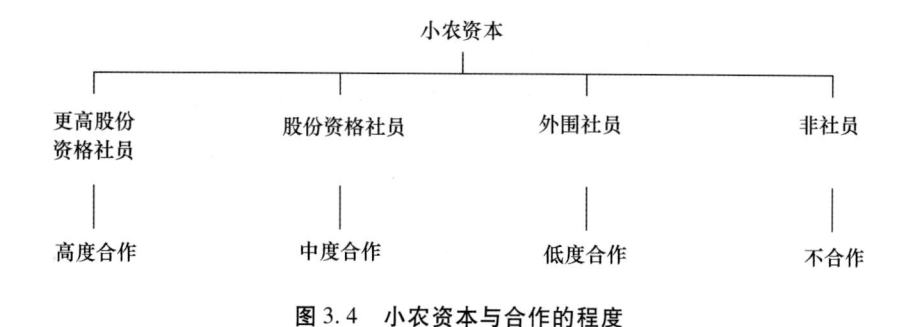

```
                        小农资本
        ┌───────────────┼───────────────┐
    更高股份        股份资格社员      外围社员         非社员
    资格社员
       │               │               │               │
    高度合作         中度合作        低度合作         不合作
```

图 3.4　小农资本与合作的程度

员的退出权可以保证合作社组织的激励问题。[1] 退出可以是全退也可以是半退，全退就是成为非社员，半退就是减持股票成为外围社员或者股份资格社员，小农对合作社资本占有会影响合作社的治理结构和存在规模，在此过程中，"小农退出权是作为合作社委托代理问题的润滑剂而存在的"。[2]

（3）合作社"委托—代理"模型所存在的问题

第一，容易导致代理成本增加

以"大农"为主导的代理人由于掌握的信息多于"小农"，凡是"经济人"都有或多或少的追逐利益特质，一旦代理人（主要是大农）的机会主义行为增加，合作社的代理成本就会增高。

第二，中小社员利益得不到保障

合作社存在的一个普遍问题是中小社员利益得不到有效保障。一是社员得到的回报仅仅是外围资本层面的，不能获得由于合作社价值增值的收益。韩俊曾经针对全国 140 个农民专业合作社成员获得的收益问题进行调查，发现加入合作社的农民中从合作社获得的股份收益和剩余返还的收益平均值仅有 350 多元，没有达到农民加入合作社期许的收入目标。二是中小农权益得不到保障，造成合作社价值损失。

───────────

[1]　林毅夫：《制度、技术与中国农业发展》，上海人民出版社 2005 年版，第 15 页。
[2]　崔宝玉：《农民专业合作社中的委托代理关系及其治理》，《财经问题研究》2011 年第 2 期。

合作社的代理人一般是经营者或者大农,由于合作社监督成本不够,经营者或者大农掌握着合作社的决策权和经营权,在政府对合作社的资金扶持和合作社剩余的处置方面,他们可能会隐匿信息,或者假借为全体社员谋福利或者扩大再生产的借口,将合作社财产收入自己囊中,中小农权益却得不到保障,合作社价值也遭到损失,这种价值损失主要表现在两个方面,一是由于中小农利益受损,影响了其对合作社的认同感,削弱了合作社的社员基础,不利于农民专业合作社的长期发展;二是降低了政府部门对合作社的期许,政府之所以对合作社进行资金扶持是因为看中其"益贫"的组织属性,如果中小社员的利益在合作社中得不到保障,那么就不符合政府部门对合作社的期许,甚至会左右政府部门对合作社的扶持政策。[①]

4. 公平价值取向的中国农民专业合作社治理结构

独立、民主的管理一直是合作社国际组织倡导的合作社治理本质,也是合作社管理的执行依据,不管合作社组织怎样变化,从罗虚代尔原则到1966年的合作社原则再到1995年的合作社原则甚至于北美新一代合作社的成长,民主管理的原则一直保留。只要是合作社成员,都必须遵守一人一票的民主管理原则。农民专业合作社的民主管理目标有三个:一是其组织意愿是否来自成员内在需求;二是组织目标是否满足了社员共同需要;三是农民群体是否有能力实现合作社目标,民主管理的原则在中国农民专业合作社的实践中存在诸多问题。

(1) 在民主决策方面

农民专业合作社在运行的过程中,决策权掌控在少部分人手中,由于中国的大多数合作社尚处于发展初期,未能形成有效的决策机制和监督机制,决策权按照投资者对合作社的投资情况掌控在大农、能人或者领导者手中,合作社的监督机制也尚未形成,普通社员不能有效地行使参与决策和监督的权利,他们之间比较分散,存在搭便车行

---

① 马彦丽:《我国农民专业合作社的制度解析——以浙江省为例》,博士学位论文,浙江大学,2006年。

为。特别是在专业大户和能人领办的合作社模式中，这种情况更为突出。

在发展农村合作经济组织的过程中，民主管理原则始终是必须坚持的原则。合作组织是社员在自愿、互利基础上成立的为了共同获取收益，实行自负盈亏、自主经营经济组织，只有全体社员的共同努力合作组织才能经营得好，且每个社员都有参与管理的责任和权利，也都应该积极参与到管理自己组织的活动中来。但是在实践中，有些合作组织领导是由村干部兼任的，有一些合作组织由个别人所控制，没有很好地贯彻民主管理原则，内部的规章制度也是由政府划定的框框套用的，没有结合自身实际情况，结果运行质量低，作用不明显，没有生命力。[1]

（2）在民主管理与外部介入的关系方面

民主管理原则是农民专业合作社的典型标志，同时作为一个经济组织，获得更多的经济利益又是其得以存活和壮大的基本条件。随着农民专业合作社的发展壮大，民主管理原则又会导致其决策效率低下，在资本报酬有限的条件限制下合作社的资本回报率经常不高，再加上没有"条条框框"的"自愿入社、自愿退社"的原则导致农民专业合作社成员组成处于不稳定状态，这种状况导致合作社既不能够改变农民专业合作社在市场中的弱势地位，也不能够改变社员在经济发展中的弱势地位。

为了突出农民专业合作社的天然益贫性，更好体现农民专业合作社的制度优势，需要政府和其他社会团体对其进行政策引导、扶持和合理干预，目前处于发展初期的农民专业合作社需要外部的合理介入。所谓外部介入是指农民专业合作社以外的组织或团体力量通过对合作社的资金来源、经营业务、运作模式等方面进行引导、扶持和干预，依据对合作社介入的程度和方式不同，可以分为弱介入和强介

---

[1] 赵维清：《中国农村合作经济组织发展问题研究》，黑龙江人民出版社2003年版，第97页。

入，引导和扶持可以理解为对合作社的弱介入，干预可以理解为一种强介入，但是不管是弱还是强，只要介入肯定会对合作社的运行和发展产生或多或少的影响，任何介入都有两面性，必须控制好度，我国在二十世纪六十年代发生的人民公社化运动就是政府强介入的一种表现，历史的教训应该吸取。

总之，在农民专业合作社的发展需要提高质量的阶段，在对农民专业合作社进行介入的问题上，应该将成员利益放在首要位置，在有能力的民主管理中融入有前提的外部介入，寻求两者的均衡点。同时还应该看到，在我国的很多经济欠发达地区，政府的政策扶持和落实体系尚未完善，在这种情况下必须努力培养合作社成员的民主管理意识，培养社员民主管理的能力，以合作社成员主体和成员利益为突破口，发挥好具有民主管理特质的经济组织优势，进行农民专业合作社治理机制的不断摸索和创新。

三 中国农民专业合作社治理改进的现实约束

中国农民专业合作社之所以与国际合作社相比表现出自己的特色，原因除了受到国家各种政策扶持以外，还由于中国农村浓厚的"乡土气息"影响着它的发展，这种"乡土气息"既包括现在农民专业合作社所面临的社会政治结构、市场机制在农村的发展，还包括当代供应链的管理方式以及中国的乡土文化，其发展深深地嵌在这种"乡土气息"中。

"嵌入性"理论是新经济社会学的一个概念，学者卡尔·波兰尼认为经济不是封闭发展的，不是自给自足的，经济的发展与当时的政治和社会问题紧密相连[①]。1957年他又发文指出非经济制度对经济发展的影响也极其重要，经济的发展嵌入在经济和非经济的制度之中，

---

① 赵晓峰、孔荣：《中国农民专业合作社的嵌入式发展及其超越》，《南京农业大学学报》（社会科学版）2014年第5期。

"对经济的结构和运行而言,宗教和政府可能像货币制度或减轻劳动强度的工具与机器的效力一样重要。"①

二十世纪八十年代中期,格拉诺维特对"嵌入性"概念进行了解释,其把网络分析概念引入其中,"认为任何人的经济行为都是紧密嵌入在社会关系和人际网络关系中,人的经济行为离不开他所生活的经济制度,经济制度的存在与当时的社会关系紧密相连,所以任何经济行为者的行为都是嵌入在与之存活的具体的、不断运转的社会关系中,经济行为的运转是由建立在人与人的关系、信任而形成的社会网络所维持着"②。自此后嵌入性概念不断被人们引用,而且人们也开始注意到影响经济行为的政治的、社会的、文化的和历史的各种因素。农民专业合作社作为一种经济组织生发的各种经济行为,也必然与各种经济制度、政治制度、文化制度和历史习俗等各种社会网络胶着在一起,所以嵌入思想也能为其提供可资借鉴的理论资源。

(一) 国家行政行为的制度嵌入造成的农民专业合作社治理困境

1. 国家行政行为的制度嵌入状况

农民专业合作社作为提高农民组织化程度的组织形式载体,其产生之初,就由于其游离于市场机制失灵边缘的制度设计从而对政府规制具有天然的依赖性,对政府扶持具有天然的倾向性。国家行政行为的"制度嵌入"状况主要表现在国家对农民专业合作社专项扶持,据农业部文件显示,2015年和2016年农业部对农业组织化与产业化经营的项目执行数各为2848万元,在这样的背景下,许多合作社的创办者和执行者都想争取所谓的"政策性收益",当然,由于项目承

---

① Polanyi K., *The Economy as Instituted Process*, New York: Free Press, 1957, pp. 243 – 270.

② Granovetter M., "Economic Action and Social Structure: The Problem of Embeddedness", *American Journal of Sociol-ogy*, No. 3, 1985, pp. 481 – 510.

载着政策意向，不是科层级运作模式，而是分级运作，同时，国家的财政项目的运作实践确是一个灵活的过程，且决定合作社能否获得项目的影响因素也较为多元、模糊和"非正式"，项目获得在实践中往往成为自上而下的"项目审批（推荐）"与自下而上的"项目申请"不断磨合的过程，体现了政府要求与合作社需求的有机融合，或者说项目获得是"跑项目"与"送项目"的对接过程。① "跑"项目和"送"项目的过程，体现了地方政府把财政项目运作人格化，所以只有那些运营规范、规模适度、拥有信息资源、对政府政策有敏感嗅觉的合作社才能拿到项目。

特别是"取消农业税费以后，基层政权的财政压力有增无减，不得不想尽办法拓展自主空间，自利性色彩加重"②。项目成为基层政府掌控的一种新式制度资源，合作社拿项目的成本较高但是收益成本不稳定，所以对于经营规模相对较小的合作社来说很难拿到政府支持项目。

2. 农民专业合作社在国家扶持过程中的困境

制度环境决定着一项制度变迁所带来的外部利润的存在空间，同时也决定着制度创新将外部利润内部化的可能路径。作为一种诱致性制度变迁和强制性制度变迁相结合的产物，目前，农民专业合作社快速发展、分化已是不争的事实，虽然在《农民专业合作社法》颁布实施以来，政府更加侧重与关注合作社发展的外部环境的完善，合作社也获得了宽松的宏观发展环境，但与之相伴随的地方政府角色转型，却也让合作社所面临的外部制度环境更为复杂，其与地方政府的关系处理也更为纷杂。

（1）财政专项的支持未能达到提高合作社质量的目的

地方政府通过资金扶持和政策引导来帮扶合作社，但是由于地方

---

① 赵晓峰、孔荣：《中国农民专业合作社的嵌入式发展及其超越》，《南京农业大学学报》（社会科学版）2014 年第 5 期。

② 李祖佩：《论农村项目化公共品供给的组织困境及其逻辑》，《南京农业大学学报》（社会科学版）2012 年第 3 期。

政府在扶持的过程中考虑到政绩和效果的立竿见影，那些经济效益较好的、比较规范的合作社就成为政府扶持的首选，对于处于急需政府扶持的中小农民专业合作社来说能得到政府扶持的机会很小。所以，财政项目对于农民专业合作社的扶持可以称得上是"锦上添花"，对于那些急迫需要国家"雪中送炭"，通过资金扶持来得到发展的合作社来说却举步维艰。

（2）国家对农民专业合作社的监管缺失

合作社的未来走向首先取决于政府规制、政府的支持与监管的政府导向，而对于国家的"政策性收益"大部分农民专业合作社没有享受到。在现实发展中农民专业合作社出现了两难的局面，一方面从政府角度来说，政府看中的是农民专业合作社作为经济组织的益贫性，希望通过该组织能够充分发挥该项职能，将农村中的弱势群体（大部分是小农）带动起来，尽快脱贫，但实践中的大多数农民专业合作社的主导权掌握在村中的"能人"或者资本所有者手中，弱势群体仍然处于弱势地位，小农受益有限。另一方面从合作社资本拥有者角度来说，也有选择的能力，资本具有追逐利益的天性，如果其既能获得"合作收益"，又能获得"政策收益"，政府监督严格，它就会在政府规制的范围内运作，如果政府政策游移，它就会使合作社向少数发起人或核心成员范围倾斜并突破政府规制，这也是农民专业合作社在实践发展中遇到的问题。政府的政策是选择维持现状，睁一只眼闭一只眼，保持资本所有者的利益和积极性，还是选择加强规制和监管，使大多数合作社成员受益，成为政府在政策制定中的两难选择。因此，在合作社未来的发展中，政府是否能够制定出监管和激励并重的农民专业合作社发展政策，直接影响着合作社未来的性质和走向。

（二）市场经济的经济嵌入造成的农民专业合作社的治理困境

1. 市场经济的经济嵌入状况

商品经济的发展促成市民社会的发展，马克思曾指出："在生产、交换和消费发展的一定阶段，就会有一定的社会制度、一定的家庭等级或阶级组织，一句话，就会有一定的市民社会。"①当然市民社会的发展也孕育了具有相对独立精神的社会主体行为，这些行为中包括相对独立的经济行为，在此过程中农民合作经济组织得以诞生。所以"商品生产者作为自由个性的意识自觉、作为契约主体的独立人格的建立、经济理性的日益成熟"②成为合作制度得以产生的客观社会条件，马克思也曾说，"现代的市民社会是彻底实现了的个人主义原则，个人的生存是最终目的；活动、劳动、内容等等都不过是手段而已"③，只有在市民化的社会，契约化的建立，才使人们能够摆脱礼仪、习俗的牵牵绊绊，能够作为具有独立人格的社会主体而存在。中国农民专业合作社想要作为一种既能体现效率、又能体现民主平等的独特经济组织，必须要与相应的社会制度进行匹配，否则只能作为一种假借美好制度艰难发展的"形式"的东西，缺乏持续发展的基础。也就是说，合作社要想健康发展，必须随着市场经济的不断深入，具有契约性的社会组织替代了传统依附性的社会组织才能实现。

从历史发展来看自近代以来中国卷入了世界资本主义，世界资本主义的潮流从客观上冲击了中国经济的发展，但从内部进行剖析，它仍然是一个占主导自给自足的自然经济的经济结构，中国农村绝大多数还是处于封闭半封闭状态，农民需要的生产资料和生活资料在其经济生产内部就能解决，生产不是为了交换而是为了自身生活的需要。马克思曾经指出中国生产方式的广阔基础是小农业和家庭工业。④ 所以对于在中国的农村发展市场经济，首先必须突破封闭的狭小的地方性条隔，形成顺畅的市场网络或者社会化网络，这个过程是相当艰难

---

① 《马克思恩格斯全集》第 27 卷，人民出版社 1974 年版，第 477 页。
② 秦晖：《传统十论》，复旦大学出版社 2003 年版，第 373 页。
③ 《马克思恩格斯全集》第 1 卷，人民出版社 1956 年版，第 345 页。
④ 《马克思恩格斯全集》第 25 卷，人民出版社 1975 年版，第 373 页。

的。同时在实践中也可以看出，市场网络越是到偏远的农村地区，其资本化的程度会越低，传统的农村社会格局保留的越浓厚，越会冲淡市场化程度，所以市场经济或者说农民的市场化在中国的农民之间还是以"调剂余缺"为主，[1] 所以西方嫁接过来的合作经济，由于先天条件不足，必然带来后天的失调。

2. 市场经济嵌入状况下农民专业合作社治理困境

市场经济的运行规律同一般规律一样是不以任何人的意志为转移的客观存在。它以市场契约为基础，对在市场社会中形成的具有能够独立地行使自己权利的参与主体能够公平行使自己的权利并进行确认和维护。这种具有契约化人际关系的形成促成了具有某种程度自主性的市民社会的建立。也可以说市场经济和市民社会是一个"同构体"，市民社会是市场经济通过市场的多种机制肯定市场主体的个人自由和正当个人利益，在对社会结构变革过程中产生的事物。

在商品经济还不发达的中国农村，自给自足的自然经济条件依然存在，大规模的社会经济交换条件还比较匮乏，农民还受到身份性社会的制约，促使农民自由个性发扬和独立人格形成的社会条件还不具备，所以还不能生发出以契约性为约束条件、以市场导向为目标的经济组织或者社会团体，即所谓的"市场化力量"还没有生成[2]，在这样的背景下，真正意义上的合作社经济组织也很难生成，因此也就不难理解我国的合作事业虽然历代先辈都在努力推行但却"淮橘为枳"的缘由了，也不难理解众多学者口中所诟病的合作社的质性问题了，当然这也是我国出现合作社异化和异化合作社的缘由了。[3]

---

[1] 吴承明：《中国的现代化：市场与社会》，生活·读书·新知三联书店2001年版，第170页。

[2] 赵泉民、井世洁：《市场化力量的缺失：对20世纪中国合作社经济困境的一种诠释》，《甘肃社会科学》2005年第6期。

[3] 赵泉民、井世洁：《市场化力量的缺失：对20世纪中国合作社经济困境的一种诠释》，《甘肃社会科学》2005年第6期。

(三) 农产品供应链的管理嵌入造成的农民专业合作社治理困境

随着供应链管理时代的到来，我国的农业发展也出现了从市场需求开始涉及生产商、供应商、运输商、仓储商和顾客本身整合的一条链的供应链管理态势，而且随着我国农业产业化经营的进一步深入发展，终端用户需求的日益多元化，供应链管理出现了从市场需求开始，逐步向上和向下延伸的垂直协调管理态势。针对农业的生产技术变革和农业产业组织来说，其产业变革也正在卷席全球，对于农民专业合作社来讲，其自身要想在此变革中立住脚跟，必须对其自身的组织结构和经营机制进行变革，才能摆脱困境，迎头赶上。

1. 农产品供应链管理嵌入的情况

从交易成本的视角来看供应链管理呈现出垂直一体化的态势，其成员之间实现了最大可能的一体化合作，形成一个网链。当然供应链管理实现程度的不同会产生不同的交易成本[1]。一条完整的供应链包括提供原材料供应和零件供应的供应商、具有生产或加工、装配的工厂的制造商、进行代理或批发的分销商、在卖场或超市的零售商以及终端体验用户。随着电子商务的发展，零售商还出现了新的销售形式，比如京东、淘宝、亚马逊等的零售平台。供应链管理中伴随着资产的专用性程度对各个治理结构之间的影响程度，一般在供应链管理中资产专用性越强，市场治理的效率越低，各治理结构之间的一体化程度会越高；同时由于市场的不确定性加大，供应链在管理中的控制、协调和监控行为亦会加大；同时交易的频率意味着规模经济。这些因素都对农民专业合作社的影响较大，这也是当前农民专业合作社必然会面临的一个新的问题和新的困境，供应链管理是一种以纵向一体化为核心的管理形态，当它嵌入到农业产业化的发展过程中时，农

---

[1] 徐旭初：《走向供应链管理农业合作社的困境与创新》，《理论探讨》2007年第1期。

民专业合作社就必须面对这种挑战。

2. 供应链管理态势下农民专业合作社的困境

从合作社的发展历程来看，其从一开始就是一个"防卫性"机制，在过去的市场环境下其内部相对是稳定的，成员的同质性比较明显，但是随着世界供应链管理态势的到来，市场环境发生了变化，无论是从生产到终端用户的供应链变化，还是农业生产方面智能化的发展，都对农民专业合作社提出了挑战。

同时，随着农业产业化的发展，合作社越来越嵌入在不断变革的农产品市场结构之中，这需要合作社适用市场需求导向的农业发展趋势，一定程度上变革和调整成员利益导向的目标模式，推动合作社在农业产业链中的角色嵌入，充分匹配以纵向协调和一体化为主要特征的农业供应链管理趋势。随着农业供应链整合加剧，除少数从事农村社区生活服务或带有明显益贫性质的合作社外，我国合作社大都进入了追求最大化附加值阶段以应对农业产业链条的变革和创新，农业产业链整合将导致合作社产生具有深刻意义的结构变革和质性变革。并且，随着农产品过剩性均衡和农村电商化时代的到来，都将深刻改变合作社所赖以依存的市场结构，改变合作社的目标模式和应然价值追求。

面临这些挑战，农民专业合作社必须在以下方面有所变革：第一，必须实现由成员利益导向向市场需求导向的转变；第二，在合作社规模扩大的过程中必须面对成员异质性问题；第三，必须通过进行组织创新和结构调整来面对合作社信任受冲击的问题。

当然这些创新也意味着尽管合作社的组织旨趣未变，但是组织关注的焦点更应该在市场和合作社本身；同时农民专业合作社的经营战略必然尽快走向供应链管理，参与并融入供应链，连带着农民专业合作社的产权结构和治理结构也必须会作出相应的调整和创新。

(四) 乡土文化的文化嵌入所造成的农民专业合作社治理困境

1. 乡土文化的文化嵌入情况

在中国社会的运行过程中，存在着两种秩序和力量：一种是"官制"秩序国家力量，另一种是乡土秩序。对于传统乡村的认识范式完整的概括是：国权不下县，县下惟宗族，宗族皆自治，自治靠伦理，伦理造乡绅。[①] 在此发展过程中，任何权利或组织要想扎根乡村社会，必通过正式制度和非正式制度两个方面来实行，非正式制度包括市场、宗族、宗教、信念等内容，杜赞奇称之为"权利的文化网络"，"这一文化网络包括不断相互交错影响作用的等级组织和非正式相互关联网。"文化网络"中的文化是扎根在由市场、宗教和宗族之间的组织和个人形成的权威和权力的相互关联中形成的规范和象征[②]。在中国农村社会发展中，并非所有的经济交易行为都由市场状况决定，国家立法也未必能很好地保护经济交易双方的权益，出现了所谓的农业"内卷化"。"内卷化是指一种社会文化或文化模式在某一发展阶段达到一种确定的形式后，便停滞不前或无法转化为另一种高级模式的现象"。[③]

费孝通在研究中国乡土社会时，用"差序格局"来形容乡土中国的社会结构，认为中国的乡土社会是"熟人社会"，在社会学中称之为"面对面的社群"，与西方的社团法人不同，乡土中国的社会格局就好像丢到水中的石头形成的波纹，"一圈圈推出去，愈推愈远，也愈推愈薄"[④]，从生育和婚姻开始所形成的网络关系到推出去的无穷

[①] 黄宗智：《中国乡村研究》第一辑，商务印书馆2003年版，第2页。
[②] [美] 杜赞奇：《文化、权力与国家：1900—1942年的华北农村》，王福明译，江苏人民出版社2003年版，第5页。
[③] [美] 杜赞奇：《文化、权力与国家：1900—1942年的华北农村》，王福明译，江苏人民出版社2003年版，第54页。
[④] 费孝通：《乡土中国》，北京大学出版社2012年版，第42页。

的人，由近及远，形成"一表三千里"①，地缘关系亦是如此。同时费孝通也认为"伦"也是有君臣父子、长幼上下的差等的次序，"人和人往来所构成的网络中的纲纪，就是一个差序，也就是伦。"② 需要指出的是，当今农民在近几十年的发展中，受到多元因素的影响，"面对面社会"中所指出的地方性共识，比如信息对称、规矩一致已经发生变化，变成了所谓的"半熟人社会"，表现出一些特征，例如村民之间的熟悉程度降低而异质性增强；村庄地方性共识的逐渐丧失和传统规范的失却，村规民约越来越不能约束村民行为；维持村庄基本生活生产的内部力量越来越弱，村民对村庄的主体感丧失③。

2. 农民专业合作社在文化嵌入环境中发展的困境

合作社这种自组织是与农民特定的文化体系、知识体系、生活方式和社会互惠模式等要素嵌合在一起的，农村社会文化结构赋予了合作社多彩的文化品格，也决定了合作社的组织方式、逻辑和策略。在农村传统社会，农民虽然有互助合作的传统，但成员平等、民主管理等合作理念匮乏，农民的分散性、小规模性、自我主义和特殊的公平观又极易导致农民在合作过程中承认精英治理，并尊重其治理"威权"。而且随着合作社的市场嵌入，市场导向的功利主义会对本已羸弱的合作社内部的合作精神带来冲击，农民职业高度分化、人际关系网络的疏散性与人口流动使社员对合作社公共资源和公共活动的依赖性下降，社员追求的可能仅是农产品价格提升与服务改善，平等、民主与参与管理反而被置于次要地位，难以在重复交易中转化为共同知识、协调行动和集体决策。合作社对农村社会文化结构的嵌入也可能会弱化合作社的正式治理机制，虽然社会网络治理可以成为合作社治

---

① 费孝通：《乡土中国》，北京大学出版社2012年版，第42页。
② 费孝通：《乡土中国》，北京大学出版社2012年版，第44页。
③ 贺雪峰：《新乡土中国》，北京大学出版社2013年版，第9页。

理的重要工具，但合作社往往难以将稳定的内部社会网络关系有选择地制度化为合作社规章制度，致使合作社呈现组织管理松散化、组织方式人性化以及组织行为人情化特征，按章办事会增加合作社成员交易成本，不按章办事反而成为"理性选择"，致使合作社难以在一个被设计好的理想类型的正式制度体系内运行。

而农村的现实情况是，"由于以农为业的人口太多，导致农业比较利益下降，以农为业的契约组织要试图从中获得收益的过程可能会比一般组织更为艰难。同样试图通过合作的方式获得收益的农村契约组织可能较一般契约组织更是难上加难"。在这种状况下就需要降低交易成本，但"恰恰是这个交易成本，因为法律下乡的困难，农村传统的解体，人与人之间的相互防范和互不信任，以及中国从来就缺乏的宗教传统，综合起来，构成了不是偏低而是偏高的交易成本，农民的契约组织因此大都面临着不良的前景"。[①]

所以当下农民专业合作社要想进一步加强黏合力，必须在以下几个方面进行完善：第一是农民要具有更强烈的合作意愿，并有合适的可以选择的合作对象。当农民作为个体不能单独解决问题时就会产生合作，在合作对象的选择上主要是考虑合作社的知识技能并能通过合作手段完成任务的能力；第二是合作成员占有资源必须具有异质性。随着现代社会分工的日益深化，分工越来越细，许多工作都超出了单干的范围需要一起进行合作，合作的价值如果要想很好地体现，合作者之间所占有的资源禀赋必须不同质，这样合作的效率和价值才能凸显；第三是存在更大的潜在合作收益。合作只有存在很大潜在收益，且能够超过人们预期，这种潜在收益才能转化为动机、意愿和行为；其四是相互信任。只有合作者之间的相互信任才能降低监督成本，提高合作社效率；其五是推动合作的强大动力。这种动力可能是个人，也可能是组织。

---

① 贺雪峰：《新乡土中国》，北京大学出版社2013年版，第118页。

由此可见，市场化程度的低下、行政行为的制度嵌入、供应链的初级发展及其中国"差序格局"、"半熟人社会"这些因素的耦合，形成了一种掣肘性力量，使中国农民专业合作社的发展举步维艰。

第四章 中国农民专业合作社治理的成员素质基础

成员素质基础影响着农民专业合作社治理的绩效，成员素质的高低对合作社社员合作意愿和合作能力的影响很大，而其合作愿意和合作能力又对农民专业合作社的治理绩效呈正相关影响。成员素质包括基本的身体素质、文化素质、民主意识等基本内容，成员的这些素质水平越高，中国农民专业合作社治理的绩效会越高，两者之间是正相关关系。所以要研究中国农民专业合作社的治理问题就必须研究组成合作社的成员素质问题。

一 成员素质基础

随着农业现代化的发展，中国农村不论是在农业新技术的发展和推广方面，还是农业机械化的发展方面，都需要农民素质的提高，许多学者认为农业的发展主要因素在创新，但是学者拉南·魏茨认为创新本身并不够，"有时，普及推广一种新技术的失败，在于缺乏某些必要的外部条件：如市场设施、辅助系统的储运及其它因素，或是一个适合的公共组织在过渡阶段能够承担风险，如引进和传播新技术。在任何情况下，并不足以证明它就可以列入一个发展计划之中。人们必须要先证实，并不足以证明确实存在着合适的条件，能够保证被推荐的技术，在广大农民之中推广与普及"。① 舒尔茨认为农民能力的获得主要靠后天，先天的能力分布基本趋于相同。农民获得的后天能力被认为是生产出来的生产资料，其在促进农业现代化发展中的作用是巨大的②。所以舒尔茨提出了向农民投资的理论，以便提高农民素质。

所谓农民素质指包括身体、文化、思想、政治、科技素质在内的和从事相关农业的劳动者的基本素质。在这些素质中，思想素质和政治素质无法用量化指标来衡量，只有在长期的实践中进行检验，身体素质和文化素质、科技素质可以通过量化的指标来衡量，比如受教育水平可以通过统计农民受教育情况的不同阶段的数据来大致衡量，农民的专业技术水平也可以通过接受专业技能、职业技术教育的程度等来衡量。农民素质的提高对经济增长的发展具有推动作用，很多国家已经证明了这个道理，例如新加坡，该国的基础教育和职业教育非常发达，近几年对于教育经费投入一直以30%的基准增加，保证了人力资源知识和技能的不断更新和提高，充分发挥了人力资源效用。韩国近几十年的经济腾飞依靠的也是人力资源的优先开发，就连经济发展比较缓慢的朝鲜也非常重视人力资源开发，其目前国家的识字率已经达到99%，初等教育达到免费全覆盖。③ 欧洲国家对农民资格的要求也很严格，例如法国、加拿大的公民必须经过三年与农学知识相关的学习并获得两年制农学院毕业证书才能成为合格农民，享受国家安置优待的特殊待遇。瑞士、荷兰等国家认为农场主的综合素质越高其吸收借鉴先进科技成果的能力就越强，所以他们对农民的培训特别重视，尤其是对有当农场主潜质的年轻人或者现任农场主都要进行培训。美国政府从基础教育着手要求无论城市还是乡村中小学生都要进

---

① ［以色列］拉南·魏茨：《从贫苦农民到现代化农民》，杨林军等译，中国展望出版社1990年版，第76页。
② ［美］西奥多·W. 舒尔茨：《改造传统农业》，梁小民译，商务印书馆2013年版，第150页。
③ 陈庆立：《中国农民素质论》，当代世界出版社2002年版，第29页。

行农业基础知识的学习,并建立了全国性的农业智库网络和人才开发中心。日本的经济发展更离不开农民综合合作社的发展,所以对从业的年轻农民要求更高,从事农村行政的管理人员100%大学学历,从事农业生产的青年农民80%达到高中文化程度,6%的农民具有大学学历。

就中国情况来说,根据全国统计数据,在受教育方面,截至2017年,对6岁及以上人口受教育程度进行调研,抽样比为0.84‰,其中未上学56152人,占5.3%,小学268406人,占25.2%,初中404872人,占38.1%,普通高中139416人,占13.1%,中职47319人,占4.4%,大学专科78559人,占7.4%,大学本科62660人,占5.9%,研究生6374人,占到0.6%,见表4.1,可以看出,我国受教育程度集中在初中,受教育程度不高。同时,在每百万人中的研究人员的人数也相对较少,按照2015年的数据,中国1176.6人,加拿大4518.5人,美国4232人,法国4168.8人,德国4431.1人,英国4470.8人,中国在每百万人中的研究人员人数远远低于发达国家水平。

表4.1　　　　　　　6岁及以上全国人口受教育程度情况

受教育程度	人数（人）	所占比例（%）
未上学	56152	5.3
小学	268406	25.2
初中	404872	38.1
普通高中	139416	13.1
中职	47319	4.4
大学专科	78559	7.4
大学本科	62660	5.9
研究生	6374	0.6
总人数	1063758	100

我国乡村 2017 年总人口 57661 万人，占到总人口的 41.5%[①]，2017 年乡村就业人数 35178 万人，占到乡村人口总数的 61%，根据国家统计局住户调查数据，2017 年农村居民家庭户主文化受教育程度，未上过学的占到 3.2%，小学程度的占到 29.8%，初中程度的占到 10.8%，大学专科程度的占到 1.3%，大学本科及以上的占到 0.2%。

在此基础上，针对农民专业合作社的社员情况，以山西省为样本，也进行了调研。

（一）农民专业合作社社员素质基本情况

1. 农民专业合作社主要负责人基本情况

（1）理事长的年龄分布

年龄分布情况，在 30 岁以下的占 8.2%，在 30—40 岁之间的占 25.5%，在 40—50 岁之间的占 51.8%，在 50—60 岁之间的占到 8.2%，60 岁以上的占 6.3%，见表 4.2。

表 4.2　　　　　　　　　理事长年龄分布

年龄分布	30 岁以下	30—40 岁	40—50 岁	50—60 岁	60 岁以上
所占比例（%）	8.2	25.5	51.8	8.2	6.3

（2）理事长受教育程度

理事长的受教育程度未上学的占到 1.8%，受过小学教育的占到 9.1%，受过初中教育的占到 36.4%，受过高中教育的占到 41.8%，受过大专及以上的占到 11.8%，见表 4.3。

（3）理事长的社会身份

理事长社会身份是农民的占到 38.2%，是农民工的占到 2.7%，

---

① 人口数据根据农业农村部 2017 年人口变动情况抽样调查数据推算。

是个体户的占到 17.3%，是私营企业主的占到 10%，是集体企业管理人员的占到 7.3%，是乡镇政府工作人员的占到 2.7%，是村干部的占到 13.6%，其他社会团体负责人的占到 0.1%，其他的占到 7.3%。

表 4.3　　　　　　　　　　理事长受教育程度

受教育程度	未上学	小学	初中	高中	大学及以上
所占比例（%）	1.8	9.1	36.4	41.8	11.8

（4）理事长的入股情况

理事长参股小于 10 万元的占到 17.3%，大于 10 万元，小于等于 20 万元的占到 29.1%，大于 20 万，小于等于 30 万元的占到 19.1%，大于 30 万，小于等于 40 万元的占到 9.1%，大于 40 万元，小于等于 50 万元的占到 7.3%，大于 50 万元的占到 16.4%，见表 4.4。

表 4.4　　　　　　　　　　理事长入股比例

出资（万元）	≤10	>10，≤20	>20，≤30	>30，≤40	>40，≤50	>50
所占比例（%）	17.3	29.1	19.1	9.1	7.3	16.4

2. 普通社员基本情况

（1）普通社员的年龄分布

普通社员中 30 岁以下的占到 8.2%，30—40 岁的占到 39.3%，40—50 岁的占到 40.6%，50—60 岁的占到 9.4%，60 岁以上的占到 2.5%，见表 4.5。

表 4.5　　　　　　　　　　普通社员的年龄分布

年龄分布	30 岁以下	30—40 岁	40—50 岁	50—60 岁	60 岁以上
比例（%）	8.2	39.3	40.6	9.4	2.5

第四章 中国农民专业合作社治理的成员素质基础

（2）社员受教育程度

受过初中教育的占到41.8%，受过小学教育的占到23.8%，受过高中教育的占到19.7%，大专及以上的占到4.5%，未上过学的占到10.2%，由此可见，受过高中以上教育的仅占到24.2%，平均受过初中以上教育的比率为66%，受教育程度较低，见表4.6。

表4.6　　　　　　　　　社员受教育程度

受教育程度	未上学	小学	初中	高中	大专及以上
比例（%）	10.2	23.8	41.8	19.7	4.5

（3）普通社员的社会身份

普通社员的身份主要是农民和个体户，分别占到60.2%和19.7%，农民工和私营企业主分别占到6.1%、3.3%、集体企业管理人员、乡镇政府工作人员及其村干部所占比例接近，分别为2%、2.5%和2.5%，见表4.7。

表4.7　　　　　　　　　社员身份来源

社会身份	农民	农民工	个体户	私营企业主	集体企业管理人员
比例（%）	60.2	6.1	19.7	3.3	2
社会身份	乡镇政府工作人员	村干部	其他社会团体负责人	其他	
比例（%）	2.5	2.5	0.4	4.1	

（4）社员入股情况

社员参股小于等于1万元的占到33.2%，大于1万元小于5万元的占到43.9%，大于5万元小于等于10万元的占到14.3%，大于10万元小于等于15万元的占到4.9%，大于15万元的占到0.4%，说明合作社的规模较小，见表4.8。

表4.8 社员入股情况

参股总额（万元）	≤1	>1，≤5	>5，≤10	>10，≤15	>15	其他
比例（%）	33.2	43.9	14.3	4.9	0.4	2.5

（二）社员民主意识基本情况

在农民专业合作社中，农民的民主意识主要是对合作社法的了解，对自己权利的发挥，参与合作社各项活动的积极性以及进退出自由权，包括认同意识、权利意识和参与意识。

1. 社员的认同意识

认同意识是其他民主意识的关键，只有社员从思想意识上积极认同，才可能会积极地参与把握自己的权利。社员对于成立农民专业合作社，所调查的村民对其的态度，比较了解并支持合作社发展的占到28.1%，保持中立的占到36.4%，不了解并反对合作社发展的占到1.8%，了解但不支持的占到6.4%，不了解但也不反对的占到27.3%，见表4.9，不积极支持或保持中立的占到71.9%，说明村民对合作社能够带动经济发展的功能没有信心，所以态度保持中立或者反对。

表4.9 村民对合作社态度

村民态度	比较了解并支持合作社发展	保持中立	不了解并反对合作社发展	了解但不支持	不了解但也不反对
所占比例（%）	28.1	36.4	1.8	6.4	27.3

2. 社员的权利意识

权利意识是指成为社员以后所享有的各项权利的意识，作为资本的拥有者所享有的权利,作为惠顾者所享有的权利,作为管理者所享有的权利,其前提是对合作社法的了解。普通社员和理事长对农民专业合作社法的了解比例是不同的。普通社员中了解的占到 15.2%,了解一点的占到 51.6%,不了解的占到 29.5%,见表 4.10 和表 4.11,理事长中对农民专业合作社法的了解情况中,了解的占到 30.5%,了解一点的占到 36.4%,不了解的占到 30.5%。

表 4.10　　　　　普通社员对农民专业合作社法了解情况

了解情况	了解	了解一点	不了解
所占比例（%）	15.2	51.6	29.5

表 4.11　　　　　理事长对农民专业合作社法了解情况

了解情况	了解	了解一点	不了解	没有听说过
所占比例（%）	30.5	36.4	30.5	2.6

从上面的数据可以看出,无论是社员还是理事长,对农民专业合作社法了解的比例要远远低于不了解的比例。

3. 社员参与意识

农民专业合作社实行民主管理是其核心原则之一,是社员参与合作社经营决策和剩余分配的保障,是普通社员经济利益得到保障的有效手段,唯此才能保证作为农民专业合作社主体的"人"的利益。社员的参与意识指通过直接或间接方式积极参与社里的各个环节的活动。当然意识不等于行动,只有积极参与意识付诸于行动才有实际意义,但是参与意识是参与行动的前提,社员参与意识的提高归根结底是期待于农民专业合作社对其利益的满足程度,包括参加社员大会参与社中的重大决策,通过信任感的建立对合作社运营机构的支持并进行监督,对合作社未来发展的进一步期许。

在参与社员大会方面,凡是参加农民专业合作社的成员都能参加社员大会选举,投出自己的选票,但是由于村中出现的"半熟人"情况,出现社员中资金占有量大的人或者所谓的村中能人持续被选。在领导产生情况中,通过没有指定候选人"一人一票"产生的占到41.67%,通过选举村中能人产生的占到31.25%,内部指定占到14.58%,村干部占到12.5%,见表4.12。

表4.12　　　　　　　　　领导产生情况

领导产生情况	一人一票	村中能人	内部指定	村干部
所占比例(%)	41.67	31.25	14.58	12.5

在对农民专业合作社的信任感方面,社员之间的相互信任和理解有助于合作化统一步调,形成统一的综合体,降低合作社内部的交易成本。[①] 在农村特殊的文化背景下,农民对农民专业合作社的初始信任是通过政府媒介和在村庄中形成的熟人社会的关系树立的,形成成员合作以后,通过关系信任,在合作社能够满足社员的情况下,信任加深,继续合作,如果不能满足,信任破裂,退出合作社。

在对农民专业合作社的未来发展方面,社员希望合作社完善民主管理的占到54.17%,希望民主监督的占到56.25%,希望完善盈余返还方法的占到37.5%,希望增加教育培训的占到60.42%,希望提升公共服务水平的占到40.20%,希望提高市场销售能力的占到43%,见表4.13。

表4.13　　　　社员希望合作社在未来需要发展完善的方面

完善的方面	民主管理	民主监督	盈余返还方法	教育培训	公共服务	市场销售
所占比例(%)	54.17	56.25	37.5	60.42	40.20	43

---

① Hakelius K., Cooperative Values: Farmers' Cooperatives in the Minds of the Farmers, Ph. D. dissertation, Uppsala, Sweden, Swedish University of Agricultural Sciences, 1996.

二 成员素质问题导致的中国农民专业合作社治理困境

(一) 中小社员的"搭便车"行为

1. 农民专业合作社中存在的"搭便车"行为

"经济学中的一个核心问题——在社会关系中如何组织社会主体进行有效率的生产这个问题一直存在"[1],在经济增长的历史发展中有效率的制度安排也是关键所在。制度中的个人在推动制度变迁的过程中起了非常关键的作用,"制度变迁的成本与收益之比对于促进或推迟制度变迁起着关键作用,只有在预期收益大于预期成本的情形下,行为主体才会去推动直至最终实现制度的变迁,反之亦然"。[2]农民专业合作社在促进农村经济发展、配置资源和组织生产方面是有效率的,这是我国政府资助兴办农民专业合作社的缘由之一,但是由于其内部存在的搭便车问题,又制约了农民专业合作社的效率。

1965年美国学者曼瑟尔·奥尔森提出了搭便车一词,指在集体行动中成员免费从集体努力中获取利益而无视集体供给公共品的成本分担的行为。"搭便车"效应是从公共物品中产生的一种负面效应。关于农村合作社中成员们的"搭便车"行为所带来的影响这一问题,林毅夫认为:"在农村合作社中可以保持它稳定存在的最重要的就是拥有自由退出权,但是在合作社发展的后来,国家禁止了农民对于自由退出权这一权利的使用,这就造成合作社成员之间的博弈方式发生改变,由最初的重复博弈变成了后来的单次博弈,自我监督机制渐渐消失,最终导致了合作社成员慢慢形成了'搭便车'思想。"[3]但是

---

[1] 李金波、聂辉华:《儒家孝道、经济增长与文明分岔》,《中国社会科学》2011年第6期。

[2] [美] 道格拉斯·C. 诺思:《经济史中的结构与变迁》,陈郁等译,上海三联书店、上海人民出版社1994年版,第7页。

[3] 张佳伊、杨丽莎:《农民专业合作社成员"搭便车"行为探究》,《经济研究导刊》2019年第4期。

由于农民专业合作社是互助性组织，其关于搭便车的行为与其他组织有所不同，例如根据搭便车的定义，合作社向社员提供农药、化肥等生产资料，社员没有付费，这种行为理论上来说就是搭便车行为，但是在合作社中，只有当社员取得这些资助以后进行生产，所生产的产品没有交给合作社进行销售，这才是搭便车行为，如表4.14所示，合作社都有不同程度的自主销售行为，在调研的合作社对象中，合作社自己销售比重大于50%的占到30.5%，小于等于10%的占到25%。又如合作社对社员进行了技术培训，但是社员跳槽去其他的合作社这就是搭便车行为，这些行为使得农民专业合作社的集体利益受损。同时社员没有按照要求把伪劣产品提供给合作社，使合作社内部交易成本提高，合作社整体利益上受损等机会主义行为，也阻碍了合作社的发展。

表4.14　　　农民专业合作社中未经合作社销售的比重

未经合作社销售比重（%）	频数	百分比（%）
≤10	200	25
>10，≤20	100	12.5
>20，≤30	86	10.75
>30，≤40	70	8.75
>40，≤50	100	12.5
>50，≤60	54	6.75
>60，≤70	52	6.5
>70，≤80	48	6
>80，≤90	70	8.75
>90，≤100	20	2.5
总计	800	100

2. 农民专业合作社中导致"搭便车"行为的影响因素

（1）合作社的种植类型

水果类合作社比蔬菜类合作社更容易出现搭便车问题，在调查中许多理事长也一致认为水果类合作社因为投入的资金周期长,不确定的风险多,且许多商贩直接上门收购,所以容易出现搭便车行为,其次为蔬菜类合作社,因为蔬菜对保存的条件要求较高,否则容易腐烂,所以蔬菜类合作社倾向于把产品交给合作社销售,产生搭便车的机会比水果类要小。

(2)受教育程度

从调查中得出社员中平均受过初中以上教育的比率为66%,越是受教育程度高的社员,因为其对风险预知能力强,为了取得个人利益最大化,且由于其把种植业作为副业,对合作社的忠诚度较低,倾向于发生搭便车行为。

(3)社员是否入股及其股金多少

在调研中发现,入股金额比较大的社员相对入股金额小的社员,无论是对合作社的关注度还是忠诚度都要高,即所谓的核心成员的社员搭便车的机率小于外围社员的搭便车机率。

(4)合作社制度激励

如果合作社的运行制度和监督制度规范,严格按照社员交易额利润返还,那么社员进行搭便车的机会就小,反之就大。

3. 农民专业合作社存在搭便车的原因分析

美国学者曼瑟尔·奥尔森曾经说过:一个有理性需求的个人利益的个体不会主动制定方案并采取行动去实现他所在的共同体中的共同利益或集团利益,除非这个集团中人数很少,或者存在强制的或者迫使个人不得不采取行动的特殊手段才能致使个人服从群体安排,实现群体利益或者共同利益[①]。

(1)农民专业合作社的产权界定模糊

我国农民专业合作社大部分是由政府和财政支持而形成的合作社,合作社的产权包括私人产权和公共产权,促成了社员"搭便车"的两个基本条件:非排他的公共品的存在和自利理性的经济人。"搭

---

① [美]曼瑟尔·奥尔森:《集体行动的逻辑》,上海三联书店、上海人民出版社1995年版,第2页。

便车"成为中小社员利益权衡的理性选择。《中华人民共和国农民专业合作社法》第一章第三条第五款对盈余返还的途径进行了规定，主要参照社员与农民合作社交易额的交易比例进行盈余返还，但是对于中小社员来讲，由于投资份额小，交易量不大，所以交易额比例返还不能起到激励或者鼓励社员的作用，所以对于集体公共品提供的便利，采取搭便车行为反而成了理智行为。

（2）农民专业合作社在治理结构中的内部监督缺乏

经济组织都有亲资本的倾向，农民专业合作社的社员依照资金入股份额分为核心社员和非核心社员，合作社主要的决策管理、经营管理、盈余分配等权利主要掌控在核心社员手中，对于中小社员来说处于弱势地位，不能获得合作社的实质性权利，违反合作社"民主管理"的治理理念，同时随着这种地位的日益强化，增加了中小社员的离心力，使得中小社员更容易产生搭便车行为。

（3）内部监督的成本增加

在现实的治理实践中农民专业合作社存在着这样一种现象，合作社的董事会、理事会等少数核心社员作为代理人承担着合作社运行的监督成本，而非核心社员能够免费共享通过增加监督成本而导致的合作社经营改善产生的收益。[1] 在这种情况下，对于非核心成员来说如果其进行的监督行为带来的收益不能弥补进行监督而付出的成本，那么其就不会进行监督，如果合作社严重侵害了中小社员利益，那么中小社员就会采取用脚投票的方式，退出合作社。对于合作社核心社员来说，实施内部监督可以获得剩余索取权的激励，同时这也是获得剩余索取权利需要对等付出的义务。[2] 由于核心社员入股的资金量大，所以对合作社的监督需求明显要大，农民专业合作社内部监督的缺失

---

[1] 谭智心、孔祥智：《不完全契约、内部监督与合作社中小社员激励——合作社内部"搭便车"行为分析及其政策含义》，《中国农村经济》2012年第7期。

[2] 谭智心、孔祥智：《不完全契约、内部监督与合作社中小社员激励——合作社内部"搭便车"行为分析及其政策含义》，《中国农村经济》2012年第7期。

相比较非核心社员来说对核心社员的经济影响要更大，但是需要指出的是农民专业合作社的监督是公共产品，核心社员通过监督努力获得的经济收益有可能通过各种手段私入囊中，保证其自身的收益大于监督所付出的成本，产生新的合作社内部监督问题。

（二）"精英俘获"问题

40年前孟德拉斯曾经在其所预言的"农民的终结"中说："20亿农民站在工业文明的入口处：向右是迷茫，向左是破败。"① 其预言在当下中国也有表现，中国的村落在慢慢消逝，几乎每天都有数十个村落、每一年有上万个村落消逝在中国的行政版图上。② 但是，农业新型经营主体开始凸显，特别是农民专业合作社的兴起。在研究东南亚小农经济时斯科特曾经说过："农民的经济决策和经济行为与其说是经济理性行为考量还不如说是生存伦理的理性选择，在经济欠发达的地区更是如此。"③ 当然，中国农民专业合作社在农村之所以能够兴起并进行运作，与"乡村精英"的作用密不可分。

意大利学者帕累托（Vilfredo Pareto）在《普通社会学纲要》中认为"精英"是在各个领域取得优秀成果的拔尖人物，在普通老百姓眼中的精英就是所谓的能人。中国的学者也对乡村精英进行过研究，贺雪峰认为所谓的精英是那些对社会具有一定影响力，在乡村中拥有相对生产或生活资源优势的人④。还有的学者认为所谓"乡村精英"就是那些具有超前的思维和战略眼光，具有一定的合作社知识和合作意识，掌握一定的经济资源、具有人力资源优势，还具有社会资源关

---

① ［法］H. 孟德拉斯：《农民的终结》，李培林译，社会科学文献出版社2010年版，第3页。
② 李培林：《农民的终结》，社会科学文献出版社2005年版，第6页。
③ ［美］詹姆斯·C. 斯科特：《农民的道义经济学：东南亚的反叛与生存》，陈里显等译，译林出版社2001年版，第1—3页。
④ 贺雪峰：《新乡土中国》，北京大学出版社2013年版，第305页。

系，能够集资本、能力和社会关系于一身的村中"能人"①。关于"乡村精英"的指涉对象，主要包括了乡村干部、家族长辈、高学历农民、率先脱贫致富的乡镇企业家及其农业专业户等，这些"乡村精英"对于激励和带动乡村经济发展确实具有很强的带动作用，但是事物往往具有两面性，同时也会出现所谓的"精英俘获"现象。

"精英俘获"指村中能人通过自己的资源优势，对合作社所获得项目、资金以及经营权利、盈余返还等方面占有一定的优势权利，能够在很大程度上影响合作社的治理绩效。温铁军认为现在由于农民专业合作社亲资本的倾向越来越严重，所以"在资本和寻租的双重压力下，在合作社战略的选择中部门和资本往往会选择扶持大农户，压制普通农户，通过组建大农主导的农民专业合作社来达到既保证相对垄断利润又降低交易成本的双重目的"②。所以农民专业合作社在运行过程中往往会出现"大农吃小农"的现象。

1. 农民专业合作社出现"精英俘获"因素分析

农民专业合作社之所以出现"精英俘获"现象，主要是社员主体的异质性所导致的。随着我国农业、农村经济体制改革的逐步深入，由于农民的职业身份、收入来源等方面的内容越来越多元化，使得农民作为合作社主体加入合作社以后在资源禀赋、参与角色、参与的动机和目的方面也越来越不同，同时受到国家优惠政策的影响，一些地方的专业生产大户、民间资本及其一些涉农企业也积极加入到合作社中来，使得社员的结构产生了很大变化。他们的加入一方面为合作社提供了人力、技术和资本，另一方面，他们也希望从中获得利益。

应该看到，任何事物的存在都有两面性，合作社的异质性亦是如此。一方面，由于社员的异质性，需要形成求同存异的相容激励机制，能够增强合作社的服务品种和服务能力，提升合作社的生存空间

---

① 李培林:《农民的终结》，社会科学文献出版社2005年版，第6页。
② 温铁军:《农民专业合作社发展的困境与出路》，《湖南农业大学学报》2013年第8期。

和生存能力。另一方面，由于合作社成员之间对资源禀赋占有的程度不同，在合作社组建过程中所起的作用不同，加入合作社的目的也不同，导致合作松散。

（1）对资源禀赋占有的不同

社员的资源禀赋占有主要包括四个方面，对自然资源、资本资源、人力资源和社会资源的占有。比如社员主体在资源禀赋方面确实有很大的差距，如表4.15所示，一般社员仅占有自然资源，且在家庭联产承包责任制的前提下，土地流转不畅，普通社员所占土地资源的规模不大。

表4.15　农民专业合作社的主要参与主体及其资源禀赋[1]

参与主体	主要资源禀赋
一般农户	自然资源
生产大户	自然资源、资本资源
运销大户	人力资源、资本资源
供销社	资本资源、人力资源
农村基层组织	社会资源、人力资源
龙头企业	资本资源、人力资源

（2）在合作社组建过程中所起的角色不同

一般农户由于入股的股份较少，在农民专业合作社中属于惠顾者，生产大户依照其在农民专业合作社中所提供的大量的自然资源、资本资源，属于惠顾者、控制者和所有者行列，运销大户、供销社和龙头企业属于所有者和控制者，农村基层组织属于控制者和利益相关者，见表4.16[2]。

---

[1] 黄胜忠：《转型时期农民专业合作社的组织行为研究：基于成员异质性的视角》，浙江大学出版社2008年版，第63页。

[2] 黄胜忠：《转型时期农民专业合作社的组织行为研究：基于成员异质性的视角》，浙江大学出版社2008年版，第63页。

表 4.16　　农民专业合作社的主要参与主体不同的角色

参与主体	主要角色
一般农户	惠顾者
生产大户	所有者、控制者、惠顾者
运销大户	所有者、控制者
供销社	所有者、控制者
农村基层组织	控制者、利益相关者
龙头企业	所有者、控制者

（3）加入农民专业合作社目的不同

一般农户参加农民专业合作社的目的是为了产品销售、获得服务，运销大户加入农民专业合作社的目的是为了获得收入，龙头企业加入的目的是为了稳定购销关系和获得收入，农村基层组织是为了行使职责、提供服务和获得政绩；生产大户是为了扩大规模和提高产销能力，供销社是为了改制需要、获得收入和政治利益的需要，见表 4.17[①]。

表 4.17　　农民专业合作社的主要参与主体不同的参与目的

参与主体	主要参与目的
一般农户	产品销售、获得服务
生产大户	扩大规模，提高产销能力
运销大户	获得收入
供销社	改制需要、获得收入、政治利益
农村基层组织	行使职责、提供服务、获得政绩
龙头企业	稳定购销关系，获得收入

由上可知，不同的主体都是从各自的利益出发，是为了自己利益

---

① 黄胜忠：《转型时期农民专业合作社的组织行为研究：基于成员异质性的视角》，浙江大学出版社 2008 年版，第 63 页。

最大化，大农户依赖于强势地位，出现"大农吃小农"的现象，形成了"强者牵头，弱者参与"的发展路径。

2. "精英俘获"对农民专业合作社发展的影响

（1）从所有者的角度来说，出现少数大股东和多数小股东并存的局面，直接影响合作社的产权结构

成员出资农民专业合作社的财产是由全体社员出资部分和为扩大生产的公共积累部分组成。全体社员出资的部分财产由于出资比例不同形成不同的格局，虽然对于股东出资的权利转变有一定的限制，但是最终还是形成了大股东和小股东对占有权、经营权和盈余返还权不同的权重。关于公共积累部分的财产，虽然依据1995年国际合作联盟的规定是不可分割，但是我国《农民专业合作社法》仅仅规定了依照合作社发展情况自定本社公积金制度，不对其做硬性要求，由本合作社成员大会或社章程制定是否提取。同时，随着现代农业的发展，传统合作社的内在制度缺陷日益显现，比如合作社面临着决策过程效率低下、融资难等问题，在这种情况下，合作社必然出现其产权由少数核心社员控制的现象，核心社员数量虽然不多但很可能占有合作社多数出资额，掌握合作社的决策权和受益权。这种产权结构基于"公平"与"效率"而言具有一定的合理性，但是却背离了合作社"社员平等"的初衷，不利于保护普通社员的利益。不同的产权安排决定了组织的结构与性质，在成员异质性条件下，合作社在产权结构上普遍采用资本化方式，少数核心人员占有出资额的大部分，资本化的产权结构没有改变普通社员的弱势地位，可能会降低普通社员参与合作社的积极性。从长远来看，如果合作社的股权集中度高，成员加入门槛较低，就不利于成员合作和合作社绩效的提高。对于普通社员来说，资金是稀缺的，但《合作社法》规定的社员权利是与个人相关而不是与资本相关，他们参与合作社的主要目的是获取服务和产品销售的渠道，为了获得不多的收益而花费成本、承担风险是不划算的。合作社经营需要大量的资金，核心社员却可以为合作社提供，他

们除了普通社员的需求外，还希望获得额外的资本性收益。因此，普通社员要求一人一票的控制权和按交易额分配的公平政策，而核心社员则有追求效率的冲动，极有可能以资本收益最大化为目标。合作社经营在核心社员主导下，为了筹集资金和扩大合作社的经营规模，很可能会开展非社员业务，普通社员从非社员业务中获得的利益远远小于核心社员获得的利益。合作社因开展非社员业务形成事实上的业务主体关系打破了核心社员和普通社员之间的平衡关系，当他们感到不公平时，必定会对产权结构产生影响，这不利于合作社的产权结构的稳定。

（2）从经营者的角度来说，影响合作社的治理结构

合作社区别于其他组织的显著标志是按照民主管理的原则进行管理，我国的农民专业合作社的投票权实行基本表决权和附加表决权相结合的方式，基本表决权指每个社员都有投票的权利，附加表决权是除了基本表决权之外，对于出资额较多的股东按照不能超过基本表决权的20%而增设的额外表决权。但是村中精英的投票权相对于小股东还是处于优势地位，控制着决策权，可能出现成员大会形成的决议难以执行的难看局面，违背农民专业合作社"民主管理"的本质特性。

合作社主要服务于其成员，为其提供农业生产资料的购买，农产品的加工、运储、销售以及提供与农业生产经营有关的技术、信息等服务。社员只有积极参与合作社事务，合作社才能顺利实现民主控制、规范组织运行。核心社员由于在合作社中拥有更多的决策权、管理权与盈余分配权，与普通社员形成了支配性控制的关系。在合作社治理结构上，核心社员掌握了相对完整的支配权，而普通社员则处于被支配的地位，逐渐失去了对合作社有实质性的影响能力。一旦核心社员在合作社中占有绝对的地位，为了自身的利益极有可能造成合作社异化的管理模式，要么失去合作社的应有之义，转变为股份制企业，要么经营不下去，使得合作社走向消亡。在市场竞争压力之下，

社员异质性的入社动机、参与合作社程度、社员获益大小和对合作社的满意度，会对合作社经营管理产生影响。在合作社中投入较多的资本和涉及大量的业务的社员会更加积极地参与合作社的管理事务，相反如果投入的资本不多和涉及的业务量不大，则不会积极地参与合作社的管理事务。

（3）从惠顾者角度来说，决定合作社的盈余分配。获得经济利益是农民参加合作社的一个很重要原因，中国的农民专业合作社是以农民为主体的经济组织，实行交易返还和股金分红相结合，但是盈余返还不得少于60%，在现实中许多农民专业合作社出现了盈余分配股份化倾向、大股东控制绝大多数利益等问题，普通社员的权益难以实现。在精英控制的条件下，不会实现社员从合作社中获取较高盈余的愿望，而是偏离了农民专业合作社办社初衷，偏移了合作社的发展方向。当然，精英们还有一定的英雄主义情结，通过带领合作社发展，能够获得除经济收益以外的社会、政治收益，满足其情结。但是精英也是自利的，随着其对合作社的控制，在监督薄弱的情况下，就会出现谋取私利，挤占小农利益空间的现象，出现弱者更弱，强者更强的结果，使合作社面临存在价值的困境。

（三）社员"信任"问题

现代汉语词典对信任的解释是指相信而敢于托付，新牛津英语词典的解释是相信某人或某事物的可靠、真实、能力或力量，从经济学的角度分析，信任是一种通过理性计算双方都能达到利润最大化的委托代理关系，如果能够形成一套严格有效的惩戒机制那么信任就会产生。[1] 信任可以有效地减少交易成本，这不仅有助于宏观经济的增长，而且可以提升微观经济组织的经营效率。对于农民专业合作社经济组织来说信任是合作的基础，从我国合作组织发展的历程中可以看出成

---

[1] 刘宇翔：《农民专业合作经济组织成员意愿与行为分析》，郑州大学出版社2011年版，第133页。

员间的信任是组织发展的基础，自发建立的合作社都是基于成员间的信任。而当代农民专业合作社大多是由政府发起，农民参加的目的也多是为了享受政府支持和享受相关的优惠政策，成员间的信任程度不高，对合作社的忠诚度也不高，且违约成本低，农民专业合作社出现了组织涣散、抵御风险能力差等问题，所以必须提升社员信任度。

1. 农民专业合作社的社员信任内容

在农民专业合作社成员中，按照资源禀赋不同分为核心社员和外围社员。信任包括外围社员对核心社员的人际信任和系统信任，人际信任指外围成员对核心成员的人际信任，系统信任指外围社员对合作社组织的信任。农民信任与合作行为是一对正向相关的关系，信任机制一旦形成，它们之间就能够相互促进。

合作社的外围成员对合作社组织和核心成员信任的表达途径主要是在理性选择的基础上通过自己对所得利益结果比较来进行合作程度的判断、选择，做出继续加强合作、减弱合作还是退出合作的选择。无论是外围成员与核心成员之间还是外围成员与合作社系统之间的互动，其过程都可以转换为人与人的交互活动，外围成员对核心成员和合作社系统的信任和满意程度都影响着成员之间做出经济选择。在现实的信任关系发展中，表现出合作社内部的外围成员之间本身以及外围成员与核心成员之间的不信任、认同感缺乏，对合作社事务的积极性不高等现象。

2. 农民专业合作社社员"信任"的影响因素

（1）合作社外围社员之间的信任因素

在中国差序格局的熟人社会里，社员与社员之间可以通过先前的人的能力、承诺、性格等因素进行评价。社员之间的信任是建立在对他人以前的行为表现以及名声的先前认知基础上，在改革开放以前的中国，农民由于受到土地和户籍制度的限制，城乡之间的流动性差，人和人之间朝夕相处，如果失信，这个人就会名誉扫地，在村中失去立足之地，办任何事情就会举步维艰，所要付出的成本很高。随着市场经济的深入，人口流动性增强，这样就导致一方面失信的人可以简单地离开故乡到另一个陌生的环境，逃避熟人的指责，另一方面在流动的过程中，由于陌生人的不断流动，造成对本地农民权利的侵害而轻易逃脱责任，且由于法制的不健全，导致人们之间的信任格局下降，农村也变成了半熟人的社会。

（2）合作社外围社员对核心社员的信任因素

有学者认为，影响外围成员对核心成员信任的因素主要包括人品、能力、关系和关心。外围社员会通过选举来挑选当地具有良好的信誉、掌握丰富社会关系的所谓村中能人来担任核心社员，两者之间建立良好的互信关系。同时要求被选核心社员也确实具有领导特质，具有人格魅力，擅于凝聚人心，懂得经营管理，乐于奉献，热爱合作社事务等，这样才能带领合作社进行更好的发展，增加社员利益。

（3）合作社外围社员对合作社组织信任的影响

好的合作社运营机制和较高的合作效率能够吸引社员的加入，外围社员通过外围的了解，心中对合作社的好坏也有一个自己的评价：第一，合作社各项运营机制都必须规范，比如经营决策机制、监督机制、激励机制等；第二，合作社能够体现公平待遇，特别是对外围社员自己的公平；第三合作社经营绩效好。因为这样才能吸引人员的加入，同时提升社员对合作社的信任程度，才能减少内部交易成本，因而从整体上提高合作社的绩效。

三 提高成员素质视阈下农民专业合作社治理改进对策

由于中国农民专业合作社成员素质不高，造成了"搭便车"问题、"精英俘获"问题，对合作社"信任感"缺失问题，这些问题不是互相封闭的个体，而是互相胶着在一起，如果从社员本身入手，对合作社的人力资本进行投资，对其受教育程度、民主意识进行提高和培训，同时增加社员对合作社的信任感，这些措施对提高合作社绩效具有很大的促进作用。

(一) 加大人力资源投资

受教育程度的高低是衡量农村人力资源质量高低的一个标准。改革开放以来，在教育投资方面我国政府在不断增加并取得瞩目的成绩，根据我国第六次乡村人口普查数据显示，我国大陆具有初中、高中和大专文化程度的人口不断增加，同我国第五次人口普查结果相比，每10万人口中具有大学文化程度的人口由原来的3611人上升为8930人，受过高中阶段教育的人口每10万人中由原来的11146人增长为14032人，接受过初中阶段教育的人口每10万人中由原来的33961人上升为38788人，小学文化程度的人口由原来的35701人下降为26779人。

但是相对于市场对高素质人才的需求，我国乡村人口受教育的程度还是明显较低。根据我国2010年人口普查乡村资料显示，在农村15岁至19岁之间，文盲占到其岁数区间人口的0.46%，20岁至29岁之间文盲占到其岁数区间的1.26%，大专以上学历占到其岁数区间的44.8%；30岁至39岁之间文盲占到其岁数区间的15.2%，大专以上学历占到其岁数区间的25.9%，40岁至49岁之间文盲占到其岁数区间的4.4%，大专以上学历占到其岁数区间的10.9%，如表4.18所示，农村中高学历人才还是比较缺乏。

表4.18　　　　第六次乡村人口受教育程度普查数据

年龄	未上过学（%）	小学（%）	初中（%）	高中（%）	大学专科（%）	大学本科（%）	研究生（%）
15—19岁	0.46	6.5	45	39.6	4.7	3.37	
20—24岁	0.5	6.8	6.8	46.6	13.8	11	0.6
25—29岁	0.76	8.56	5.2	1.8	11.1	8.2	0.1
30—34岁	1.1	12.87	53.28	17.6	8.8	5.7	0.8
35—39岁	14.1	18.1	55	14.8	6.5	3.7	0.4

续表

年龄	未上过学（%）	小学（%）	初中（%）	高中（%）	大学专科（%）	大学本科（%）	研究生（%）
40—44 岁	1.9	23.6	53.9	12.8	4.6	2.8	0.28
45—49 岁	2.5	24	49.13	17.4	0.6	2.4	0.26

人力资源有两种统计办法，一种包括在一个相对稳定的环境、相对确定的人数且相当长的一段时间内拥有劳动能力的劳动者体力和脑力两方面的总和。另一种包括在环境和人数不稳定情况下一定的时间范围内具有劳动能力的人口总和。改革开放以来，我国的经济发展依靠人口取得的"红利"确实可观，人多力量大的观念深入人心。但是随着现代科技迅猛发展，依靠人口数量是无法获得经济飞跃发展的，必须提高人口的综合素质才能立足于经济发展的不败之地。迄今为止，我国的农业生产仍然受传统农业技术的深刻影响。一些农村依旧是粗放式的农业耕作方式，缺乏大规模的机械化生产技术。加之农村地区又缺乏农业技术培训类的学校，无法给农村人力资源一个良好的学习农业生产技能的环境。农村人的思想观念受到传统"学而优则仕"的影响，他们送孩子读书就是为了高考，通过高考这条唯一的出路走出农村，所受教育主要还是综合性教育，社会需要的专门人才缺乏。对于辍学的孩子，家长并没有把他们送到职业技术类的学校接受教育。因此，农村人力资源接受的农业技能培训不足，农业生产技术得不到提高，进而会影响农村经济的发展，成为乡村振兴战略发展的绊脚石。这种状况下，针对农民专业合作社的专门人才更是缺乏，所以政府向农民专业合作社的人力资源进行投资有助于农民专业合作社的发展。

向人力资源投资的目标主要是通过教育、培训等手段，提高被投资对象的科学文化素质、身体素质、劳动技能和职业道德等的整体素质，挖掘劳动力的创造能力，激发其创造性和创造力，使得合适的劳动力能够配置到合适的岗位，使"能者在其位，贤者在其职。"政府作为人力资源投资主体，必须把投资相关农业技术类的学校提上日程，进行高校分类的改革，把农业类的学校与综合类的高校放在同等重要的地位，凸显出农业类学校的重要性。同时，农业作为国民经济的基础，要重视农业的发展，不能把农民看作是一份代表身份低贱的职业，农业生产仅仅是为了养家糊口。农民同样是社会主义现代化建设不可缺少的角色，要把农业产品的种植从中低端向高端迈进。最后，作为农村劳动力自身来说，也必须转变传统的思想观念，以积极的热情投身到农业生产中，积极参加农业技能培训，进而提高农民的农业生产技能。对于农民专业合作社亦是如此，只有人才资源丰足了，才能抑制农民专业合作社出现的精英俘获、搭便车行为。

（二）规范合作社管理

如前所述，由于人的趋利性，面对政府政策的扶持，许多农民专业合作社的社员仅是名义上的合作社成员，存在社员数量虚报现象，社员与组织没有任何瓜葛，既无交易亦无参与事务，社员被无辜地"合作化"，这些都是合作社管理不规范引起的，这里面包括无合作无运营的空壳合作社、无实质合作的"一个人"合作社、无农民主体的企业型合作社、主体不明的多轨制合作社、服务范围超越农业生产经营领域的合作社等。

出现这些不规范合作社的原因，一是合作社内部博弈的结果。因受到外部制度环境的影响，显然不规范比规范更"经济"。在内部博弈方面，农民专业合作社本质上是农民的契约型合作互助组织，所存在的内部博弈实际上也是合作社社员在利益驱动下的主体行为，但是当社员利益相悖时，合作社很难做到"成员地位平等"，在现实合作中，由于社员的异质性，特别是当某些"大农"在合作社中的话语权比重大，社员之间出现了非合作性博弈，同时由于小农本身的弱质性，使其在农业生产上只能依赖合作社，但是在合作社博弈的情况下，容易产生资本控制等情况，在利益分配中，大农决定小农利益，但是遇到风险时，合作社却很难兼顾小农利益，这使小农逐步失去了对合作社的信任，使得小农边缘化。二是制度环境诱导的结果。作为我国家庭联产承包责任制与合作经济制度相结合的有效制度安排，我国在政策制度安排上对合作社的制度环境比较宽松，无论是2007年7月我国首部《农民专业合作社法》，还是2017年新修订的《合作法》，对合作社的支持力度大于监督力度，也有大量的税收减免、项目扶持和生产补贴等财政政策性倾斜。基层政府在选择合作社支持时，首选具有较好产业带动性的合作社，使得不少合作社为了争取到财政支持而偏离了合作社初衷，所以合作社的制度环境，一方面推动了合作社的发展，另一方面在一定程度上诱导了合作社产生不规范行为。所以政府必须进一步规范和监督合作社成立标准，对合作社的存在和运行进行有效监管，杜绝以成立合作社之名行获取个人利益之实的行为发生；同时社员在入社之前要进行必要的基本能力、人品考核，以便减少合作社监督成本；再者要通过签订奖惩明确的购销合同，增强合作社与社员之间的紧密联系，增强承诺意识。

（三）鼓励社员入股

农民专业合作社的本质诉求是公平，虽然它会随着外部环境的变化不断调适，但是本质的属性不会改变，在核心社员和外围社员的股权结构中，外围社员难以形成力量维护自己在合作社中的利益，多数难以对抗少数，难以实现"利益共享"，所以应该鼓励普通社员入股。对于普通社员来说，要素禀赋主要包括土地、劳动等基础性生产要素，以及少量的资金要素和以农机为代表的资本要素。然而，现有的人地资源禀赋结构与土地产权结构使得农户主要依靠土地要素致富，农户增收受到限制。因此，激发社员土地、劳动、资金、资本要素的活力，优化社员要素禀赋投入结构，会对推动社员增收起到关键作用。根据各地合作社的调研情况，入社门槛能通过聚集各类要素禀赋直接影响农户入社后给自己带来增收的效益。通过鼓励农民加入合作社，形成能够与核心成员制衡的力量，通过合作社内部的多次博弈和调整，使得合作社真正成为弱者的联合的经济组织，达到提高社员受益的目的。

（四）采用选择性激励机制

选择性激励的基本含义是对于参加集体组织的个人或团体，如果不参加某个集体活动就不能得到某种利益或者失去某种利益，是奥尔森设计的一种动力机制，目的主要是为了解决搭便车问题。所谓的选择性主要是指按照个体在社会团体中的行为表现而采取的对不同个体的激励方式，对于积极的个体会获得更多的利益，不积极或者消极的就会受到惩罚。一是对于核心成员的选择性激励。核心成员一般是非常积极的采取行动，在《农民专业合作社法》中特别允许出资额较大的股东按照章程规定享有附加表决权，限制条件是投票总数不能超过本合作社社员基本表决权总数的20%，这种按照其股权占有情况附加不超过20%的投票权，就是一种选择性激励。二是对管理者的选择性激励。在合作社的运行管理中起到至关重要的作用，其行为不仅会影响社员的主动性与积极性，还对合作社可能实现利润最大化的目标产生影响，对于管理者的激励，可以是物质奖励，也可以是非物质奖励，对管理者的非物质奖励包括通报表扬激励，外出培训激励，荣誉证书激励，管理者在追求精神荣誉的同时，获得了良好的声誉，这些非物质奖励一定程度上激发了管理者各方面的积极性、主动性和工作动力，也是一种选择性激励。三是对一般社员的选择性激励。选择性激励在合作社中的运用表现在对那些向农民专业合作社交售的质量好的产品、信守合约承诺的社员行为给予奖励或者优惠，对于违反合作社利益或者背信弃义向合作社销售伪劣产品的社员进行惩罚，这个机制可以降低农民专业合作社搭便车的概率。

（五）畅通信息渠道，增加社员信任感

社员信任对合作社的发展起着至关重要的作用，能够直接促进

社员参与合作社事务，因此必须畅通信息渠道，构建良好的内部信任环境。一是通过合作社领导的能力来提升社员信任感。领导者承担着传播合作经济思想、指导合作经济组织运作、创新合作经济理论与实践等职能，领导者素质的高低对合作社的绩效会产生重要的影响。领导者就像合作社的"桥梁"，把社员与合作社组织联结起来。社员对于领导者的信任在合作社内部信任结构中居于核心地位，如果一个合作社拥有一位优秀的领导者，这能够提高合作社的内部凝聚力，增强社员对合作社组织的信任，并将吸引更多的农民加入合作社。

合作社的领导者不仅要懂得相应的经营管理知识，而且要能够了解农民的需求，知道怎样和农民相处，因此合作社的领导者最好来自农村。二是加大对合作社的宣传力度，提升社员对合作社的信任感。农民专业合作社的发展依赖合作经济思想的传播以及农民合作意识的觉醒。有学者指出，由于受合作组织变异历史的影响，我国农民在一定程度上存在着"恐合"意识，不相信合作带来效益的机制。因此，对合作社的宣传旨在激发农民的合作意识。向农民讲解家庭承包责任体制中单个农民无法进行技术创新、市场谈判能力薄弱等方面的缺点，让农民明白合作的目的在于解决单个农民无法解决或解决不划算的问题，农民的产权不会受到合作的影响，让农民走出合作的误区。农民对合作社有了更加全面的了解，这能够提高农民的趋信度，农民将以更加开放的姿态进行合作。三是规范合作社治理，提升社员的信任感。规范合作社的管理制度合作社应建立以理事会、社员大会、监事会为主的现代治理体系，规范股金设置，规范民主管理，规范盈余分配，从形式上建立规范的合作社，改善农民与合作社之间的信任关系。合作社的财务要向社员公开，让社员能够清楚合作社的资金使用情况，减少不合理资金使用行为的发生。让社员参与合作社的经营管理，发挥社员的主人翁精神。建立一套稳定、公正的绩效管理体系，并且严格认真地实施绩效考评，提高社员的组织公平感。四是加强合作社内部沟通，提升社员信任感。沟通是合作社内部人际关系的润滑剂，良好的沟通是信任产生的基础。沟通能够增进社员之间的相互了解，使合作社内部的人际关系得到改善，而人际关系的改善又能够促进社员之间的沟通，在沟通与人际关系相互促进的循环中，合作社的内部信任便会得到提高。同时，沟通能够使社员更加了解合作社的规章制度，合作社的各项政策在社员之间执行起来也变得更加容易。

（六）促进农民专业合作社企业家成长

农民专业合作组织运行的必要条件之一是必须要有农民企业家，由于我国农民专业合作社的企业家素质低下，缺乏合作精神、奉献精神，所以合作社"精英俘获"现象严重，在目前农民专业合作社蓬勃发展的势头下，对合作社企业家的培养至关重要。在农村，企业家往往被称为能人、精英，他们往往较一般农民有更强的市场意识和市场观念，具有较强的企业管理能力，具有丰富的社会网络资源，并且愿意组建合作社并带动其向前发展，对于人力资本稀缺的农民专业合作社来讲，更加渴求这样的"精英"出现。

一是明确培养企业家的人才来源。首先要重点培养那些具有一定知识和技能的优秀种养业的人才、农业企业负责人以及农产品经纪人等，他们具有创办农民合作社的原材料、技术以及资本，而且他们熟悉农村，没有身份感，具有感召力、开拓能力，能够与农民进行各方面的交流，对这些人才，如果能够进行专业培训和引导，就能够成为优秀的企业家来源。其次是培养那些受过高等教育、具有一定专业知识的人才，吸引那些有农业相关专业知识背景的大学生、事业单位的干部等人才领办合作社，这些人才既有组织农民专业合作社内部经营管理的知识，也能应对外部市场动态和市场竞争，及时处理市场信息，更好引领合作社向前发展。

二是建立良好的激励和运行机制促成企业家发展。现行农民专业合作社运行机制和激励机制的不完善促成了其内部"精英俘获"现象的严重，进行治理的途径主要是规范和完善农民专业合作社的运行机制。通过完善治理的方式，比如引入外部理事制度，强化监事制度，规范民主制度等来防止合作社被"掏空"和"掠夺"。但是，企业家的发展也需要对其进行激励，虽然企业家的才能不能准确给价，但是现实中农民专业合作社表现出的异质性和复杂性，对于其表现出的人才缺乏，建立有效的对企业家进行激励的机制还是有空间的，所以依据合作社具体情况建立恰当的激励机制也是合作社发展需要探讨的问题。

（七）提高社员民主意识

民主是农民合作社的基本原则。从合作社发展的角度，一是要求成员经济公平，农民合作社成员资格需要农民自愿加入并投入一定的股份，这是农民合作社发展的前提，农民获得成员资格以后就可以享受农民合作社公共积累和服务，通过发展资源聚集的规模效应和集体行动获得收入、市场谈判地位的提高。二是"一人一票"的民主管理方式限制了资本回报、保证了成员可以充分表达个人意见，实现对人的赋权和尊重；成员大会作为农民合作社的最高决策机构也是民主原则的体现，合作社代表成员利益、民主管理就是防止少数人对合作社的控制，实现利益公平分配。三是民主是保持成员规模稳定、成员忠诚度的基础，成员可以为农民合作社提供必要资金、市场、人力资源，并为合作社在农产品市场的竞争地位做出重要的支持，如某种农产品的垄断；只有民主才能真正保护成员利益，从而促进成员参与投资和管理的积极性，进而提高合作绩效。从农民专业合作社社员的角度，农民专业合作社最终要体现社员的主体地位，在合作社的发展过程中必须要提高农民专业合作社的认同意识、权利意识及其参与意识。合作社和政府应该确实通过各种培训和宣传提高社员的民主法治意识，在信息化时代，也可以通过电视、广播，报纸等新闻媒体渠道进行培训，使社员能够认同、参与并更好地管理农民专业合作社。

第五章　中国农民专业合作社治理的法律规制

合作社作为一种经济组织和其他经济组织相比，在经济上农民专业合作社往往处于相对弱势地位，这种弱势一方面变现为农民专业合作社在经营规模及其经济实力上的相对弱势，另一方面表现为农民专业合作社的社员，这些人往往是在市场竞争中处于弱势的。因此，为了维护市场的公平竞争，明确体现国家对农民专业合作社的鼓励和支持，有必要通过法律规范的形式加以确定。

合作社法在《中华法学大辞典·民法学卷》中被如此定义："合作社法是指规定各种合作社的设立、组织、活动和解散以及社员权利义务等法律规范的总称。"从世界各国合作社法所属范围来看，有的附属于宪法例如波兰；有的附属于商法，例如法国、意大利等国家，在合作社立法初期，曾把合作社等同股份公司等商事社团，在商法中规定有关条文，准许适用合作社；有的以合作社章程代法，例如1897年沙皇俄国政府认可信用合作社章程代合作社法；有的采用综合性合作社法，例如日本、德国、奥地利等国家；[①] 当然，20世纪以来随着世界合作运动继续往广度和深度发展，各类专业合作社有了相当的发展规模，世界各国开始产生了针对各类农业产业的专业合作社法。

[①] 蒋玉珉：《合作社制度创新研究》，安徽人民出版社2008年版，第178页。

《中华人民共和国农民专业合作社法》是我国相关立法人士通过对各个地区的广泛调研,经过三年时间起草制定的合作社法律,于2006年公布,2007年实施。此法在颁布过程中名称改变多次,十六届三中全会用词为"农村专业合作组织",2004年和2005年的中央一号文件采用的是"农民专业合作组织"的提法,2006年中央一号文件采用"农民专业合作经济组织",在2006年6月24日第一次审议时又将其改为《农民专业合作经济组织法(草案)》,在此次审议过程中,委员们对"农民专业合作经济组织法"这一名称提出了不同的观点。例如,周正庆、胡德平委员提议去掉"专业"这两个字,郑功成、王涛、汤洪高、奉恒高等委员则提议不用"农民"两字,以此放宽此法的调整范围。[①] 2006年以后,随着《农民专业合作社法》的通过,"农民专业合作社"的提法广泛被采用。2012年修正的《中华人民共和国农业法》采用的是"农民专业合作经济组织"名称。可以看出对农民专业合作社的概念在学界与政界都有所争议,在此基础上在这些所指代的名称中划出了交集的部分,指"成员围绕农产品生产、经营、服务而进行的不同程度的合作内容"。[②] 2017年颁布了新的《中华人民共和国农民专业合作社法》,对原来的合作社法又进行了完善。

一 相关法律法规对农民专业合作社治理的规定

(一)对农民专业合作社登记管理的规定

农民专业合作社在《农民专业合作社法》颁布以前登记是非常困难的,2006年在全国登记注册的农民专业合作社占总数的45.3%,

---

[①] 发言摘登:农民专业合作经济组织法草案(二),中国人大网,http://www.npc.gov.cn/npc/xinwen/2006-07/2content_350245.htm.

[②] 童日晖:《浙江省发展农民专业合作社的理论和实践》,《农村经营管理》2006年第7期。

其中 15.8% 在工商部门登记，大部分是以公司的名义登记的，有 16.9% 的在农业部门登记，12.6% 的在民政部门登记[1]，登记非常混乱。其实农民专业合作社是一种特殊的商事主体，它不同于企业法人，以资本多数表决为原则，它也不同于协会，协会不涉及盈利性活动，它也不同于合伙制，承担无限责任。它是人的联合，采取一人一票制，同时承担有限的责任。本法规定农民专业合作社的登记机关是工商管理部门，由国家级、省级、地市级、县级四级工商机关组成。农民专业合作社一经在工商部门登记即成为法人。合作社的登记程序包括设立、变更和注销登记，登记的范围为同类农产品的生产经营合作社、围绕农产品销售的产业链延伸的合作社（包括销售、加工、运输和仓储环节）及其围绕给农产品提供配套服务的合作社。我国的农民专业合作社与其他国家的合作社特点不尽相同。例如日本农协是一个政经合一的综合性组织，不仅具有经济职能，还承担协助政府贯彻农业政策、向政府施压和提供建议的职能。所以其一方面按照企业经营的法律规范，另一方面又按照群众团体管理，"由于它的双重特性，日本将农协确定为介于营利性工商企业法人和政府公益性事业法人之间的特殊法人，由农林水产省大臣和都、道、府、县知事批准后注册登记。"[2] 美国的农业合作社分为法人和非法人两种类型，法人合作社可以按照专门的合作社法成立，也可以按照普通的公司法成立，按照集资方式可以分为股份合作社和非股份合作社。非法人合作社不经登记注册，只要严格按照合作社章程明确管理人员职责就可成立，[3] 具有美国特点。

（二）对农民专业合作社社员准入的规定

我国的合作社成员不仅包括自然人，还包括团体组织，企事业单

---

[1] 发言摘登：农民专业合作经济组织法草案（三），http：//www.npc.gov.cn/npc/oldarchives/cwh/common/zw.jsp@label=wxzlk&id=350244&pdmc=fyzy.htm.
[2] 王玉梅：《农民专业合作社之法理探究与实践》，科学出版社 2012 年版，第 106 页。
[3] 米新丽：《美国农业合作社法初探》，《江西社会科学》2004 年第 3 期。

位组织，这些个人或组织必须具有正常的民事行为能力、从事与农业密切相关的生产经营活动，从事管理公共事务职能的单位不能加入合作社①。合作社法规定农民的比例必须占到总社员数的80%，必须以农民为主，以便保证农民专业合作社的组织性质。如果合作社规模人数在20人以下，可以允许一个企事业单位或者社团成员加入，如果人数超过20人，允许企事业单位或者社团成员加入的人数不得超过总数的5%②。

这种模式不同于日本农协的社员构成，"日本农协成员由"正社员"和"准社员"两种社员构成，正社员一般要占到60%。正社员为国家法律和农协章程所规定的农民及从事农业经营的农事合作社法人；准社员为农民以外的当地非农民身份的居民及城市市民。"③

我国《农民专业合作社法》对农民专业合作社社员资格的规定对于合作社的长远发展具有一定的积极意义，其不仅注重了开放性与限制性二者的适度协调，而且允许农民以外的个人或团体成为社员，顺应了国际立法发展趋势，不仅有利于合作组织外部融资渠道的拓宽，也有利于其外部环境的改善，符合该组织的发展要求，可以增强农民专业合作社可持续发展的能力。

（三）对社员经济权利的规范

农民专业合作社社员的经济权利包括占有、使用和处分合作社社员出资、盈余分配、国家财政拨款以及合作社公积金分配的权利，并对以上财产的债务承担责任。

---

① 第十九条 具有民事行为能力的公民，以及从事与农民专业合作社业务直接有关的生产经营活动的企业、事业单位或者社会组织，能够利用农民专业合作社提供的服务，承认并遵守农民专业合作社章程，履行章程规定的入社手续的，可以成为农民专业合作社的成员。但是，具有管理公共事务职能的单位不得加入农民专业合作社。

② 第二十条 农民专业合作社的成员中，农民至少应当占成员总数的百分之八十；成员总数二十人以下的，可以有一个企业、事业单位或者社会组织成员；成员总数超过二十人的，企业、事业单位和社会组织成员不得超过成员总数的百分之五。

③ 王玉梅：《农民专业合作社之法理探究与实践》，科学出版社2012年版，第106页。

1. 关于社员个人出资

社员个人出资应包括两部分，一是社员平均出资部分，这类是合作社社员入社费，按照合作社国际一般惯例，入社费属合作社集体所有，集体使用。但本法又不明确为入社费，实际上意味着这部分入社费产权仍属社员私人所有。超过平均出资额的部分，不仅也全部计入社员个人账户，而且据此可取得附加表决权，但是不得超过本社成员基本表决权总票数的20%，这就在一定程度上吸引大户投资，减轻合作社资金压力。[①] 世界其他国家关于社员个人出资也有各自的规定，比如法国社员出资是按照与合作社预期交易量的多少来缴纳股金，股金不参与分红，只是按照社员大会规定获得一般低于银行活期利率的利息。日本有限制出资配额的规定，规定每个会员的出资额最多不得超过农协总资产的8%。美国农业合作社的资金来源主要包括社员认购、基于惠顾交易的筹资以及借贷资本等几种途径。[②]

2. 关于盈余分配的规定

本法第三条对合作社的盈余返还做出规定，盈余返还的参照为成员与农民专业合作社的交易量比例返还，第三十七条规定了交易额的比例返还最低不得低于分配盈余的60%。同时规定按前述返还后的剩余部分按照财产平均量化给社员，参照成员出资额、公积金份额和本社接受的外来补助或捐赠资源作为标准。这些规定是合作社在市场经济体制中实现生存发展的基本要求，充分体现了社员利益，激发合作社及社员的积极性。世界各国合作社的盈余返还情况都不尽相同。例如法国合作社的盈余分配也由两部分组成，一部分是对社员的盈余进行返还，另一部分留作扩大再生产的发展资金，[③] 理事会会提议两部分资金的具体比例。有的合作社还对社员入股资金通过把利息计入合作社经营成本的方式对社员支付一定比例的利息。

[①] 蒋玉珉：《合作社制度创新研究》，安徽人民出版社2008年版，第192页。
[②] 王玉梅：《农民专业合作社之法理探究与实践》，科学出版社2012年版，第111页。
[③] 王玉梅：《农民专业合作社之法理探究与实践》，科学出版社2012年版，第101页。

3. 关于公积金分配

农民专业合作社从盈余中提取作为组织的公共积累，是合作社扩大再生产、持续发展的资金保障，对于企业的发展是不可或缺的，农民专业合作社可按照合作社章程或社员大会决议从盈余中提取，公积金的提取是合作社伦理价值的体现。关于比例问题，合作社自行决定，没有法律强制。本法第三十五条规定："每年提取的公积金按照章程规定量化为每个成员的份额"。关于合作社公积金的留存比例，在农民专业合作社法中缺乏，日本按每事业年度盈余的 1/10 作为准备金积累。"《泰国的合作社法典》第 31 条规定，合作社至少要有 10% 年纯利润留作公积金"。[①]

4. 关于国家财政拨付的直接补贴问题和他人捐赠的财产

国家财政拨付和捐赠的财产，属集体产权，集体使用，但本法规定这些财产平均量化为每个成员的份额。

（四）对社员民主管理的规定

社员民主管理主要体现在控制权或者决策权上，大多数人都聚焦在一人一票的形式上，其实在治理问题上，成员进行民主管理的内容包括投票、异议和退出三种形式。

1. 投票

合作社成员进行民主管理的首要步骤是选择合意的代理人，进行选举和表决的基本方式是进行"一人一票"的投票制，本法第十七条规定凡是本社社员都享有一票基本表决权。社员享有附加表决权的数量不能超过总表决权的 20%。

2. 异议

农民专业合作社采取民主管理手段的方式还包括异议，提出有价值的建议或者意见也是对合作社的发展有促进作用的手段。一个对合

[①] 陈珉：《合作社法律制度研究》，法律出版社 2013 年版，第 51 页。

作社忠诚度较高的社员往往采用异议的方式来表达对于合作社决策意见的不同,因为合作社的经济利益与社员的经济利益息息相关,只有决策意见正确,其经济利益才会提升,社员的经济利益也才会得到满足,所以对于合作社忠诚度高的社员往往对于不同的经营决策就会提出异议。

3. 退出

退出是社员民主管理权利的终结表现,用脚投票表达了社员对合作社的绝望,合作社法第三条规定"入社自愿、退社自由",社员由于失望或者利益受损,只能通过放弃民主管理的权利来行使自己最后的权利,"虽然一两个成员的退出未必对合作社造成什么实质性影响,但依然会影响其他成员的判断和行为,至于若干成员的同时退出则无疑会构成对合作社的战略性影响"。①

二 相关法律法规在农民专业合作社治理实践中的困境

(一)对农民专业合作社登记的缺失

在我国市场经济体系中作为一种新型市场经济组织的农民专业合作社,受到市场变化不确定性的影响及其组织本身发展阶段的局限。我国当前具有针对性农民专业合作社登记的法律法规主要是《农民专业合作社法》和《农民专业合作社登记管理条例》,在主体框架方面比如合作社的性质、内外规范、登记标准方面有所规范,但在对农民专业合作社的具体条款的实施细则方面的规定仍然阙如。②

1. 低门槛的登记资格

不同于世界上其他国家,我国的合作社实际是在农业产业化之后开始发展起来的,所以合作社的发展一直以来遵循的是"先发展、再规范"的理念,相关的执法部门主动放宽了执法尺度,就是为了给合

---

① 徐旭初:《什么是合作社治理》,《中国农民合作社》2016年第10期。
② 王玉梅:《农民专业合作社之法理探究与实践》,科学出版社2012年版,第138页。

作社提供一个宽松的发展环境,所以合作社进入的门槛很低,只要5张身份证,有一个合作社章程,起一个名字就可以进行登记,进行相关资质核实的行为几乎没有,且不进行验资、年检、处罚等待遇,同时法律也没有规定成员出资的最低限额,也没有设定农民专业合作社成立的最低出资额,而是交由合作社依章程自治,"导致出现了一批无成员出资、无场地、无前置审批手续、无管理机构、无经营活动的所谓五无合作社的出现"[①]。

2. 登记的具体细则缺乏

(1) 在农民专业合作社的登记制度方面

我国采取的是商事主体资格和经营资格统一的登记形式,农民专业合作社的登记过程也是如此。在实践的运作中这种商事主体和经营资格统一的形式往往出现矛盾,比如由于合作社的法人资格依附于经营执照之中,当合作社在受到工商行政管理机关吊销营业执照的行政处罚时,就等于剥夺了合作社法人的法人资格,除了登记之外,专门对农民专业合作社的监督和退出的法律均没有制定,工商行政登记机关对合作社仅有登记管理的权力而没有退出的监管权力,对于那些没有办理注销申请或变更的合作社如果不主动进行注销,那么在工商部门的数据就不会消失,工商部门对其的后续经营状况无从把握。而且我国合作社法律中的很多条文责任模糊,例如合作社法中诸多条款出现了合作社、章程"应当"等词语,降低了法律效力,有这种表述的地方多达40多处。

(2) 在农民专业合作社的经营范围方面

针对农民专业合作社的经营范围,合作社法指出能够登记申请的合作社必须从事与农业生产资料的购买、涉农产业的产业链等各环节以及与农业生产相关的技术、信息服务相关的产业。可以看出合作社登记的营业范围必须是以农业为主,辅之于第二、三产业中与第一产

[①] 房桂芝:《合作社规范失效分析》,《农村经济》2014年第12期。

业经营相关的诸多内容。但是在具体的实践中由于现代产业和技术发展的错综复杂，许多处于交叉的新型产业由于不好辨认而成为农民专业合作社在申请登记中的一个难题。①

同时，由于登记范围和经营主体的登记不明确，对于国家治理来说可能导致国家干预的范围很难界定，对于一些政策钻营者来说这种不明确为那些本不应该享受国家优惠政策的市场主体提供了利用法律间隙投机享受国家优惠的机会。

(3) 在农民专业合作社联社的登记操作方面

由于中国地域广大，关于农民专业合作社相关各法对所在地域没有明确规定和要求，对于联合社以及跨省、跨区成立的合作社的规定没有明确，没有法律依据，在实践中就造成了登记部门和申请人要面对的难题。

(二) 对农民专业合作社社员资格界定的模糊

世界上很多国家对于农民合作社采用开放和限制相互辅助的原则对社员资格进行审核，为了能够给农民合作社的发展提供足够的养分，合作社必须选择开放原则，同时为了保障农民合作社的宗旨原则，合作社又必须选择限制原则。在我国的农民专业合作社相关法律中对社员资格的界定是比较模糊的。

1. 农民身份界说模糊

从合作社应该为农民服务，保持其益贫性宗旨的目的来说对社员资格进行限制是有益的。相关法律中都规定必须以农民为主体，80%以上的社员应具有农民身份，在《农民专业合作社法》中没有对农民概念进行界说，在《农民专业合作社登记管理条例》中规定合作社中的农民必须是有农业人口户口簿，如果没有农村户口簿的必须通过村民委员会出具身份证明，或者出具土地承包经营权的证明或者居

---

① 王玉梅：《农民专业合作社之法理探究与实践》，科学出版社2012年版，第139页。

民身份证证明身份。"如果按照户籍制度来界定农民的话，中国有9.2亿农民，如果按照居住地来界定，中国有7.8亿农民，如果按照从事职业来划分，凡是从事和农业生产相关的各种职业，包括提供产前产中产后服务的与农业产业生产相关的劳动者都是农民"①。从以上方面可以看出对农民界说的双重标准，有户籍的农民可能不从事农业生产，按照从业标准来划分又不能保证合作社80%农民的组成，如果这样规定，法律就形同虚设。所以，80%的最低标准，是关系到众多的农民能否真正成为合作社的主体，并凭借合作社的扶持和帮助脱贫致富的有效途径，为国家的惠农政策能够有效贯彻落实提供了平台。如果法律不能明晰对农民身份的界说，80%以上农民成为合作社社员的政策就不能真正落到实处，就会有利用合作社的名义利用法律漏洞盗取国家对各合作社的财政支持、政策优惠的非农逐利者混入农民专业合作社，使合作社慢慢地向企业漂移。

2. 对关联性的要求过于狭窄

为了保证合作社组织的益贫性原则，同时为了保证国家通过合作社实施支农政策，免除由于农民专业合作社处于弱势地位而被非农的主力资本控制的处境，《农民专业合作社法》对农民和合作社的关联性作了规定，必须是同类与农产品生产和经营有关系的或者为同类农业生产经营提供服务的人员才能进入农民专业合作社，规定了企事业单位等经营主体想要进入合作社的必备条件是与农民专业合作社的生产、经营业务直接相关。对于保护农民专业合作社来说这些条件确实是必须的。②

但是我国农民专业合作社在发展初期仅凭自身能力发展比较困难，资金不足、技术落后难题阻碍了农民专业合作社组织的发展，在市场竞争的环境中需要引进农民以外的资金和技术，世界各国在合作社发展方面也遇到过资金困难的问题，其解决的办法就是逐步放宽合

---

① 王玉梅：《农民专业合作社之法理探究与实践》，科学出版社2012年版，第130页。
② 王玉梅：《农民专业合作社之法理探究与实践》，科学出版社2012年版，第131页。

作社社员和合作社本社的各种关联性以便引进外资,所以,在我国的发展初期,把那些有资金、技术的并且愿意向合作社投资的人排除在门外不是一个明智的选择,可以在20%的范围内放宽社员和其他合作主体的关联性,这样有助于外界资金进入,也方便合作社引进先进技术。

(三) 对社员经济权利的规定缺失

1. 社员的责任承担不够明晰

中国农民专业合作社法规定了社员的出资资格,但是没有规定怎样抵债。中国农民专业合作社的社员对合作社承担有限责任,且没有规定与社员的私人财产之间的关系,所以社员对合作社的忠诚度不高,一旦合作社出现不盈利甚至于亏损,社员就会采取退出的方式摆脱责任。国外有的国家限制社员的出资配额,例如日本,规定每个会员的出资额最多不得超过农协总资产的8%。[①]

2. 公积金任意提取与可分割问题

关于公积金制度的分配问题,在国际上不主张量化,中国《农民专业合作社法》在颁布以前的讨论稿中刘振伟委员提出公积金作为具有特殊用途的资金,一般用于弥补亏损、扩大再生产,如果将公积金量化为个人份额,量化的依据、使用、处置等,都需要相应的制度安排。[②] 国内学者在关于公积金是否可分割的观点上有不同的意见,一种观点认为公积金可以量化到个人,通过激励机制来缓解合作社出现的搭便车问题。另一种观点认为公积金不能量化在个人名下,因为这样可以为农民专业合作社进行扩大再生产或者为合作社举办公共事业实现合作社组织宗旨提供资金保障。一旦合作社破产解散,合作社的公积金还可以按照相关章程规定进行破产解散处理。我国农民专业合

---

① 王玉梅:《农民专业合作社之法理探究与实践》,科学出版社2012年版,第104页。
② 发言摘登:农民专业合作经济组织法草案(三),http://www.npc.gov.cn/npc/oldarchives/cwh/common/zw.jsp@label=wxzlk&id=350244&pdmc=fyzy.htm。

作社法中规定公积金可以分割并量化到个人，但是关于量化的办法没有明确规定，规定方法的选择可以按照合作社章程自行决定，也可以依照社员的出资额、社员与合作社的交易量或者把两者综合起来进行平均，最简单的办法就是以社员平均的办法量化。但是这不能有效防止搭便车问题。因为合作社"入社自愿、退社自由"，结构松散，当农民专业合作社经营运转效果好时，要求加入合作社的社员就会增多，新社员加入的低成本稀释了原来社员的股权份额，原有合作社社员的权益就被摊薄；当农民专业合作社经营运转效果不好甚至亏损时，合作社的牵头人、管理者可能承担大部分的风险，普通的社员可能选择退出，由于对于社员退出合作社没有明确的法律限制，所以为合作社社员搭便车行为又提供了一个"好机会"。

3. 在处置国家财政补助和他人捐赠财产规定方面的权益模糊

虽然在合作社法中规定合作社会把通过国家财政补贴或者他人捐赠的合作社财产按照合作社社员出资、公积金等情况按比例平均量化到个人，但是在实践中由于没有严格区分农民社员和企业社员，同时国家对通过财政扶持合作社的财产没有进行实质性的监管，出现了部分合作社的财产被核心社员掌控，钻了政策空子，没有把国家财政直补进行财务处理，而是通过其他途径落入自己囊中。

4. 关于盈余分配问题

我国的盈余分配包括惠顾者返还进行分配，占到60%，社员股金、公积金、国家财政补助、接受捐赠的财产所产生的利益占到40%。但是在具体实践中，出现了股权集中化的问题，由于核心成员占有决策权，决定利润分配的规则，出现股权集中度过高的现象，仅仅是形式上的惠顾者返还，大部分按照股份进行分配，违背了合作社创办的宗旨。对于国家财产补助等分割也缺乏理论基础，在用途上更应该倾向于公共服务，比如，日本农协把经营活动所产生活动金的5%以上用作教育、情报。

(四) 对社员民主管理的规定缺失

1. 从农民专业合作社社员进、退规定来说

(1) 从自由入社、退社来说，有些合作社缺乏吸引力

起初一些合作社成立主要是为了借助政府的财政政策扶持、税收优惠等条件，很多合作社的领班人都是看中这一点才建立的合作社，社员根本不存在所谓的"进、退"自由，有的干脆是在政府干预下建立起来，对于这些"挂牌"合作社或者"假"合作社，与社员没有利益联结关系，对农民的吸引力不大。

(2) 对新社员的进、退自由没有规定

在合作社续存过程中，在接收新社员时，新社员的出资额成为一个新的问题，如果按照平均出资额，由于老社员个人账户的个人资产，包括量化的公积金、国家财政补贴、社会赠款等在内，以及形成的固定资产和无形资产，新社员的出资门槛就会提高，如果按照最初出资额，新老社员在财产的公共资产利用方面的支配权不平等，所以在具体的入社过程中，自由仅为一句空话。

(3) 从财产权利来说，社员进入和退出的财产规定模糊

农民专业合作社的相关法律中没有明确规定社员如果退出其个人账户上的资产能否全部带走，法律仅规定国家通过财政直补的财产或者其他捐赠财产会按照社员的个人出资情况、公积金等情况量化到个人名下，但是没有规定当社员退社时是否能够带走，产权关系模糊。[①]

2. 从农民专业合作社成员业务往来来说

(1) 关于附加表决权

我国农民专业合作社的成员出现异质性，正如费孝通所提出的"差序格局"，在石子投出形成的同心圈过程中，由近及远，分别代表着核心成员、非核心成员以及准成员等。在运行过程中，为了吸引

---

① 蒋玉珉：《合作社制度创新研究》，安徽人民出版社2008年版，第192页。

大户投资，该法规定了投资大户可有不超过20%的附加表决权。这可能产生两种后果，一种是投资大户变成了核心社员，掌握合作社控股权，使得合作社出现私有化倾向，损害社员利益；另一种情况是投资大户不能掌握股权，当合作社的决定让投资大户没有附加的可得利益时，可能撤资，使合作社资金运营困难，所以最后的博弈往往是控制权向投资大户倾斜，损害民主管理的原则。

（2）关于合作社与非社员交易

因为合作社是社员自助合作的经济组织，合作社的交易主体应该是社员。国外合作社通常都限制合作社与非社员的交易额，如超过合作社总交易额的50%，则视合作社为一般企业，不能享受政府给予合作社的优惠政策。[①] 但是我国的合作社法没有对合作社社员与合作社之间的交易额的最低限度进行规定，当然在实践中也不能核算合作社与非合作社成员的交易量，这样不能实施评估合作社与社员的交易量，也不能由此判断合作社的性质，为一些混淆视听的合作社提供了可乘之机。

（五）对法律法规配套规范的缺失

我国关于合作社的配套法律较少，自上而下从没有完整的相关法律、专门法规及其章程等，法律体系不健全。健全的法律体系应该是上至全国人大常委会、国务院及其有关主管部门，下至地方人大及其常委会、各级政府部门、各有关主管部门都应该有相应的配套法律体系，这些内容在我国的法律实践中还比较缺乏。

（六）对合作社联社规定的缺失

随着农业产业化的不断深入，合作社的发展不论在范围经营还是规模经营上都必须合作，增强自己的竞争力，才能在市场运行

---

① 蒋玉珉：《合作社制度创新研究》，安徽人民出版社2008年版，第193页。

中站稳脚跟，所以必须进行联合。但是现在法律的规定滞后于实践的发展，在相关合作社法的规定中对合作社联合社的规定微乎其微，造成在实践中联合社的发展困难。现实中又把联合社作为在民政部门登记的社会团体，没有明确的法律主体地位，不能进行营利活动。

三 法律规范缺失条件下农民专业合作社治理改进对策

（一）完善农民专业合作社的登记制度

1. 建立统一的商事法典

我国应该建立统一的商事登记规则，把农民专业合作社的法人地位和经营资格分开，不应该再出现分散的、散落于商事法律之中的尴尬局面。

2. 明晰农民专业合作社的行业登记范围

随着市场经济和各种新技术、新信息手段的不断进步，在行业发展的过程中常常出现一、二、三产业融合的"第六产业"，所以在合作社登记过程中，很难确定行业的范围，建议上级部门或者立法部门针对这种难题通过实际调研等途径，遵从"是否有利于促进农业和农村经济的发展"这一准则进行行业判别，通过发布具体的行业指导目录的方式明确登记范围。

3. 提高注册人员专业素质以便提升核审效率

中国农民是一个占中国人口60%的庞大群体，由于农民专业合作社在登记过程中材料形式复杂，登记人数众多，所以要想提高合作社等级效率必须通过提升企业注册人员的业务水平加以解决。通过提升业务专业水平，进行有序的材料审核，提高审核效率。

4. 简化登记程序

现在从农民专业合作社登记状况看，存在着"登记人员专业知识要求与农民普遍综合素质较低的矛盾"。① 提高农民的整体素质是一个长期的过程，不能一蹴而就，立刻实现，当然这是农民专业合作社的长远发展目标，如果从解决眼前矛盾来说，能做的只能是简化登记程序、简化登记表格等方式来进行矛盾的舒缓。

（二）明确社员身份和资格限制

应该结合我国目前农村劳动力人口的实际状况和国家户籍制度改革的趋势，必须考虑80%的限制门槛，这对保证农民专业合作社的纯洁度有很大的意义。但是对于农民的范围界定不宜过宽，"应以法定居住地和主要收入来源作为界定农民的标准，即只有在农村有法定的住所且在以农业中获得的收入为主要经济来源的人，才可以认定是农民"②。

（三）完善社员经济权利

1. 社员公积金的提取规定应该明晰化

我国农民合作社法规定合作社的公积金可以量化到个人，社员退社时可以分割，合作社公积金能够提取对于社员来说可以激励其的积极性，所以对社员来说意义是积极的，同样对于合作社来说也是利大于弊，合作社也能够通过提取公积金建立储备基金，对合作社自身发展来说非常重要。

但是我国的立法没有明确规定公积金提取的模式、量化标准和提取比例。在实践中必须把激励和公平结合起来，既要鼓励社员的积极性，又要考虑公平合理，不挫败社员的积极性。"公积金量化到社员的办法可以在强调按惠顾额分配盈余基本原则的同时，综合考虑社员

---

① 王玉梅：《农民专业合作社之法理探究与实践》，科学出版社2012年版，第141页。

② 王保树：《中国商法年刊（2006）——合伙与合作社法律制度研究》，北京大学出版社2007年版，第372页。

交售量和出资比例的因素,适当体现资本回报,"① 如果这样的话,盈余分配制度的框架与量化办法也能保持一致。

2. 简化股金分配模式

盈余分配应该尽量做到简单明晰,我国的盈余分配是除了惠顾返还以后的利润以社员出资、合作社公积金份额以及国家财政补助或他人捐赠的财产量情况作为参照并按照比例进行量化分配,计算复杂,参照标准模糊。按照市场化和农民主体相结合原则,确定简单可参考的比例标准,这样易于实践,也易于被社员接受。

3. 构建帮扶社员盈余分配权的相关机制

关于合作社社员诉讼权的相关法律制度在目前还是空白,当社员的盈余分配受到侵害后法律缺乏对该权利诉讼的救济手段,在目前颇为迫切也是保障社员经济权益实现途径的就是建立对盈余分配诉讼权的救济机制。但是基于农民专业合作社的组织性质,社员之间的盈余分配纠纷应该尽量避免司法介入,而应该尽量合作社内部自己解决以维护其组织之间稳定的合作关系,如果组织内部不能解决,建议立法参照公司中的股东诉讼制度,准许合作社社员向法院提起诉讼以盈余分配权受到侵害为理由以求得到权利公平和司法保护。在具体的实践中,如果合作社没有按照农民专业合作社的章程来实施内部盈余分配方案,损害了社员利益,社员可以先通过向社员大会、理事会等部门提出异议等方式寻求合作社内部救济,要求分配盈余权利的合理保护,如果合作社内部组织没有给予答复或者无情拒绝,股东就可以采取法律措施向法院提起强制分配盈余诉讼。

如果盈余分配事宜没有在合作社章程中提及,该社员的所谓强制分配合作社盈余行为就会受到限制,因为实质上盈余分配属于合作社自主决定的范畴,是否执行要依据农民专业合作社本身的运营状况、投资机会、盈余水平和负债情况而定。司法强行介入合作社规定盈余

---

① 杨唯希:《农民专业合作社盈余分配规则及实践探究》,《当代经济研究》2016年第2期。

分配办法实为不妥，司法介入救济必须谨慎。反过来从合作社制度实施来看，有的合作社可能会出现"能人"控制或者企业社员控制现象，由于合作社社员大会采取多数通过原则进行会议表决，那些所谓的精英们可能会利用手中所掌握的资本、权力和经验对合作社进行操控，做出不进行盈余分配的决定，致使普通社员的盈余分配权受到侵害或剥夺，在这种情况下对普通社员进行司法救济，赋予其强制的分配盈余诉讼权就显得很有必要，但前提是该合作社的盈余能够分配并且严重侵害了未分配盈余社员的权利，只有这样才能启动司法诉讼，所以一般在对合作社盈余分配进行司法救济的过程中采取"内部救济前置，司法救济补充"原则。

当然，与传统的分配模式相比，随着合作社制度的不断发展，盈余分配制度也随着我国国情的变化不断调整为与我国国情相符的盈余分配制度。在目前合作社的立法框架下，社员内部的盈余分配权利得不到保障的现象比比皆是，应该建立相关的对合作社社员盈余分配请求权的司法救济制度，保护合作社普通社员利益。

（四）完善社员民主管理

民主管理是农民专业合作社的本质规定性之一，但是在实践发展中合作社的民主管理水平还亟待提高。从农民专业合作社本身来说：只有合作社的所有成员主动提高承担风险的意识，主动参与合作社管理，树立自主独立的理念，合作社的决策机制和运行机制才能健康运行，这是合作社实行民主管理的前提条件；对于政府来说，通过帮助合作社建立好的外围发展环境，制定完善的相关法律体系，运用培训、宣传的方式把民主理念深入人心，才能为合作社的顺畅运行提供帮助；对于合作社社员来说，必须提高其受教育程度，提高民主意识，提高真正行使民主管理的能力，才能保证自己在合作社中的主体地位。

（五）对联合社立法

保持农民专业合作社自治，增强合作社的整体实力的重要一环是建立具有垂直组织系统的农民专业合作社联合社。但是在实践中农民专业合作社联合社才刚刚处于初始阶段，在发展中的一些问题初现端倪，2013年中央一号文件在关于合作社的改革创新方面提出积极探索关于合作社联合社登记管理的相关办法，因为此类问题直接关系到农民专业合作社在市场环境下的生存和发展，确实应该及早重视并解决。在相关的法律法规、政策扶持等方面应该做出回应。

第六章　中国农民专业合作社内部治理机制

农民专业合作社的治理是指通过正式或非正式、内部或外部机制，来调节社员之间的利益和行为，并促进农民专业合作社集体行动，构建合作社在市场中竞争性主体地位，形成正外部性的治理网络的持续过程，网络治理一旦形成，合作社的盈余就会增多且效率将会提高，其促进农村经济发展的优势将会释放。如果作为"多功能治理主体"的农民专业合作社的治理缺失的话，就会导致合作社的各项功能薄弱，出现合作困境。

现阶段我国的合作社大多是大农控制，从全国范围来看真正规范的合作社并不多，农民专业合作社的社会基础被侵蚀，从各国的治理模式来看，合作社不论采取何种治理机制，都应该更多的强化合作社普通社员参与其治理的过程，通过解决在传统中形成的合作社翻盘、真假合作社、内部人控制及其搭便车等问题，提高合作社与社员、社员与社员之间的凝聚力，提升组织效率。

中国农民专业合作社要想站得住、站得久、站得高，必须与产业一起成长，对决策机制、激励机制、监督机制和利益联结机制进行完善，捋顺职权关系，推进内部治理机制改进完善，促进农民专业合作社的健康成长和发展。

一　中国农民专业合作社内部治理机制运行现状

对于农民专业合作社而言要激发合作社主体的积极性和主动性，

必须通过激发和合理驾驭组织内部的决策机制、监督机制和激励机制的效能来协调两个关系："一个是协调合作社内部各股东之间的利益关系,另一个是协调合作社与其他相关企业的关系来保证股东的投资回报"。[①] 只有内部的治理机制相互协调,才能激发出农民专业合作社的活力和效率,也才能与合作社的治理目标相匹配。

(一) 中国农民专业合作社的内部决策机制

1. 决策机制的概念

决策机制通常是指决策权在农民专业合作社的主体内部各利益之间的分配格局,包括决策权的配置、内容和程序,是决策权利机构和对应内容的有机组成。

2. 决策机制的运行现状

(1) 投票机制

民主管理是农民专业合作社的特质,他们都设立了成员大会,但是未必都进行"一人一票"的决策制定,根据对山西省 164 个农民专业合作社的调研发现,规范实行一人一票方式的仅有 48.2%,如表 6.1 所示。同时,在理事会和监事会的表决中,按照一人一票表决方式的仅占到 30%,见表 6.2 所示。

表 6.1　　　　　　　　成员大会表决方式

表决方式	一人一票	一股一票	按生产经营规模比例入股,并按股投票	有些事一人一票,有些事按股投票	按交易额与股金额结合实行一人多票	一人一票结合附加表决权
所占比例(%)	48.2	15.5	16.4	9.1	6.4	1.8

---

① 张淑惠、文雷:《新型农民专业合作社的效率来源分析——以治理理论为视角》,《当代世界与社会主义》2014 年第 5 期。

表 6.2　　　　　　　　　理事会和监事会表决方式

表决方式	一人一票	一股一票	按生产经营规模比例入股，并按股投票	有些事一人一票，有些事按股投票	按交易额与股金额结合实行一人多票
所占比例（%）	30	26.4	20.9	10	2.70

同时在调查中也发现，在农民专业合作社的重大决策中，理事会决定占到18%，领导人决定占到59%，见表6.3所示。

表 6.3　　　　　被调查农民专业合作社重大决策方式分布

决策方式	一人一票	领导人决定	理事会决定
所占比例（%）	23	59	18

（2）领导人产生机制

由上述调查统计结果可知，农民专业合作社重大事务决策中由领导决策的占到59%，所以领导的产生方式对农民专业合作社的决策作用非常巨大，从调查数据看出，领导人的产生通过选举的占到41.67%，通过其他方式比如内部制定、村干部兼任、村中能人主办的占到58.33%。需要指出的是，选举出来的领导中，大部分也是村中能人，所以凸显出农民专业合作社中的"能人"效应，村官在合作社中的领导为零，说明农村中引进高学历人才的机制不够开放。

可以看出，在大部分农民专业合作社的决策机制中，一半以上的普通会员不能拥有选举什么人作为领导的决定权，不能体现合作社民主管理的基本原则。

（3）日常事务管理机制

我国的农民专业合作社在程序上都是通过成员（代表）大会选举

产生理事会、监事会，三会形式与民主管理原则吻合。但是在实际上，组织的日常决策权并没有掌握在组织成员手中。一方面是由于我国独特的农村政策、市场经济和乡土文化环境，合作社制度嵌入在其间，农民专业合作社要想发展，必须寻求政府和其他因素的资助，其独立性必然会受到影响。另一方面，随着农民专业合作社发展的阶段，股权发生的变化也必然导致核心社员对决策权的控制。

（二）中国农民专业合作社的内部激励机制

1. 激励机制的概念

从委托—代理的理论出发，激励机制主要是为解决委托人和代理人之间关系的动力问题，通过建构一套机制促使代理人采取恰当行动，提高农民专业合作社的治理效率，一般包括经济激励和精神激励。

2. 激励机制的运行现状

我国合作社处于发展阶段，治理结构虚置现象严重，理事会和监事会往往被核心成员把持，作为农民专业合作社的核心社员，他们的任务主要是努力发现市场机会、回避市场风险、协调生产经营活动，所以必须努力发挥核心社员的积极性。但是对于核心成员个人而言，其创造的正外部性要在众人之间分配，如果社员的努力和成果不匹配，个人的积极性就会受到打击，激励机制的作用就不易显现，合作社的激励机制包括经济激励和物质激励。

（1）经济激励

经济激励包括提供核心经营者报酬激励和获得政府项目等方面的支持。

在报酬激励方面，为了让核心经营者体会到个体努力的回报，必须对其进行充分的利益肯定，使核心社员实现其自身价值并增加其在合作社中的收入，才能保持其努力的持续性和对合作社的忠诚。

在获得政府项目等支持方面,主要是政府对农民专业合作社的项目支持、税收及信贷方面的支持。我国的农民专业合作社发展面临的最大问题是资金缺乏,但是只有那些有着适度规模经营、管理规范、内部制度完善健全的合作社才能受到政府的财政支持,所以合作社内部的核心社员必然会努力经营,达到示范合作社标准,以便能获得政府的财政支持;同时合作社向社员收购产品不用交税,节省的部分就可以作为合作社收益,经营者也可以从中获得利润。

(2)精神激励

精神激励主要是为了满足合作社核心经营者的自我价值实现。

一方面,精神激励特别是声誉的获得能够给予经营者获得被尊重的满足和自我价值实现的需要。传统的宗亲、族亲力量在农村逐渐式微,行政赋予的政治影响力对村庄的影响也逐渐减弱,在这种境遇下反而那些在经济生活中取得优势的乡村精英成为农民敬仰的对象,农民把对权威的敬慕转向他们并给予他们更多的期盼和荣誉。这种期盼和荣誉可以给所谓的乡村精英带来满足。[1]

另一方面,声誉还可以为经营者带来长远利益。人们都愿意与声誉高的人进行合作或者签订非正式契约,如果在此过程中经营者对于合作社的专款不进行专用,信用度就会降为零。所以人们愿意选择信誉高的人进行合作,更加激励信誉高的人专款专用,改进产品质量。

(三)中国农民专业合作社的内部监督机制

1. 监督机制的概念

监督机制是指农民专业合作社的治理主体对合作社经营成果、行为和决策所进行的审核和监督,其与激励机制是一个问题的两个方面。监督既包括监事会对股东、董事会、经理层的监督,也包括监事

---

[1] 王军:《农民专业合作社激励机制研究》,《经济论坛》2011年第5期。

会成员之间的监督。

2. 监督机制的运行状况

调查数据显示,农民专业合作社的监督机制的运行比较规范的占到25%,不规范的占到50%,规范的占到10.42%(见表6.4)。

表6.4　　　　　　　社员认为合作社的监督规范情况

监督规范情况	规范	不规范	比较规范	不关心
所占比例(%)	10.42	50	25	14.58

(四)中国农民专业合作社的内部利益链接机制

1. 内部利益链接机制概念

农民专业合作社内部利益链接机制是指合作社系统内的非市场安排和系统外的市场安排相结合的利益调节机制,通过利益的调节使合作社社员获得各个环节的平均利润。农民专业合作社的投资者无论是在劳动、资金、产品、技术等方面对于农民专业合作社的投入都希望取得利润,只有当合作社投资者的利益满足他们的要求,创造性和积极性才能被激发出来。

2. 利益链接机制的运行现状

利益链接机制是合作社运行的黏合剂,只有利益链接机制在综合博弈中产生正效应,才会激励合作社的健康发展。中国在合作社发展的实践中,为了体现合作社的互助性质,《农民专业合作社法》规定按惠顾者返还的分配额最少在60%,但是在实际合作社运行中,按交易额分配的占到49.1%,按股分配的占到14.5%,在交易额与按股分配相结合的分配方式中,以按股分配为主的占到13.6%,按交易额分配为主的占到8.2%。由此可以看出,中国农民专业合作社的利益链接机制在实践运行中并不规范。

二 中国农民专业合作社内部治理机制的治理困境

（一）在决策机制方面的困境

1. 普通社员存在"理性漠视"，核心成员把控经营决策权

农民专业合作社的有效运转离不开理性经济人的决策，但是作为一个合格的理性经济人，其必然是有一定的相关经济决策知识，掌握市场信息，了解各种选择方案，并且能在各种选择方案中做出最佳经济决策的人。在进行理性选择的过程中，就会产生信息成本，信息成本对于一般成员来说是很难支付的花销，再者，中国是人情社会，正如林语堂所说："中国人在判断某论点正确与否时，并不仅仅诉诸道理，而是既诉诸道理，也诉诸人情。"[①] 经纪人通过熟人的交往去获得信息，而获得信息的熟人肯定是那些掌握资金和技术的核心成员，所以出现了核心社员控制决策权的现象，在缺乏监督的情况下，核心社员往往会依据市场信号自行决策，而不顾及成员的利益诉求，所以农民专业合作社在决策制定方面面临很大问题。

2. 核心社员和管理层的"利益漠视"

由于很多合作社中的决策权掌握在核心社员和管理层的手中，有的核心社员身兼数职，既是董事长又担任经理，既当裁判员又当领跑员，在利益分配上追求自我利益最大化。在这种没有形成合理的社员控制的决策机制的境遇下，普通社员的决策作用被边缘化，人微言轻，其利益往往被忽视甚至被侵犯，出现所谓的核心社员和管理层对普通社员的"利益漠视"现象。

（二）在激励机制方面的困境

世界上任何人类的行动要获得持久的发展都需要不断地进行激励和

---

① 林语堂：《中国人》，学林出版社2001年版，第119页。

监督。经济制度的发展也不例外，它必须运用物质刺激和精神鼓励相结合的方式对行为个体产生激励，使行为个体在心理上产生积极的变化。这种激励不论是"让主体能够增加收入或者改善生活的物质奖励还是可以使自己得到他人认可和自我认可的精神激励，最重要的一点是必须使行为主体能够感受到通过他的努力使自身的福利得到改善"。①

1. 缺乏对合作社经营者的激励制度

我国《农民专业合作社法》规定合作社必须按照至少60%的份额参照社员与合作社交易量情况按比例返还，其他剩余部分比如公积金等按比例划拨社员个人账户，当然对于交易量大的社员，还规定可以追加20%以内的附加投票权，该项规定的制定初衷主要是对普通社员进行激励，但是对于经营者的激励机制，鲜少论及，在法律规定上也是一片空白。

2. 精神激励对社员的作用被忽略

精神激励和物质激励本应该是不分孰轻孰重的两种互相补充的激励方式，但是我国在对待和运用两者的关系上曾经出现过比较极端的态度。在我国市场经济推行以前，长期忽视物质激励的作用，不计后果的"无私奉献"，崇奉"精神万能"，为此付出了惨痛的代价。在改革开放初期，又出现了一切泛物质化，相信金钱"万能"的极端思想，否定精神激励固有的功能，凡事要求物质回报，所以精神文明前所未有地亟待建设。

随着人们生活水平的提高，在对人的激励方面，物质激励实则不可或缺，但精神激励也不能可有可无，且随着人们精神需求水平的不断提升，精神激励的作用还会日益凸显。美国人本主义心理学家亚伯拉罕·马斯洛在需求层次理论（Need-hierarchy theory）中提出在人的成长发展中，层次越高越需要被尊重、需要自我实现，如图6.1所示。这些需求层次的被感知的办法其中之一就是通过社会或组织的精

---

① ［美］爱伦·斯密德：《财产、权力和公共选择——对法和经济学的进一步思考》，上海人民出版社2006年版，第2页。

神激励来获得。

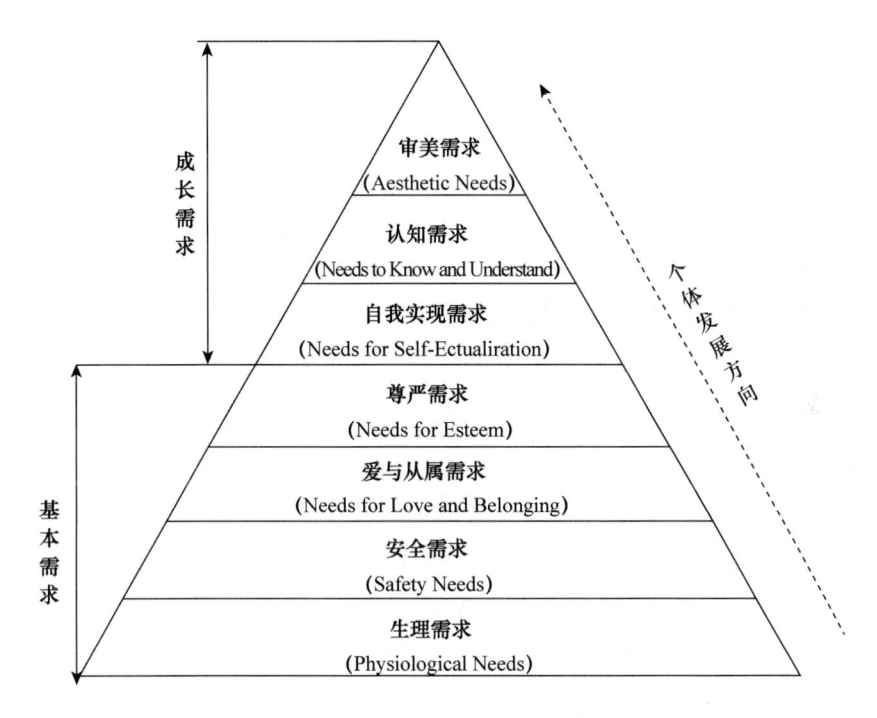

```
        审美需求
        (Aesthetic Needs)
成                                          个
长       认知需求                            体
需   (Needs to Know and Understand)          发
求                                          展
      自我实现需求                            方
   (Needs for Self-Ectualiration)            向

         尊严需求
      (Needs for Esteem)

基      爱与从属需求
本  (Needs for Love and Belonging)
需
求        安全需求
        (Safety Needs)

         生理需求
      (Physiological Needs)
```

图 6.1 马斯诺需求层次理论

然而，我国现行的农业合作社相关法律中比较缺憾的一点是缺乏对经营者精神激励的相关规定，势必也是以后农民专业合作社法修订中需要增补的一个内容。

3. 激励机制实施程序有待完备

农民专业合作社激励制度是一个系统工程，仅仅构建一个相对合理的激励体系对于激励机制的制度设计而言是远远不够的，还必须兼顾协调与其他环节的互动，否则会出现激励功能不能完全彰显的现象，当然，在激励机制实施的程序方面也有待完善①。

---

① 雷兴虎、刘观来：《激励机制视野下我国农业合作社治理结构之立法完善》，《法学评论》2011 年第 4 期。

(三) 在监督机制方面的困境

1. 农民专业合作社监督机构缺乏

在调研中发现，部分农民专业合作社虽然按照章程规定设立了监事会等机构，但是仅是形式，没有起到监督作用。有的专业合作社内部监督机构直接短缺。

2. 监事会的职权未能制度化、具体化

如果合作社的监事会能够起到作用的话，会对合作社的效率产生正相关作用。但是在调查中发现，农民专业合作社监事会的召开次数、社员向理事会反映情况、监事会例会制度、财务公开制度、离任审计制度等都缺乏规范。

3. 对监事会成员的身份缺乏约束和监督

在我国农民专业合作社相关法律中，对于监事会成员身份的约束规定阙如。在合作社各种机构人员组成中，仅仅规定了"不能怎样"，但是没有规定"还能怎样"，合作社法规定合作社的理事长、理事经理、财务人员不得进入或者不能担任执行监事，但是没有做出强制性要求，而且监事会成员中对普通社员所占比例也没有做详细规定，对于那些亲资本的核心社员来说必定更加乐意进入监事会，这样可能导致监事会机构的形同虚设，不能对其他组织机构形成监督态势，不能形成合作社规范运行的倒逼机制。

(四) 在利益链接机制方面的困境

对于普通社员来说，在合作社的利益分配中处于弱势地位，没有按章程中60%的分配规定，对于大股东与小股东之间的投资的差额较大（见表6.5），出资额在5%及以下的占到15.24%，出资额在5%—12%之间的占到23.17%，12%—40%之间的占到10.98%，40%—60%的占到8.53%，60%以上的占到42.07%，可以看出农民专业合作社中还是处于大股控股之中，同时（见表6.6），在单个农民专业合作社中，大股东与小股东之间相差在 5 倍以下的占到 27.6%，5—10 倍的占到 17.6%，10—20 倍的占到 15.1%，20—40 倍的占到 10.6%，40 倍以上的占到 29.2%，所以分配盈余会倾向于"亲资本"的方式。

表 6.5　　　　　　　　合作社股东比例分布

股东数占成员总数比例的分布	5% 及以下	5%—12%	12%—40%	40%—60%	60% 以上
合作社个数	25	38	18	14	69
百分比（%）	15.24	23.17	10.98	8.53	42.07

表 6.6　　　　　　　农民专业合作社股金集中状况

最大股东对最小股东股金额倍数分布	5 倍以下	5—10 倍	10—20 倍	20—40 倍	40 倍以上
合作社个数	45	29	25	17	48
百分比（%）	27.6	17.6	15.1	10.6	29.2

三　中国农民专业合作社内部治理机制改进对策

（一）完善理事会制度，形成对决策机制的约束

1. 完善理事会制度同其他制度的协同关系

制定农民专业合作社的发展战略和长期规划是合作社理事会的重要职责，保证合作社的稳健经营，有效组合成员以便更好地发挥人力资本要素的作用，重视公共关系扩展外围经营规模等也都是董事会的重要职责。董事会要能更好地发挥这些职能，必须协调好同农民专业合作社内外部机制之间的关系，在内协调好与监事会、股东及其执行经理等的相互关系，协调好他们之间的权利制衡，规范合作社发展；

对外注重协调与政府、关联企业等组织的关系，化可能阻碍合作社发展的"阻力"为"助力"，为农民专业合作社能够健康发展保驾护航。

2. 完善农民专业合作社的社员退出机制，形成对决策机构的约束机制

"社员的退出机制是合作社决策机制中的另一个重要部分，自由退出还是限制退出有利于提高合作社的效率在学术界形成了完全不同的声音。"[①] 当核心管理者在进行利益分配时损害了普通社员的利益，普通社员通过退出给合作社管理者制造压力，允许合作社社员自由进退是促成合作社管理者竭尽全力改善合作社经营状况的动力之一，能够对其形成竞争约束，同时在一定程度上也能抑制管理者对合作社弱势群体的剥夺。但是任何事物都有两面性，自由退出固然能够对管理者和决策机构形成约束，但是对于普通社员来说，自由退出也有可能使他们产生卸责行为，一直持观望态度不积极参加合作社事务的管理，没有长远打算。所以必须设立积极有序的退出机制。

（二）注重物质和精神激励，改进激励机制

1. 重视物质激励

在"经济人"假设前提下，追求经济利益是其最大目标，所以对于物质激励也非常重视，但是也必须考虑包括精神激励在内的整个结构，不能区分孰轻孰重。

（1）固定薪金是最常见的物质激励

薪金对于经营者来说主要起保障作用，其相对稳定，受合作社经营绩效、经营状况的影响较小，人都有避险的本能，特别是对于希望减少风险的合作社经营者来说薪金更是必不可少。但有时固定或稳定的东西对人的激励性作用到了一定程度以后作用就不会显现，比如固

---

① 张淑惠、文雷：《新型农民专业合作社的效率来源分析——以治理理论为视角》，《当代世界与社会主义》2014年第5期。

定的薪金对合作社经营者来说激励达到一定的程度其再刺激的效果就不明显了，正因为如此，合作社对薪金在激励结构中的比例应该适当，不能过低也不能过高，否则对农民专业合作社长期发展不利。

(2) 享有剩余索取权也是物质激励的手段之一

在世界各国企业发展中，浮动薪金作为物质激励手段是最常用的方式之一，最常见的方式就是股票期权，其实质就是将企业经营者的利益同企业的发展紧密地固定在一起，这种激励方式的优势在于实现企业自身价值最大化，能够充分发挥企业经营者的主动性、积极性和创造性，但是这种激励方式不能在农民专业合作社中运用，因为合作社的股票不能上市交易，所以股票通过上市交易获得的权益在合作社中不存在。

依据合作社经济组织特点，采用企业浮动薪金的思路，可以通过赋予合作社经营者一定的剩余索取权作为长期的激励手段，通过赋予合作社经营者一定限度的剩余索取权的方式能够调动经营者作为合作社代理人的积极性，把作为代理人的追求利润最大化转化为作为追求委托人的农民合作社的利益最大化，实现"大河有水小河满，小河无水大河干"的利益联动机制，实现利益均沾的互赢局面。但是在规定剩余索取权比例的问题上，必须遵从合作社"民享"原则，比例不能过高，同时又不能过低，过低起不到激励合作社经营者的目的。

2. 注重精神激励

人们的精神需求随着生活水平的提高而不断变化，除了维持温饱以外有了被社会需要、尊重和自我价值实现的需求，需求的内容越来越多元化和多层次化。所以精神激励也能起到激励个体完成各项任务的积极性和创造性。我国学界的很多学者非常看重精神激励对个体产生的激励效用，认为精神激励能够解决代理问题，降低成本，实现组织的顺利发展。

其实物质激励和精神激励的关系是相辅相成的，虽然精神激励在一定情况下能够独立地起到一定的激励作用，但是很多时候精神激励融化于物质激励之中，对经营者进行物质激励的同时，也是对其价值的肯定，同样起到精神激励的作用，只要调整好物质激励的结构，精神激励就能够与物质激励交相为用。

（三）规范监督机构、完善监事会成员制度和财务审计制度

1. 规范监督机构

（1）建立合作社监事会组织。在现实合作社的相关法律中，没有强制性规定合作社必须建立监事会，在合作社现存的组织机构中，很多合作社监事会机构实际上是"名存实无"，不能真正发挥监督职责。

（2）具体化监事会职权内容。对于监事会的例会制度、监事会会员的离任审计制度以及对合作社进行审计的财务公开制度、对理事会制定合作社重大决策的列席制度等等都应该具体化，真正落实监事会制度。

2. 完善监事会成员制度

监事会成员履行职责的忠诚度高低是由其身份决定的，对其能不能坚决地执行决策影响很大，在实践中发现，监事会成员为普通社员的比例很小，不能代表普通社员的心声，《农民专业合作社法》规定理事会成员不能成为监事会成员，但是没有规定监事会的成员的限制条件，所以对监事会的参与成员应该做出规定。

3. 完善农民专业合作社的财务审计制度

合作社如果要健康发展必须对其财务进行监督，防止纵横乱象的违法乱纪行为出现。我国的合作社相关法律对合作社的审计制度有所规定：对于设立有监事会机构的合作社可以由监事会审核本社财务，结果必须进行公示。没有设立监事会机构的合作社也可以委托社会审计机构、中介组织进行财务审计。但是在审计的具体执行过程中关于监事会的责任承担鲜有规定，同时应建立经营者离任审核，避免出现"夕阳堕落"现象。

（四）建立健全各项影响利益分配的相关制度，改进利益分配机制

1. 建立健全股金制度

经济产权利益诉求是农民加入专业合作社的主要目的，其主要通过惠顾者返还和盈余分配机制进行。而对惠顾者返还和盈余分配机制影响较大的应属产权安排，健全的股金制度能使产权安排的合理，所以建立健全农民专业合作社的股权制度才能促成按惠顾额返还实现社员盈余的利益机制的健康发展。

2. 健全合作社民主治理制度

经济价值目标和民主价值目标是农民专业合作社追求的两个主要价值目标，在机制方面就表现为民主治理机制和利益机制的相互影响，农民专业合作社的民主治理机制对其利益机制有非常重要的影响，对形成优惠的价格机制、按惠顾额返还的返还机制及其公正的盈余分配机制都有很重要的影响，所以必须健全和完善农民专业合作社的民主治理制度。

3. 健全合作社社会服务功能

中国农村地域广大，农民人口众多，处于社会主义初级阶段的中国生产力发展还比较落后，所以中国的农民专业合作社在一定程度上补位于政府在农村的社会服务职能，这也正是政府制定优惠政策扶持合作社发展并借助合作社组织进行救助农村贫困人口的原因所在。从合作社组织自身发展来说，在其他条件不变的情况下，从事与农产品相关的加工服务、仓储服务和农产品购销服务的合作社盈余更倾向于合理分配，这一理论预期在实践中已经验证。

（五）提升生存能力，建立合作社联社

资金约束问题、激励不足问题及其规模经营问题和规范经营问题是农民专业合作社作为一个经济合作组织在成长壮大过程中必然要遇到和必须解决的问题。

世界合作社发展到今天，外部环境发生了很大的改变，但是合作社也在环境适应中进行了创新，欧美传统的合作社通过整合其组织内和组织外的资源缓解了日益紧迫的财务对其的约束，同时在供应链管理的逼迫下，通过向与农业相关的上下游产业链延伸的路径采用联合、合并和兼并的手段实现了合作社经营的规范经营和规模经营，缓解了合作社发展的外部压力，提高了其生存能力。比如法国农业合作社在二十世纪六十年代就采用大规模兼并和一体化的手段进行重新组合，由六十年代的7000多个缩变为八十年代的4000多个，但是变成了"产供销"一体的综合性合作社，营业额快速增长，市场竞争力明显增强。

从欧美合作社的发展经历证明合作社必须更加专业化、更加具有市场导向、综合使用金融技术和管理、营销手段才能提升市场竞争力，实现利润增长，为自己赢得比较稳定的生存空间和比较广阔的发展空间，对于小型农业合作社来讲尽力从制度上减少阻碍他们组成联合社的阻力、利用现代化的技术网络进行强强联合嵌入产业链中才能为自己的发展赢得空间。

对于我国处于发展初期的农民专业合作社来讲，其无论在规模经营、范围经营还是市场营销能力上都较为欠缺，所以在其生存发展过程中不妨借鉴发达国家农业合作社发展的经验，引入专门的管理人才、技术专家进行入股合作，或者与相关产业进行联合，产生产业链效应[1]，壮大其发展力量，同时从制度上减少发展联合社组织的阻力，规范联合社运行的内部治理结构，提升合作社在市场中的竞争力[2]。

（六）改进合作社管理能力，鼓励组织再造

随着市场经济的日益深入，合作社成员内部经营管理人才缺乏的

---

[1] 洪国华：《国外农业合作社治理的经验及启示》，《经济纵横》2012年第6期。
[2] 刘同山、孔祥智：《发展视角下的合作社治理》，《经济问题探索》2013年第6期。

难题还没有解决，根据欧美经验，在合作社的治理结构中逐渐扬弃了成员大户、理事会和监事会三足鼎立的治理主体结构模式，具有市场管理知识和技能的专业人才被引入合作社的日常事务管理中，甚至于渗入到合作社的监事会和理事会中，这种方式有效地解决了合作社与市场机制对接的阻力，也缓解了合作社内部经营管理人才缺乏的难题。

我国农民专业合作社虽然在这十多年有了快速发展，但是无论在规模经营上还是在成员数量上都比较小，很多是由农业大户或者营销大户领办，这不可避免导致一户独大的现象或者利益独占现象，影响合作社的自我发展能力和内部治理能力。

我国的农民专业合作社也可以借鉴欧美国家合作社内部治理的经验，鼓励具有一定规模经营的合作社进行组织创新，可以从外部引入具有专门的管理和营销才能的人才，为合作社注入新鲜血液，推动合作社内部治理创新。

当然我国的一些合作社组织也在进行积极的创新，它们充分考虑合作社作为经济组织的社会嵌入，把基层党组织嵌入合作社组织，承担一部分合作社内部的管理职能，合作社依托党组织充分发挥其内部治理的作用并取得了不错的成绩。

第七章　中国农民专业合作社治理的外部环境

费孝通认为在传统社会中，人们互为邻里，产生了对政治、经济、宗教及娱乐等各种组织的需要，但是这些组织需要经由正式组织规范的成本非常高，且高成本也未必能满足这些组织的需要，所以在生活中常常出现一些未予正式制度规范的习俗、惯例等，它在处理和调节组织成员之间或者组织成员内部与外部组织之间的往来关系中起着很大的作用。在现实中人们依照正式制度规范和约束进行活动的行为仅仅是社会经济生活选择的一部分，我们无论在家庭、外部社会关系还是在商业活动中，非正式的制度例如行为规范、行为准则和习俗也起着重要的作用，所以农民专业合作社是在正式制度和非正式制度的相互同构中发展的。

一　中国农民专业合作社治理的外部环境因素

（一）中国农民专业合作社治理的市场环境

1. 农村市场制度

农村市场制度中最核心的要素就是市场机制，机制"原指人们为了达到自身目标而给自己制造并供使用的工具或采取的手段，后来被嫁接到生物学、医学和生理学等学科中，用以说明有机生命体的内部构造及其运动生命原理"。[1]"现代社会，机制一词已被广泛用于自然

---

[1] 陈池波：《中国农村市场经济发展论》，中国财政经济出版社2003年版，第11页。

科学和社会科学，泛指某一复杂系统的内部结构、运行原理及其内在规律性。市场机制是由价格、供求、竞争机制组成的在市场上适应、制约和自我协助相应的价格、供求和竞争的有机体系，对市场具有调节作用"[1]。

中国是具有千百年传统的小农经济，是与自给自足的自然经济紧密联系在一起的，小规模的家庭生产是传统小农经济的外在生产组织形式，自给自足的封闭性是传统小农经济更为本质的内在经济特征。[2]

农村经济改革以后，单一垂直集中型的生产组织被分散型的家庭生产组织形式所取代。但是分散型的家庭经营不是要把社队经济那种大而全的自给性封闭经济体系又分散为农户小而全的自给性封闭经济体系，与传统的小农经济相比，中国当代的农户经济继承了小规模家庭生产的外在经济组织形式，但是正逐步改变与抛弃那种封闭性自然经济的内在属性[3]。

当代经济组织必然随着外在宏观经济环境的变化而不断适应，改革开放以来中国确立的建设社会主义市场经济体制改革必然导致社会经济生活方方面面的变化，农村的市场环境也不例外。过去中国的小农经济是在自然经济的背景下生存，所谓的分散是一种没有经济联系的分散，但是现在小农的分散虽然看似分散，实际上逃脱不了市场这个纽带的连接，它不可能完全独立于市场之外，它所带来的分工、专业化以及广泛的交易与社会化合作产生了更高的劳动效率与社会生产率，创造了更多的社会财富。在农村经济体制改革以后，随着市场化进程的逐步和迅猛推进，农民的自由选择机会增多，各种"能人"大量涌现，不同经济类型的经济组织出现。总的来说，市场经济对于

---

[1] 陈池波：《中国农村市场经济发展论》，中国财政经济出版社2003年版，第11页。
[2] 曹阳：《当代中国农业生产组织现代化研究》，中国社会科学出版社2015年版，第139页。
[3] 曹阳：《当代中国农业生产组织现代化研究》，中国社会科学出版社2015年版，第139页。

小农来说有机遇也有风险，机遇与风险并存。

（1）农户经济虽然在生产方面是有效率的，但是在流通方面的效率缺乏

"流通与生产是社会再生产过程中既相互联系又具有相对独立性的两个重要环节"。① 在市场化还不够深入的农村，生产对于自给自足环境下的小农户来说只是为了满足自己的需要，流通仅仅是其生产过程中微不足道的一个环节，但是随着市场化的不断深入，社会分工越来越细，流通变为越来越重要的环节。但是由于农户面对相对闭塞的信息通道、相对滞后的交通及其仓储等基本的流通设施，农户的弱势地位越来越凸显出来，成为在现代农村市场经济条件下小农户和大市场对接的主要矛盾。

在市场经济的条件下，对于"市场化"或"正在走向市场化"的农户来说，流通发生了很大的变化，市场化农户不仅仅是为自己的消费而生产，而主要是为他人、为社会生产农产品，所以，生产的商品是否卖得出去，卖多少价钱就对农户的意义非常重大，市场化农业的产前、产中、产后都很依赖市场，不仅仅依赖商场购买、还依赖市场的流通，但是农户并不是有效的流通组织，主要表现：一是相比于农产品生产，农产品的流通要求更准确快捷的市场信息、更广泛便利的市场网络，并要求有交通工具、仓储等流通基础设施，这些都不是单个农户能够做到的；二是相对于农产品的生产，农产品的流通需要更大的经济规模，必须形成规模效应，但是单个的农民做不到；三是农产品生产和流通需要不同的专业化知识和专业技能，这不符合现代社会的专业分工趋势，对于农户来说也不是容易做到的，既不现实也不科学。②

---

① 曹阳：《当代中国农业生产组织现代化研究》，中国社会科学出版社2015年版，第142页。
② 曹阳：《当代中国农业生产组织现代化研究》，中国社会科学出版社2015年版，第143页。

所以，如何把市场化农户纳入到现代市场体系中，使市场需求与农户生产有效对接成为市场化经济条件下建设现代化农业必须要解决的问题，也是很有挑战性的问题。

（2）完善的社会化服务体系是当今市场化农户变为有效率经济组织的主要抓手

在人民公社时期，公社及其下属的生产队是农村公共产品的主要生产者与提供者。在公社集体以后，分散经营的农户不可能成为合适的公共产品的供给主体，而合适的公共产品供给者在一段时间内又没有培育形成，导致农村公共产品供给缺位。所以在面对自然灾害或者市场挑战的时候，往往势单力薄，不能有效应对。这在很大程度上阻碍了农村经济市场化的步伐。

社会化的服务体系能够调节市场经济因为独立的微观经济主体仅满足个人经济利益的弊端，在一些微观经济主体不能解决的领域，社会化服务就能够进行补充或者扶持，因为社会化的服务体系没有排他性，是公共产品，所以社会化服务体系完善能够扶助农户作为生产组织的效率提高。

（3）有效的救助或合作机制是解决农民在市场经济中处于"无助"困境的有效手段

市场竞争是一个优胜劣汰的过程，它可以促进社会的进步，但是对于弱势群体来说却过于残酷，不利于共同富裕的实现。同时，市场经济也是一个博弈的过程，通过经济利益的博弈，强势利益集团往往利用其信息、组织甚至"话语"优势来谋求自身利益，农民虽然人数众多，但是由于组织力不强，整体而言，还是一个弱势群体。所以，对于那些在农村中处于弱势地位，处于无奈和无助境地的农民来说，必须通过建立一定的救助机制与合作机制，以帮助、保护市场竞争中的弱者与弱势群体。"很显然，这种救助机制与合作机制的建立、完善与发展不是单个农户力所能及的。中国当前一些农户对市场经济的抱怨、指责，在很大程度上就是因为这种救助机制与合作机制的缺失，或者是极不完善"。①

2. 中国农村市场的网络化

马克思主义经济学的传统与本质是从商品的背后、从人与物的关系背后，揭示人与人之间，尤其是阶级与阶级之间的经济利益关系。"这里涉及的人，只是经济范畴的人格化，是一定的阶级关系和利益的承担者。"因此，在马克思看来，市场的本质就是"商品占有者的全部相互关系的总和。"各类市场交易者关系的总和构成市场，所谓市场交易者包括了买方、卖方及其涉及的各种利益相关者；所谓关系，包括了经济利益关系在内的所有与其相关的各种社会关系。所以市场化就是不同的商品所有者的组合，每一个商品生产者都是市场的一个节点，所有节点就构成了系统的市场网络化。市场网络化在当今的社会网络中具有主导作用，对中国农村的市场化进程具有很大的推动作用，它可以解决广大农民从传统的乡村社会进入市场化社会的难题，解决农民进入市场的诸多不适。

在当代中国农村，市场化经济正在全方位推进，但是传统的自给自足的经济仍然还占有一定的比重，所以现在的农村社会网络是市场化网络和旧的人际关系网络胶着在一起的网络，一个方面，当代中国的农民正在经历市场化的进程，市场网络成为农民社会网络中的主体性、主导性网络。当前农民在市场化进程中所遇到的问题和困境，重要的原因就是农村这种市场化网络还不健全、不完善导致。另一方面，传统人际关系网络渗透在市场网络中，从正面效用看，广大农民从传统乡村的"熟人社会"一下子进入市场经济的"陌生人社会"，的确存在着诸多的不适应，而"关系"却帮助农民解决进入市场的不少难题，但是有利就有弊，过分的"依赖关系"可能会扭曲市场网络，并阻碍市场网络的发育、完善和建设，甚至于影响市场的公平竞争。

---

① 曹阳：《当代中国农业生产组织现代化研究》，中国社会科学出版社2015年版，第144页。

（二）中国农民专业合作社治理的政策环境

从国际合作社发展的经验看，无论政府制定怎样的政策对合作社进行扶持，但是有一条是肯定的，凡是发展比较好的合作社必定受到了政府强有力的扶持。只有得到政府的政策和财政支持，合作社才能有能力化解市场风险，保持稳定发展，这样才能致使农民的收入水平不断提高。中国实现农业现代化的一个重要条件是小农户的联合，实质上也就是弱势群体的联合，所谓农民的"弱势"主要表现为在市场中的弱势，农民专业合作社正是为帮助农民解决这一问题而生。农民通过合作社组织联合起来，能够增强抵御各种风险的能力，小规模的农户生产与大市场之间的矛盾都能得到一定程度的解决，但是联合不能解决农民"弱势"的所有问题，而且农民专业合作社本身在市场环境下进行生存也面临很多的问题。

我国政府对农民专业合作社的扶持[①]主要在以下方面：

1. 对农民专业合作社采取税收优惠政策

（1）在增值税方面的优惠

增值税是一种针对商品生产流通和委托加工增值额而增收的一种流转税，纳税人包括在中国境内销售涉农货物、进口货物及其提供加工、修理修配劳务的单位及个人。

国家对销售本社社员生产的农产品的农民专业合作社免征增值税，一般纳税人可按13%的扣除率在购买免税农产品中扣除；农民专业合作社或者社员销售自产的与农林牧渔相关的初级产品免收增值税；对农机、农膜、育苗、化肥、农药等货物的流通环节都实行免征增值税；对于销售或进口食用油、粮食等相关产品享受13%的增值税收优惠；对于用于与农业相关的科学研究实验和教学的进口仪器免

[①] 2017年新修订的《中华人民共和国农民专业合作社法》第十条规定：国家通过财政支持、税收优惠和金融、科技、人才的扶持以及产业政策引导等措施，促进农民专业合作社的发展。

征增值税；对于进口用于农林牧渔业的科学研究的种子等产品暂免征进口环节的增值税，改良的农林牧渔进口品种具有最惠国待遇的最低税率为零。一般涉农产品和进口产品销售可按13%的低税率征收增值税。

（2）在印花税方面的优惠

印花税是在国内各类企事业单位、机关、团体、部队以及三资企业、外国公司企业和其他经济组织及其在华机构的单位和个人在开设账户、产权办理和办理权利许可证照等行为时缴纳的一种税收，是受中国法律保护的凭证。

针对农民专业合作社与本社社员签订的涉农购销合同、涉及农林牧畜类保险合同和国家制定的收购部门与村委会、农民订立的农副产品收购合同印花税免征。

（3）在企业所得税方面的优惠

企业所得税是针对企业利润所征收的一种税收，我国关于企业所得税征收的法律规定对涉及农林牧渔项目的企业所得可以减征或者免征税收。免征所得税的涉农企业包括蔬菜、谷物、水果等项目的种植、中药材的种植、家畜的饲养、农作物、林木等新品种的培育种植、涉农项目的产业服务、渔业等免征企业所得税。

2. 对农民专业合作社的金融支持

每个经济组织的发展都离不开作为经济血液的资金支持，一个经济组织要想顺利运营，首先必须要有足够的资金支持。在对农民专业合作社的融资过程中，银行贷款的模式比较常见，但是由于农民专业合作社的经营项目较少，且风险承担系数较大，商业银行的资金提供很难给合作社，所以在对农民专业合作社的资金支持中，信用社成为农民、农业和农村经济发展服务的社区性农民合作金融组织，支持农村信用社发放农户小额信贷和农户联保贷款，探索创新农民合作经济组织的政策性融资的各种有效模式。

（三）中国农民专业合作社治理的文化环境

中国农民专业合作社治理的文化环境是我国传统文化环境和合作社文化环境两者之间胶合的外在表现。

1. 我国传统文化关于农民的表现

（1）一盘散沙的小农

民国时期孙中山先生曾经以"一盘散沙"来形容小农的分散性，梁漱溟认为中国是一个族群社会，族群社会的典型特点是以血缘关系维系的社会关系，这种关系特别倚重于家庭和家族，缺乏团体意识，这种族群社会是导致中国农民分散的主要原因。梁漱溟认为不同的宗教致使东西方文化产生了差异，西方国家在基督教的熏陶下转向了"家庭为轻，家族以裂"的大团体生活，中国则在宣扬"周孔教化"[①]的儒教的熏陶下逐渐转变为以伦理为本位的家族家庭生活，团体观念无法融入。

（2）自我意识浓厚的小农

"家庭生活是中国人第一重的社会生活；亲戚邻里朋友等关系是中国人第二重的社会生活。这两重社会生活，集中了中国人的要求，范围了中国人的活动，规定了其社会的道德条件和政治上的法律制度。"[②] 由关系推及伦理，家庭关系推及家庭伦理，伦理皆是关系，"伦理始于家庭，而不止于家庭"[③]，包括人们在实现自己政治抱负的时候，首先关注的也是自身，治国齐家修身，起点也是自我修养，所以中国人在打交道时，处处是关系，时时讲人情，而不是制定同一的标准、原则。费孝通用"差序格局"来表示关系的远近，人情的厚薄，在中国关系中，"群"仅仅是由己这个中心向外推出去的社会联系里的某一圈，所以"克己"成为差序格局中道德体系的出发点。

---

① 梁漱溟：《中国文化要义》，上海世纪集团出版社 2004 年版，第 46 页。
② 梁漱溟：《中国文化要义》，上海世纪集团出版社 2004 年版，第 16 页。
③ 梁漱溟：《中国文化要义》，上海世纪集团出版社 2004 年版，第 72 页。

(3) 小农特殊的公平观

公平和平均思想在中国传统中所占的分量很大，不患寡而患不均，"要求平均、渴望平等"是处于弱势地位农民的本能要求，在简单的自然经济条件下，怀有小富即安、凶年免于死、乐岁终身饱的思想和简单要求，在满足生活需求的个人消费品及其质量方面农民所拥有的都大同小异，而且怀着"够用就行"思想的农民没有追求使自己生产的劳动产品不论在数量上还是在质量上有所提高的推动力。受平均主义意识影响而形成的公平观也很特殊，自己实际能够得到多少不是农民计算得失的参考标准，而是把在相同环境和相同付出的条件下他人是否也是得到同样多作为衡量标准，宁愿共同受穷，也不允许他人先富，这种特殊的心理也构成了所谓农民特殊的公平观。[1]

可以预见，在这样的环境下我国的小农想要超越地缘和血缘关系形成合作关系成本是非常高的。

2. 合作社文化的本源表现

合作社文化是指能够反映合作社本质规定性的、包括合作社的组织使命和目标、伦理价值观、组织原则等，能被合作社成员普遍认可的一整套思维模式、认知系统、行为规范等。[2] 通常人们可以通过四个维度对合作社文化进行了解并形成对其的基本认知：

(1) 对合作社文化的初始认知

这种认知主要包括对合作社的基本定义、所推崇的基本价值、基本原则和基本的组织目标的认知。合作社的组织文化遵从1995年国际合作社联盟提出的7个原则：成员的自愿与开放、民主成员控制社员经济参与、组织自治与自立、提供社会服务、给社员提供教育和培训机会、关系社区和注重组织之间的合作和联合。

---

[1] 贺雪峰：《熟人社会的行动逻辑》，《华中师范大学学报》（人文社会科学版）2004年第1期。

[2] 徐旭初：《合作社文化：概念、图景与思考》，《农业经济问题》2009年第11期。

（2）对合作社文化的社会认知

也即合作社在人们心中的社会印象，主要是合作社组织运用倡导、宣传等手段并在实践中形成的结果对公众产生的影响。人们对合作社的文化认知往往停留在传统合作社的基本认知上。

（3）对合作社文化的历史认知

指公众通过合作社的历史实践或者历史痕迹，对合作社做出的认知判断。合作运动历史悠久，其在实践中形成了自己独特的文化路径。

（4）对合作社文化的实践认知

是人们在当今的合作社实践中对合作社的感知和评价。包括其通过参与合作社的内部管理、经营活动等形成的文化认知。

二 中国农民专业合作社外部环境不足的治理困境

（一）农民专业合作社治理在外部市场环境中的困境

1. 农业生产基础性设施的不完善

农业生产基础设施是农业生产的物质条件和物质保障。如果用2009年中央一号文件的术语来表述，农业生产基础社会网络又可称为"现代农业生产物质支撑体系"。[1] 由于农村农业生产要素之间的联系紧密，它们要有系统的内在关联性才能发挥作用，所以我们在农业生产的基础设施方面更加强调网络化，只有这样才能发挥最大效用。比如在物资性基础设施方面，包括道路、仓库、通信设施等，由于农村发展的滞后，这些基础设施很难满足农业生产和流通的需要。在社会性基础设施方面，农村的学校、医院和文化娱乐等场所不能满足农业需要的劳动力再生产的需要。这些物资性基础设施和社会性基础设施是紧密联系在一起，不是相互割裂的单独存在。

---

[1] 曹阳：《当代中国农业生产组织现代化研究》，中国社会科学出版社2015年版，第377页。

2. 农业产业链发展的不完善

农业不是天生就是弱质产业,特别是现代农业从弱质到强大有一个渐变的过程,其中关键的一环就是最大限度地增加农产品的产值,延长农业产业链。"中国农业还很弱势的一个极其重要的原因就是中国农产品加工能力的缺乏,粗加工设施简陋、方法原始,工艺落后;精加工与深加工一是链条短、覆盖面窄;二是工艺技术处于低水平,综合利用效率低,因此,这些都导致农产品损耗巨大,农产品附加值不高,从而直接制约了中国农业产值的增长"。[①] 因此,农业产业链的发展和完善对于农产品加工具有特殊重要的意义,只有形成网络化的利益联结关系,才能实现强农的战略目标。

3. 农产品物流网络发展的不完善

农产品市场随着市场经济的不断深入而受到的约束越来越严峻,在此背景下,建设农产品物流网络有特殊的重要作用与意义。"发达的物流产业、畅通的信息网络、完善的市场体系,是现代商品化农业、市场化农业的重要保障,也是在中国当前的制度构架下链接小农户与大市场的桥梁和纽带"。[②] 现代社会随着物流产业的迅猛发展同时配套信息技术网络的普及,过去那种靠政府行政命令调节的指令性的流通渠道已经不能适应市场经济的发展要求,但是由于物流产业在中国的初步发展,且由于农产品对物流产业的特殊要求,导致农村物流在农村发展的成本很高,所以农产品网络发展比较滞缓。

4. 现代农村金融服务体系发展的不完善

任何经济组织发展都离不开丰富资金的支持,现代农民合作社发展的主要瓶颈之一也在于缺乏资金。当然资本都有逐利性,在农业和农产品的利润投资方面远远低于非农产品和城市,所以很多的金融系

[①] 曹阳:《当代中国农业生产组织现代化研究》,中国社会科学出版社2015年版,第380页。

[②] 曹阳:《当代中国农业生产组织现代化研究》,中国社会科学出版社2015年版,第382页。

统都把资金投向非农产业和城市,农村的金融支持严重缺乏。当然,农村经济组织也有组建自己的金融体系,但是最终还是由于管理不规范,利润薄弱而发展势头缓慢。所以在现代农业发展的整个环境中,如果得不到金融系统的支持,农村经济发展的步伐必然缓慢。

5. 农技推广、服务系统的不完善

2012 年中央在文件中提出科技是确保农产品长期有效供给、农业持续稳定发展的根本。农民专业合作社要想持续发展就必须注重农业的科技创新,纵观国外先进农业科技的推广,重视建立协调机制是他们的突出特点,许多国家已经成立了全国性的科技管理和协作网络,政府在协调和管理科技协作的过程中也起到重要的作用。同时在科技服务方面很多国家也形成完善的体制机制,美国在合作社科技推广体系以农业学院为根据,辅助一系列措施,把农业的研究、教育、生产和推广紧密结合在一起,形成农业科技推广体系。反观我国的农业、农村科技推广和服务网络,全国范围的尚未形成,需要政府的进一步引导和政策扶持。

6. 农业组织网络化的阙如

现在农村实践发展中,出现了合作社+农户,公司+合作社+农户、超市+公司+合作社+农户等形式,表现出农业组织化的势头,但是这种存在在实际发展中还是比较薄弱,处于初始发展阶段,发展水平较低。从农户的角度观察,农村的大多数农户还是游离于组织之外,虽然他们被动的不可避免地被卷入市场,但并不代表其就具有了作为市民化农民应该有的素质和能力,面对大市场还是会出现各种问题,处于弱势群体的地位;当然也有一批带着"+"标志的组织出现,但是它们的利益链接制也是比较脆弱的,有的甚至仅是一些表面的数据,缺乏内生性、规范性。

(二) 农民专业合作社治理在外部政策环境中的困境

由于中国的农民合作社组织是在农业现代化以后才开始发展的,

且由于中国的特殊发展历史，所以政府在其发展中的作用尤其重要，正如诺思所说："人们过去做出的选择决定了其现在可能的选择"，特别是在农民专业合作社的发展早期，政府给予合作社一些必要的支持，由于政府的扶持，弥补了合作社因为缺乏企业家资源而不能进行优秀决策的困境，同时降低了其发展的组织成本，但是政府的过度参与又损害了其理性健康发展的路径，出现了一些弊端。

1. 不从实际出发制定指标

虽然在政府文件和一些讲话中提出组织农民专业合作社必须遵从农民自愿的原则，但是由于一些地方政府关注政绩，在实践中采用了行政命令的工作方法，自上而下分解指标任务，确定各级领导与机关干部包村甚至包户的考核指标。在实际组织实施的过程中，许多农民被自愿、被合作，出现了急功近利的现象，影响了农民专业合作社的健康发展。

2. 政府相关部门的执行不规范

受到国家对农民专业合作社政策扶持的诱惑，一些企事业单位假借组建合作经济组织之名，为自己或本单位牟利益。同时一些基层政府及其行政人员也从所谓的政绩出发，对合作社的监督不规范，对于一些假合作社或形式合作社，睁一只眼闭一只眼，纵容其发展。

3. 没有形成政策扶持体系

2007年7月1日，中国正式实施的《农民专业合作社法》规定国家要通过财政支持、税收优惠等措施来引导和帮助农民专业合作社的发展。在现实发展中，很多政策的制定没有针对性，实施也不见成效。从税收角度来说，农民专业合作社虽然能够作为新型涉农经济组织享受国家制定的现有对农业发展的各项税收优惠，但操作性和针对性不够，适用于农民专业合作社的专门性税收优惠政策还处于阙如状态。对于社会力量和政府对合作社的捐赠和资助也没有明确的规定，而且对于社会的捐赠，在企业所得税税前列支方面受到政策的严格限制。

4. 对合作社的外部监管不够完善

在实践中,合作社可以选择按照《农民专业合作社法》规定规范经营。但在缺乏外部监督的情况下,控制合作社的精英农户缺少约束,依仗优势地位对合作社获得的利益进行掠夺式俘获,普通成员的利益被挤压(表现为合作社盈余分配资本获利超过或远超过40%),合作社经营违背了"民有、民建、民享"的原则。

关于我国专业合作社监管的必要性,理论界一直存在争议。有的学者认为宽松的法律和政策环境对合作社发展更为有利,也有学者认为政府应该监管专业合作社。2007年以来我国合作社法律和政策体系呈现"重扶持,轻监管"的特征,这种宽松的外部环境在一定程度上导致当前合作社虚假经营的现象过多,扶持合作社政策的负外部性凸显。英、日等国经验表明,合作社法制建设尤其是监管制度完善是合作社健康发展的重要因素。我国在对合作社规范经营的监管相对较少,而且各地力度不一样,全国没有形成监管体系。比如工商局和农经站对合作社的监管在各地的力度差别很大。

我国关于农民专业合作社监管体系在法律方面的规定不完善,比如《农民专业合作社法》、《农民专业合作社登记管理条例》成为了我国农民专业合作社监管体系构建的发端,也是政府部门监管合作社的主要法律依据,但这些立法侧重于支持合作社发展的理念,较少涉及合作社监管。2017年通过的《农民专业合作社法》修订后增加了一些监管内容,在第65条、第69—72条中对政府部门强化监督责任、农民专业合作社严格规范经营提出了具体要求,但对具体监管部门责任、外部审计以及全国性的监管体系仍然没有做出规定。总体而言,我国关于农民合作社立法侧重于支持合作社发展的理念,监管强调不多,导致合作社监管在法律层面上不完善。

(三) 农民专业合作社治理在外部文化环境中的困境

1. 合作社文化在嵌入过程中的冲突

在关系型信任、非正式规范、人际关系网络化的农村社会，农民专业合作社在乡村中的正式规范很难形成，理性化建设在农民专业合作社文化中难以建立。这样造成了国际合作社原则与在中国本土文化之间的相互冲突和相互融合。

2. 合作社文化的环境适应性

合作社文化是指能够体现其组织宗旨、组织原则和价值观的能被人们普遍认可的包括其制度文化和组织文化在内的一套思维方式、行为规范和认知系统的总称。合作社文化不仅保证了自身在外部环境不确定条件下的正常有效运行，而且是其不断成功的动力。合作社文化在外部环境发生变化时能够适应环境，但前提是外部的环境变化足以危及到合作社的生存和发展，它就会通过改变和调试自身的内部机制来适应外部环境的变化。

需要指出的是，合作社文化对环境的适应应该有一个过渡的时间，当合作社面对的外部环境变化、市场化、企业化程度日益深入时，合作社文化内核所包含的民主性、益贫性就会与此产生矛盾，所以合作社在适应外部环境的过程中，会出现许多与合作社文化内核不相适应的东西，比如其益贫性不再显著、从成员导向变为市场导向、由劳动合作变为多要素合作、从互助益贫变为合作共赢及其出现异化等现象。

三 中国农民专业合作社外部环境治理问题改进的对策

国家对农村资源的输入在于和农民需求偏好相对接，同时也能加强组织建设，这种对农村的输入即使在农村人力财力物力不断外流的情形下，依旧能保持它的大体稳定。中国的现代化重心也因为有了农村这个发展稳定的大后方和现代化的战略纵深地而能够稳定地发展。①作为外部性极强的公共物品,单个的农民专业合作社无力构建,更无力完善,所以按照经济学家的推论,"市场机制发生失灵的领域,就是需要公共部门即政府发挥作用的地方。"② 政府应当本着提升农民专业合作社的发展能力,实现农民主体利益的原则,在影响农民合作社发展的各个方面和各个环节进行引导和扶助。

(一) 提升农民专业合作社适应社会主义市场经济的能力

1. 拓宽农民专业合作社的市场渠道

从农民专业合作社的长远发展看,拓宽市场渠道、完善市场营销体系是其发展的基本前提。农民专业合作社的市场渠道是指从农产品生产到经销、分销再到零售过程中的包括厂家、经销商、代理商和零售商在内的市场领域。主要包括两种类型,一种是实体市场,包括了农民专业合作社本身地域、产品采购市场、中间商对接市场等,还包括农业合作社组织延伸到城市的直营销售实体,另一种类型是社会人际关系资源如图 7.1 所示。相对来说处于本地的市场容易占有或获得,但是农民专业合作社组织直接销售渠道延伸到城市销售渠道的未必能够很容易地占有,因为仅仅负担在城市所产生的租赁费用就是一笔不小的开支。

由此,通过市场渠道对农民专业合作社进行扶持和持续的政策供给的基层政府行为无疑能促进农业合作组织培育和可持续发展。特别是在与城镇的对接方面,基层政府应充分利用自身行政资源和社会人际关系资源,充分运用财政资源,争取上级和兄弟城市的支持,为农民专业合作社的市场营销体系建设提供必要的城镇消费市场资源③。

---

① 贺雪峰:《小农立场》,中国政法大学出版社 2013 年版,第 101 页。
② 高培勇、崔军:《公共部门经济学》,中国人民大学出版社 2004 年版,第 13 页。
③ 韩斌全、董江爱:《面对农合组织缓慢与失范困局政府当何去何从——论基层政府介入农合组织培育和发展的必要性、合理性和基本路径》,《宁夏社会科学》2016 年第 5 期。

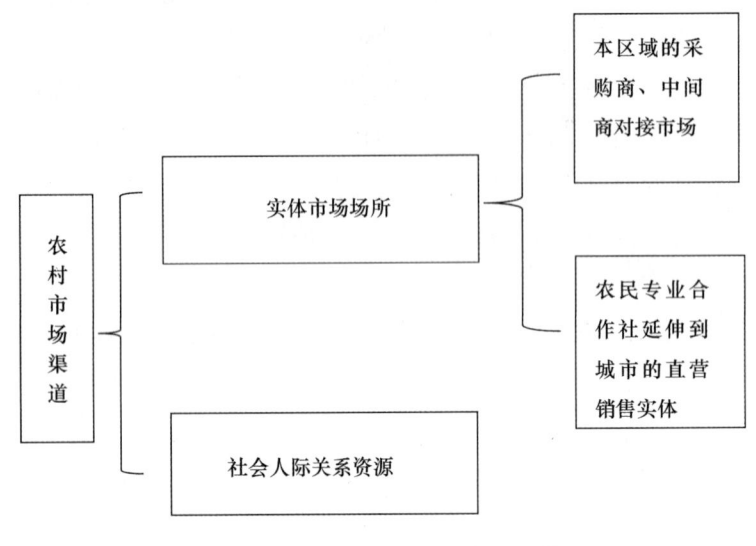

图7.1　农民专业合作社市场渠道

2. 介入农民专业合作社的市场信息

市场信息包括的内容很庞杂，从政府扶持角度来讲是指政府关于加快、支持或抑制某些行业在贷款、融资、税收等优惠政策或加大抑制等的相关财政政策和货币政策，政府的"介入"对市场会产生直接或间接的影响，农民专业合作社的管理者能够掌控市场走向的脉搏是其基本的素质。从信息市场多元化的角度来说，获得市场信息的手段多元化同时发布信息的相关机构也是鱼目混珠、纷繁复杂、真假难辨，农民专业合作社要想在这样的环境下生存下去，必须在短时间内掌握这些市场信息，特别是农产品的中长期市场信息，面对这些庞杂的市场信息，农民根本不具备获取和分析的能力，在短期内提高农民这方面的素质也是很难的，所以在市场信息的供给方面，政府应该介入市场信息平台的搭建，建设专门化的农产品市场信息情报站，并大力培养市场信息情报人员，特别是基层县乡两级政府，更应该加大力度支持农民专业合作社的市场信息介入力度，为农民专业合作社在获得市场信息以便适应市场需求导向的转换方面提供帮助。

3. 提升农民专业合作社的市场经营观念

如果没有市场需求做向导，农民专业合作社就不能解决"生产什么、怎样生产"、"怎样运输、怎样销售"的根本问题，农民在有关的市场经济基本知识、组织化经营基本知识等方面的知识缺乏，基层政府组织和农民专业合作社本身应该针对农民和合作社社员、骨干成员、乡村干部等进行这些信息的培训，使他们能够了解和掌握涉农产品的市场信息和管理信息，提高他们的经营和管理的观念和理念，伴随着农民专业合作社适应市场需求的变化进行农业的生产、销售，促进农民专业合作社的健康发展。[1]

4. 完善扶持农民专业合作社的财政金融体系

我国农民专业合作社的发展刚刚起步，其要想健康持续发展必须得到国家财政金融的有力、有效支持。所谓有效是指国家的自上而下财政支农资金必须与农民专业合作社的自下而上的需求有效对接。同时，仅靠国家金融机构的扶持力度是不够的，政府应该放低金融准入门槛，鼓励和吸引民间金融资本的加入，同时建立有效的监管体系，形成国家政策性金融、商业金融和民间金融相互补充、相互竞争的局面，更好地为农民专业合作社的融资拓宽渠道，提供资金支持，让其资金周转更为方便，为其提供一个更为宽松的发展空间。

5. 促成农民专业合作社产品从产到销的技术集成

市场化的现代农民专业合作社的经营活动，不仅包括现代的生产技术，还包括由产品转变为商品的涉及物品储存、销售的各种产业链管理的各种现代管理技术，这些生产技术和管理技术的获得，仅靠单薄的合作社是不可能把问题解决的，所以基层政府对农业产品技术集成供给是一项长期的促进农民专业合作社等经济组织培育和组建的任务。利用和整合农民技能培训等相关政策，针对村、乡、县的特色产品和特色产业的农民专业合作社所需集成化技术的培训，使得合作社

---

[1] 韩斌全、董江爱：《面对农合组织缓慢与失范困局政府当何去何从——论基层政府介入农合组织培育和发展的必要性、合理性和基本路径》，《宁夏社会科学》2016年第5期。

成员掌握整个农产品生产、储备、经营和销售等环节中的各种技术技能的集成也是基层政府和相关机构需要身体力行的紧急工作。需要指出的是因为县乡机构改革的相对滞后，很多农业技术部门很难发挥他们的部门职能并进行部门整合，这也是基层政府在推动农民专业合作社发展过程进行技术集成工作中目前遇到的最大瓶颈。

（二）完善影响农民专业合作社发展的观念和机制

1. 转变农民市场运营的相关观念

现存的东亚模式的以小农合作为特点的合作社实际上是政府强介入的产物，这种干预首先表现为对小农思想的干预，所以要破解农民专业合作社面临的规模经营、范围经营等难题，也首先应该从转变小农思想开始。政府可以借助培训、参观、宣传等手段对参加和未参加农民专业合作社的农民针对合作社组织运营、利润分配等知识进行宣讲，不断强化农民的合作意识，增加和提升农民对农民专业合作社基本知识的了解，帮助其突破小农经营的思想藩篱。

2. 协调好农民专业合作社的内、外监督机制

对农民专业合作社的监督分为内、外两种监督机制，一种是农民专业合作社本社内部的监督机构，主要是监事会，其职能重在对社员身份、人员构成、日常运行和组织构建的规范、盈余分配原则等进行监督和规范；另一种是农民专业合作社外部监督机制，主要是政府组织把其作为经济组织在运行规范方面进行的监督，比如违法违规的行为。对农民专业合作社的内外监督在合作社组创初期任务比较繁琐繁重，但是这是农民专业合作社能够保持健康发展的必备之选。所以在实践中基层政府的相关纪检监察部门及其管理农村经济组织的所涉机构应该守其职、尽其职，履行好监管权[1]，才能为合作社的发展提供

---

[1] 韩斌全、董江爱：《面对农合组织缓慢与失范困局政府当何去何从——论基层政府介入农合组织培育和发展的必要性、合理性和基本路径》，《宁夏社会科学》2016年第5期。

帮助和保护。

3. 规范联合社的管理体制

一二三产业的融合趋势倒逼着我国的农民专业合作社要想更好地发展必须进行更加深度的组织之间的联合，合作社走向联合是农业或者组织走向成熟的标志，其能够对合作社的可持续发展、小农收益的提升带来更加光明的前景。与单个农民合作社相比，联合社投入更大、运作更加市场化、经营管理更需讲求效率。调研发现，很多联合社注册了下属企业或采用公司化模式运作管理，有的联合社中企业还处于核心主导地位。从世界范围内农民合作社及联合社发展规律来看，公司化运营是发展趋势，不仅更加适应市场经济发展要求，而且效率更高。但从本质属性来看，联合社仍然属于农民合作社，必须要遵循合作社法的基本精神和原则。我国2017年新修订的合作社法从第56条至第63条对合作社联社进行了规定，但是我国的合作社联合组织尚处于"试水"阶段，还必须对合作联社的运行进行管理和规范，也还需要依托政府的扶持和引导。

(三) 对农民专业合作社文化发展的现实进行更多关照

1. 进行合作社思想的多方面教育和宣传

从理论来说，只要还有发展中国家，世界上只要还有贫困人口的存在，合作社文化和思潮对社会还有影响，合作社就依然有存在的意义和价值，还存在发展的空间。但是在现实社会中合作社思潮和文化又被世界的国际化、城市化、产业化和市场化的大势所边缘化，中国的农民在传统文化的影响下表现出的特质使得学者们在中国农民"善分还是善合"的问题中一直探讨，但是中国的农民专业合作社发展实践回答了这个问题，在一定条件的助推下，理性小农还是会理性选择合作行为，"诚其意"是最基本的一步，所以只要当前的各级政府认识到我国传统文化对农民专业合作社的制约因素，通过有效教育和宣传，培育农民的合作意识，还是能够为我国农民专业合作社的发展提供人力资源保障的。

2. 更多的关注农民专业合作社的文化精髓

在人类社会的发展中，合作社一直是其中重要的组成部分，其文化的精髓一直以民主互助为基础，对于农民而言，合作社除了作为一种经济组织存在以外，它还是一所在非工业、非城市化的环境下通过学习学会民主合作、营销技能等方面能力体现社员主体性和现代性的学校，帮助他们走向市场和公民社会，实现现代化。

文化传统可以通过习俗习惯上升为个体观念，从而影响到个体的人际关系、生活方式和价值取向，我国农民专业合作社的社员由于受到传统观念的影响，与市场经济的环境格格不入，所以要让社员树立与市场经济匹配的民主平等、互利公平和信用诚实等方面的观念，必须通过宣传教育等多种手段，在吸收中国优秀的传统文化基础上，培育中国农民的合作契约精神，激活农民主体的自主意识和合作的群体意识，提升农民对合作社文化的认知水平，增加其对合作社的认同感。

3. 激活农民专业合作社的文化核心功能

农民合作社的文化核心无论在过去现在还是将来都会是"适应合作社成长和发展的内外部组织环境变化与坚持合作社自助文化精髓之间的问题"，从本质上来说，合作社是一种坚持民主性和益贫性的治理结构，在与外部环境的不断胶着中，其自身的民主性和益贫性特征必将不断地减弱，做出适应现实环境的调整，但是组织的道德底线不能突破，农民专业合作社的质性规定不能放弃，正是这些原因，国家才会把农民专业合作社作为农村扶贫的经济组织。

就我国而言，市场经济发展的阶段性、弱势群体的大量存在以及固有的集体主义取向使得合作社的产生和发展成为必要。农业与农村发展尚处于较低水平，经济落后地区众多，农民利益和收入分化显著，这些又决定了我国农民专业合作社（甚至是比较经典的合作社形态）的长期适用性和形式复杂性。应积极发展合作社，将其视为社会现代化发展进步的重要手段之一，但不应对其赋予太多的意识形态色彩。然而，随着农业产业化日益深入、终端消费者需求日益多样化以及农产品市场业态的提升，农业领域的制度框架开始向农业产业化经营方向发展，合作社逐渐演变为农产品供应链上的一环。在这种情况下，合作社最需要关注的不再是内部社员要什么，而是外部客户要什么，如何参与、融入供应链便成为合作社提供服务时需要考虑的主要因素，所以，合作社文化在关注核心的基础上，在中国特色的环境下，必须把合作社核心文化和现实实践需求紧密地联系在一起，在生存和发展中进一步激活合作社文化功能。

结　语

合作社组织是农村市场经济发展到一定阶段的产物，其目的在于扶助弱者从容应对市场挑战。但是农民专业合作社作为一种区别于企业和科层的治理结构，有其自身特点。其发展要受到成员素质基础、对合作社规定和保护的相关法律法规、内部的运行结构及其外部治理环境的影响。在实践中随着农民专业合作社发展的不断壮大，对农民的辐射带动作用不断加强，解决影响农民专业合作社治理的问题也不断提上日程，成为必须解决的迫切问题。

一　农民专业合作社治理存在的问题

（一）成员素质基础整体不高制约着合作社治理的水平

从我国整个国民受教育的程度来看，具有高中文化程度以上的成员比例仅占到11%以上，从调查的情况来看，理事长受教育的程度初中占到41.8%，大学及以上占到11.8%，普通社员受过高中教育的占到19.7%，大专及以上的占到4.5%，从整体情况来看，受教育的程度偏低，社员的素质基础薄弱往往导致合作社在决策的过程中沟通困难，接受新事物的过程难，决策能力低，可能会出现搭便车问题、精英俘获问题和社员的信任问题，这些问题都制约着农民专业合作社的治理水平。

(二) 法律法规的不完善制约着合作社治理的有效性

在有关合作社的相关法律中，对合作社工商登记规定、社员资格规定、社员管理规定、社员享受经济权利规定、相关配套法律规定以及对合作社联社规定等方面存在各种各样的界说模糊、范围模糊、不详尽等问题，这些问题的出现导致农民专业合作社治理在治理规范、民主管理等方面的有效性差。

(三) 内部治理机制的不完善制约着合作社治理的健康发展

内部治理机制包括决策机制、激励机制和利益链接机制。农民专业合作社在投票机制、领导人产生机制、激励机制、利益链接机制、监督机制中容易产生核心成员对普通社员的"利益漠视"，同时精神激励和物质激励不能起到很好的激励作用，监督机制形同虚设，这些问题导致农民专业合作社在运行过程中经营和决策的效率低下，监督不够规范，合作社的效率原则和公平原则不能真正体现，违背农民专业合作社的组织宗旨。

(四) 外部环境的发展现状制约着合作社治理的具体实施

从我国的农村市场环境来说，我国的农村大多数还处于自给自足的自然经济、半自然经济状态，这种经济形态下作为社会基础的多数农民小生产者的生产和生活资料都可以通过自身得到满足，虽然现在的乡村商品率明显增加，但还是远远达不到市场经济的要求。所以导致农民对农民专业合作社的加入意愿不是很高，合作精神涣散、合作业务单一等问题，影响农民专业合作社的发展。

从政府对合作社的介入程度来说，由于合作社的发展需要政府的政策优惠和财政支持，如果政府制定政策得当，就能鼓励合作社的积极性，反之就会抑制合作社的积极性，由于政府对合作社的支持主要是通过项目的方式进行扶持，同时政府支持那些相对规范、具有一定规模的合作社，对于那些刚刚起步的合作社来说能够得到政府资助的可能性很小，同时也由于地方政府追求"政策收益"的目的，很多地方出现"跑"项目，且很多政策向少数合作社发起人或核心成员倾斜，出现了很多合作社只注重经济效益而不注重公平原则的问题，制约着农民专业合作社治理具体措施的实施，影响其健康发展。

从我国乡土文化来说，由于我国是一个"熟人社会"，与合作社产生的"契约社会"有很大的不同，在关系型信任、非正式规范、人际关系网络化的农村社会，乡土文化与合作社文化之间存在着各种冲突，包括对合作社文化的内核、合作社文化的印象等的冲突和碰撞，最终的合作社文化适应还有漫长的路要走，在农民专业合作社的治理中必须要不断地进行宣传教育，才能有效地促进合作社的健康发展。

二 农民专业合作社治理的未来趋势

中国农民专业合作社具有很强的适应性，会随着我国市场环境、政府政策不断变化而发生变化，是我国农业产业化发展的具体体现，在未来的发展中，我们还是会更多地关注农民是否在该组织中处于主体地位、该组织能否体现民主管理的特质、农民的经济利益能否得到保证，农民的利益分配是否公平等等问题。当然从合作社发展环境、与其他组织的发展关系方面我们也得重视，这是关系到其走向何方的关键所在。

（一）在全球化发展过程中合作社治理的发展趋势

全球合作社发展的核心问题就是在不损害合作社原则和目标的条件下在世界经济环境、社会环境和技术更新的环境下如何应对，我国的农民专业合作社亦如是。但是这些问题的导向必须以提升社员的主体地位和市场需求为导向。所谓社员的主体地位主要是指农民逐步获得合理的从业方式、较为富裕的经济收入、较为合意的生活品质、较为公平的主体地位、较为充足的知识水平的过程；所谓市场需求导向是指综合运用金融、技术、新型管理和营销策略以及新的互联网营销手段，实现合作社的经济效益。

（二）在供给侧改革背景下合作社治理的发展趋势

目前国家迫切需要解决的是市场需求的多元化和农产品供给环节的脱节，必须从供给侧对农业进行改革，主要是供给侧改革背景下的农民专业合作社发展问题，农业供给侧改革是个多元素多组合的关联系统性结构改革，包括产品与生产要素的关联，也包括政策、产权、法律和文化等的关联，这些多要素的排列组合影响着供给主体行为，影响着农产品交易机制的形成和完善，影响着供给与需求的转换。从2015年中央农村工作会议提出的推进农业供给侧改革战略部署到2016年中央一号文件强调用发展的理念破解三农问题，再到2017年中央一号文件再次提出深化农业供给侧结构性改革，确保粮食供给与安全，中国农民专业合作社作为上链市场，下接农户的组织载体，能够紧密联结农业生产经营的各个环节，促进农业的快速发展。农业供给侧改革为农民专业合作社发展提供了好的契机，其要求合作社在创新发展、调结构提品质的过程中起引导作用，实现供给与需求的有效衔接；同时还要求农民专业合作社在发挥社会化服务，降低农业生产成本方面起带头作用。农民合作社是新型经营主体的主要形式，应该承担为农户或其他经营主体的专业化生产性服务，推动农业生产成本的降低，也能为各经营主体的融合发展起到桥梁和纽带作用，实现农民主体利益。

（三）在合作社与政府的良性互动中治理的发展趋势

在既定的内部和外部制度框架下，我国各级政府与农民专业合作社之间是干预与被干预、保护与被保护的关系。在现行农业实践中，中国的农民专业合作社表现出如下不足：农民文化水平整体不高、综合素质偏低、行政管理体制出现各种弊端、农民专业合作社领导人阙如、市场体制不健全、要素市场不完善、法律基础阙如等，在这样的条件下，对农民专业合作社来说寻求政府及其有关部门的支持和保护不失为一种理性选择，其在与政府的良性互动中，要达到三重目标：第一重即经济目标。农民专业合作社作为双重组织，它企业性的一面注定将追求经济效益、创造更高利润、增加社员收入作为自己的首要目标，这也是合作社成立和持续发展的动力源泉，特别是我国近几年还明确把合作社列为农村新型经济主体之一，期望其能担负起推动农村经济发展，促进农村现代化的重任，更加强化了农村合作社经济目标和作用。第二重是社会目标。合作社的发展不仅可以带来农民增收、农业增效，同时它也是革新农村社会面貌、培养现代农民的有效载体，这是合作社承担的社会责任，通过合作社的发展提高农民的文化素养、科技意识、市场观念，形成与现代文明相契合的新乡土文化，改善农民的生产生活条件。第三重是政治目标。伴随着合作社的发展，农民的权利意识、民主观念、参与热情在潜移默化中得到了提高，进而对农村治理产生深远影响。

同时，对于政府来说，特别是地方政府，在促进乡村振兴的目标下，在农村同样必须实现多重目标，第一重是经济发展目标，特别是农业总产值增长率是政府一直十分重视的目标。第二重是民生目标，包括脱贫攻坚、养老医疗保险、饮水和食品安全、危房改造、就业创业、安全生产等内容。第三重是生态目标，如生态村建设情况、有无环境污染和资源破坏事件、耕地和基本农田保护等。第四重是政治目标，包括依法行政、廉政建设、维稳、基层组织建设。第五重是文化目标，如文化体育建设、乡村民风建设、旅游发展情况等。

正是农民专业合作社和政府在乡村发展中比如经济目标、社会目标和政治目标的诸多契合点，才使得农民专业合作社能够嵌入到农村社会，也才使得农村在从"行政推动"向"内源发展"的过程中，政府越来越会突出其"兜底性"功能，在辅助农民专业合作社适应市场、社会，匡正市场、社会失灵等方面建立平台，实现与农民专业合作社的良性互动。

（四）在乡村振兴战略背景下合作社治理的发展趋势

乡村振兴，治理有效是基础。构建德治、法治与自治相结合，有中国特色的乡村治理体系是乡村振兴战略的重要内容。农民专业合作社作为农村重要组织资源，是乡村治理体系不可或缺的组成部分，是农村数量规模最大的乡村组织。如何充分发挥数量庞大的农民专业合作社在乡村治理体系中的作用，是乡村治理体系建设所面临的重要课题。

近年来，从扶贫方式的演变路径可以看出，扶贫开发不仅要从现象上消除贫困，更要既治标又治本，从根本上推动贫困地区的可持续发展、贫困人口的持续增收。而在此过程中，由贫困农民自愿联合起来，形成的一种既具传统又富有时代感的独立市场主体——合作社，它不仅具有提高贫困农民收入的"输血"功能，更重要的是还具有"造血"功能。甚至可以断言，对于贫困地区农业和农民的扶助，如果不依托于合作社逐步将外部直接"输入式"扶贫模式转变为"内源动力式"发展模式，国家的整体益贫战略就不可能取得实质性进展。贫困地区若囿于一种缺乏自身"造血"功能的、需要外部不断"输血"的依赖型发展模式，将难以获得预期的减贫效果及最终的脱贫目标。因此，在各类减贫方式方法中，合作社一直被视为一个由贫困群体通过自助和互助而实现益贫、减贫和脱贫的理想载体，也被认为是外源主体实现益贫、减贫和脱贫的主要途径。

所以，随着合作社成员素质基础的提升、相关法律法规的完善、内部治理机制及其外部治理环境的不断成熟和完善，农民专业合作社在未来的发展中一定能够实现其组织的合意性和合目的性，同时对于国外的先进经验，我们应该秉承"万物并育而不相害，道并行而不相悖"的信念，探索农民专业合作社所应具有的价值理念及质的规定性在社会主义初级阶段中国农村的具体实现形式，吸收和借鉴国外先进经验，使其成为中国农村带动经济发展，提高农民生活水平和社会公共服务化体系的经济互助组织。

参考文献

经典著作

《当代中国的农业合作制》编辑委员：《当代中国的农业合作制》（上、下），当代中国出版社、香港祖国出版社2009年版。

《邓小平文选》第3卷，人民出版社1993年版。

黄道霞：《建国以来农业合作化史料汇编》，中共党史出版社1992年版。

《列宁选集》第1—4卷，人民出版社1995年版。

《马克思恩格斯全集》第1卷，人民出版社1960年版。

《马克思恩格斯全集》第16卷，人民出版社1964年版。

《马克思恩格斯全集》第25卷，人民出版社1974年版。

《马克思恩格斯全集》第27卷，人民出版社1975年版。

《马克思恩格斯文集》第1—10卷，人民出版社2009年版。

《马克思恩格斯选集》第1—4卷，人民出版社1995年版。

《资本论》第1—3卷，人民出版社2004年版。

《毛泽东文集》第1—8卷，人民出版社1999年版。

《毛泽东选集》第1—4卷，人民出版社1991年版。

《中共中央国务院关于"三农"工作的一号文件汇编：1982—2014》，人民出版社2014年版。

中共中央文献研究室:《建国以来重要文献选编（1949.9—1965.12)》第1—20册，中央文献出版社2011年版。

中共中央文献研究室:《十八大以来重要文献选编》（上、中、下），中央文献出版社2016年版。

中共中央文献研究室:《十二大以来重要文献选编》（上、中、下），中央文献出版社2011年版。

中共中央文献研究室:《十七大以来重要文献选编》（上、中、下），中央文献出版社2013年版。

中共中央文献研究室:《十三大以来重要文献选编》（上、中、下），中央文献出版社2011年版。

中国科学院经济研究所农业经济组编:《国民经济恢复时期农业生产合作资料汇编1949—1952》（上册），科学出版社1957年版。

中国人民大学农业经济系:《人民公社参考资料选集》第2集，中国人民大学出版社1958年版。

中文著作

安贞元:《人民公社化运动研究》，中央文献出版社2003年版。

曹阳:《当代中国农业生产组织现代化研究》，中国社会科学出版社2015年版。

陈池波:《中国农村市场经济发展论》，中国财政经济出版社2003年版。

陈珉:《合作社法律制度研究》，法律出版社2013年版。

崔宝玉:《农民专业合作社发展研究》，中国科学技术大学出版社2016年版。

杜吟棠:《合作社:农业中的现代企业制度》，江西人民出版社2002年版。

费孝通:《乡土中国》，北京大学出版社2012年版。

高培勇、崔军:《公共部门经济学》,中国人民大学出版社 2004 年版。

何国平:《中国农民专业合作社制度变迁、影响因素研究》,中国经济出版社 2017 年版。

贺雪峰:《小农立场》,中国政法大学出版社 2013 年版。

贺雪峰:《新乡土中国》,北京大学出版社 2013 年版。

黄胜忠:《转型时期农民专业合作社的组织行为研究:基于成员异质性的视角》,浙江大学出版社 2008 年版。

黄宗智:《中国乡村研究》第 1 辑,商务印书馆 2003 年版。

黄祖辉、赵光泉、赵铁桥:《中国农民合作经济组织发展:理论、实践与政策》,浙江大学出版社 2009 年版。

蒋玉珉:《合作社制度创新研究》,安徽人民出版社 2008 年版。

梁漱溟:《中国文化要义》,上海世纪出版集团 2004 年版。

林毅夫:《制度、技术与中国农业的发展》,格致出版社、上海三联书店、上海人民出版社 2011 年版。

林语堂:《中国人》,学林出版社 2001 年版。

孙柏瑛:《当代地方治理:面向 21 世纪的挑战》,中国人民大学出版社 2004 年版。

王保树:《中国商法年刊(2006)——合伙与合作社法律制度研究》,北京大学出版社 2007 年版。

王蒲华:《农民合作经济组织的实践与发展:福建实证分析》,农业出版社 2006 年版。

王玉梅:《农民专业合作社之法理探究与实践》,科学出版社 2012 年版。

魏晋峰:《武乡农业合作史》,山西人民出版社 1996 年版。

吴彬:《农民专业合作社治理结构:理论和实证研究》,浙江大学出版社 2014 年版。

吴承明:《中国的现代化:市场与社会》,生活·读书·新知三联书店 2001 年版。

吴易风：《马克思主义经济学与西方经济学比较研究》，中国人民大学出版社 2014 年版。

杨欢进：《社会主义市场经济理论专题研究》，河北人民出版社 2010 年版。

杨欢进：《资本论专题研究》，河北人民出版社 2012 年版。

俞可平：《治理与善治》，社会科学文献出版社 2000 年版。

郁建兴：《从行政推动到内源发展：中国农业农村的再出发》，北京师范大学出版社 2013 年版。

袁祖社：《权力与自由：市民社会的人学考察》，中国社会科学出版社 2003 年版。

张培刚：《农业与工业化》，中国人民大学出版社 2014 年版。

张晓山、苑鹏：《合作经济理论与中国农民合作社的实践》，首都经济贸易大学出版社 2009 年版。

张泽一：《马克思的产权理论与国企改革》，冶金工业出版社 2008 年版。

赵维清：《中国农村合作经济组织发展问题研究》，黑龙江人民出版社 2003 年版。

郑有贵、李成贵：《一号文件与中国农村改革》，安徽人民出版社 2008 年版。

周成贤：《市民社会理论》，吉林出版集团有限责任公司 2013 年版。

周其仁：《城乡中国》（上、下），中信出版社 2014 年版。

朱晓鹏：《走向发展之路——合作社会主义研究》，当代中国出版社 2003 年版。

朱哲学：《村社治理研究》，武汉出版社 2012 年版。

中文译著

[法] 孟德拉斯·H.：《农民的终结》，李培林译，社会科学文献出版

社 2010 年版。

［美］爱伦·斯密德：《财产、权力和公共选择——对法和经济学的进一步思考》，上海人民出版社 2006 年版。

［美］道格拉斯·C. 诺斯：《经济史上的结构和变革》，厉以平译，商务印书馆 2013 年版。

［美］杜赞奇：《文化、权力与国家 1900—1942 年的华北农村》，王福明译，江苏人民出版社 2003 年版。

［美］根舍·斯坦因：《红色中国的挑战》，李凤鸣译，新华出版社 1987 年版。

［美］罗伯特·阿克塞尔罗德：《合作的进化》，吴坚忠译，上海人民出版社 2017 年版。

［美］曼瑟尔·奥尔森：《集体行动的逻辑》，陈郁等译，上海三联书店、上海人民出版社 1995 年版。

［美］西奥多·舒尔茨（Theodore W·Schultz）：《改造传统农业》，梁小民译，商务印书馆 2013 年版。

［美］约瑟夫·熊彼特（Joseph Schumpeter）：《资本主义、社会主义和民主》，杨中秋译，电子工业出版社 2013 年版。

［美］詹姆斯·C. 斯科特：《农民的道义经济学：东南亚的反叛与生存》，陈里显等译，译林出版社 2001 年版。

［以色列］拉南·魏茨：《从贫苦农民到现代化农民》，杨林军等译，中国展望出版社 1990 年版。

学术期刊、论文

《农民专业合作社发展研究报告（摘选）》，《中国合作经济》2020 年第 3 期。

《以农民合作社质量提升锻造乡村振兴新引擎》，《中国农民合作社》2020 年第 2 期。

柏振忠、宋玉娥：《农民专业合作联社共营绩效的影响因素》，《中南民族大学学报》（人文社会科学版）2020年第2期。

陈娟、马国胜：《农民专业合作社推动乡村振兴战略发展的实证分析——以江苏省太仓市为例》，《中国农学通报》2020年第5期。

陈杉：《合作社"和合"治理文化研究——基于乡土文化嵌入因素的审视》，《苏州大学学报》2019年第5期。

陈彦君：《中国农业合作化的地缘因素分析》，《毛泽东邓小平理论研究》2019年第2期。

崔宝玉、刘峰、杨模荣：《内部人控制下的农民专业合作社治理——现实图景、政府规制与制度选择》，《经济学家》2012年第3期。

崔宝玉：《农民专业合作社：社会资本的动用机制与效应价值》，《中国农业大学学报》（社会科学版）2015年第4期。

崔宝玉：《农民专业合作社的治理逻辑》，《华南农业大学学报》2015年第2期。

董博谦、王英蓉、范金广、金惠新：《传统农民专业合作社社员出资比例的思考》，《江西农业》2020年第6期。

杜静元：《中国农业合作社的演进历程及发生机制》，《求索》2019年第2期。

房桂芝：《合作社规范失效分析》，《农村经济》2014年第12期。

高华云：《成本约束、创建模式与农民专业合作社发展——基于合作社利益主体之间的博弈分析》，《中南民族大学学报》（人文社会科学版）2020年第2期。

高华云：《盈余分配、契约选择与农民专业合作社发展——基于核心成员、普通成员及政府之间的博弈分析》，《中南民族大学学报》2018年第5期。

管珊等：《农民专业合作社的网络化治理》，《中国农村观察》2015年第5期。

韩斌全、董江爱：《面对农合组织缓慢与失范困局政府当何去何从——论基层政府介入农合组织培育和发展的必要性、合理性和基本路径》,《宁夏社会科学》2016 年第 5 期。

侯立平:《合作社:从资本主义脱颖而出的生产模式》,《经济学家》2006 年第 5 期。

侯哲荞:《现在中国之信用合作事业》,《银行周报》1932 年第 16 期。

胡联、卢杨、张小雨、王唤明:《新形势下我国农民专业合作社外部监管完善的必要性》,《农业经济问题》2020 年第 3 期。

黄佳民、张照新:《农民专业合作社在乡村治理体系中的定位与实践角色》,《中国农业资源与区划》2018 年第 4 期。

黄胜忠、林坚、徐旭初:《农民专业合作社的成员承诺研究——基于浙江省的实证》,《华南农业大学学报》2007 年第 4 期。

黄祖辉、刘颖娴:《产品类型差异对农民专业合作社经营的影响》,《青岛农业大学学报》(社会科学版)2014 年第 3 期。

黄祖辉、邵科:《合作社的本质规定性及其漂移》,《浙江大学学报》(人文社会科学版)2009 年第 4 期。

黄祖辉等:《合作社民主管理与外部介入的均衡——成员利益至上》,《福建论坛》2012 年第 2 期。

孔祥智:《新中国成立 70 年来的合作经济研究》,《河北学刊》2019 年第 11 期。

李道和、陈江华:《农民专业合作社绩效分析》,《农业技术经济》2014 年第 12 期。

李佳、罗建利、郑阳阳:《农业标准化中合作社的职能配置:基于扎根理论的多案例研究》,《中国农学通报》2020 年第 1 期。

李金珊、袁波、沈楠:《农民专业合作社的内外协同创新——来自浙江省 23 家农民专业合作社的证据》,《浙江大学学报》(人文社会科学版网络版)2016 年第 2 期。

李萍:《如何看待现阶段我国农民合作社的"规范性"?——一个政治经济学的探讨》,《四川大学学报》2019 年第 1 期。

李祎:《我国农民专业合作社盈余分配存在的问题与对策研究——基于风险共担的视角》,《中国市场》2020年第6期。

李祖佩:《论农村项目化公共品供给的组织困境及其逻辑》,《南京农业大学学报》(社会科学版)2012年第3期。

梁翠花:《农民专业合作社内部资金互助运行模式探究》,《山西农经》2020年第5期。

梁洁:《重视农民专业合作社发展中的文明建设》,《开放导报》2018年第12期。

梁晓萍:《乡村振兴视角下农民专业合作社发展问题探究》,《山西农经》2020年第3期。

吕海忠:《以农民专业合作社为抓手大力提高农业组织化程度》,《农家参谋》2020年第10期。

罗必良:《农民合作组织:偷懒、监督及其保障机制》,《中国农村观察》2007年第2期。

罗将华:《农民专业合作社运行中存在的问题及优化策略》,《中国集体经济》2019年第19期。

马彦丽、林坚:《集体行动的逻辑与农民专业合作社的发展》,《经济学家》2006年第2期。

孟秋菊、徐晓宗:《农业供给侧改革中农民合作社的作用、困境与对策》,《西华师范大学学报》2019年第2期。

农业部农村合作经济经营管理总站课题组:《新常态下促进农民合作社健康发展研究报告(一)》,《中国农民合作社》2016年第11期。

潘璐:《从"家庭农场"到"农民合作":恰亚诺夫的合作化思想及其对中国现代农业发展的启示,《开放时代》2020年第2期。

彭雁:《新时期农民专业合作社对农村经济发展的作用》,《江西农业》2020年第4期。

秦愚:《中国农业合作社股份合作化发展道路的反思》,《农业经济问题》2013 年第 6 期。

邵科、周忠丽:《欧美农业合作社治理的影响因素》,《中国农民合作社》2018 年第 4 期。

申云、李京蓉:《农民合作社供应链金融信贷利益联结研究》,《农业经济与管理》2020 年第 1 期。

沈红梅、霍有光:《马克思恩格斯农业合作化理论在中国的历史实践及基本经验》,《华中农业大学学报》(社会科学版)2014 年第 5 期。

苏琳、于超:《农民专业合作社组织文化建设探析》,《农业经济》2020 年第 4 期。

苏群、李美玲、常雪:《财政支持对农民专业合作社绩效的影响——以种植业合作社为例》,《湖南农业大学学报》2019 年第 2 期。

覃杰、袁久和、朱腾:《从成员异质性到组织同一性:我国农民专业合作社演进机制研究》,《中国市场》2016 年第 3 期。

谭智心、孔祥智:《不完全契约、内部监督与合作社中小社员激励——合作社内部"搭便车"行为分析及其政策含义》,《中国农村经济》2012 年第 7 期。

谭智心、杨艳文:《农民合作社联合社发展需要把握的几个问题》,《中国农民合作社》2020 年第 4 期。

王影:《农民专业合作社规范化建设的现状与问题分析》,《农家参谋》2020 年第 9 期。

王勇:《农业供给侧结构性改革下农民专业合作社发展研究》,《中国集体经济》2019 年第 19 期。

温铁军:《农民专业合作社发展的困境与出路》,《湖南农业大学学报》(社会科学版)2013 年第 4 期。

吴彬、徐旭初:《合作社的状态特性对治理结构类型的影响研究——基于中国 3 省 80 县 266 家农民专业合作社的调查》,《农业技术经济》2013 年第 1 期。

徐更生：《试论我国农业合作经济体制的改革——从同国外农业合作经济的比较谈起》，《经济研究》1986年第11期。

徐旭初：《从十九大报告看农民合作社的作用空间》，《中国农民合作社》2017年第11期。

徐旭初：《合作社文化：概念、图景与思考》，《农业经济问题》2009年第11期。

徐旭初：《略论农民专业合作社理论研究进展及趋势》，《中国农民合作社》2013年第1期。

徐旭初：《什么是合作》，《中国农民合作社》2016年第10期。

徐旭初：《谈谈合作社治理：认同》，《中国农民合作社》2017年第2期。

徐旭初：《新形势下我国农民合作社的发展趋势》，《农村工作通讯》2017年第13期。

闫述乾，刘亚丽：《国内农民专业合作社参与扶贫的研究进展》，《中国林业经济》2020年第3期。

杨百元：《农民组织问题：从过去和现在的组织说到将来的组织：合作社》，《组织》1944年第8期。

杨唯希：《农民专业合作社盈余分配规则及实践探究》，《当代经济研究》2016年第2期。

殷缘圆、李旭辉：《精准扶贫视角下农民专业合作社信息化发展路径研究》，《中国合作经济》2020年第3期。

苑鹏：《农民专业合作社的多元化发展模式》，《中国国情国力》2014年第2期。

苑鹏：《农民专业合作社发展中的青年组织建设问题初探》，《农村组织与管理》2013年第4期。

苑鹏：《试论合作社的本质属性及中国农民专业合作经济组织发展的基本条件》，《农村经营管理》2006年第8期。

苑鹏：《中国特色的农民专业合作社发展探析》，《东岳论丛》2014年第 4 期。

张丹、尹泽林：《农民专业合作社财务管理问题探讨》，《农村财务会计》2020 年第 3 期。

张国鹏、李乾、王玉斌：《联结机制、利益分配演变与农民专业合作社发展》，《华南理工大学学报》2019 年第 5 期。

张佳伊、杨丽莎：《农民专业合作社成员"搭便车"行为探究》，《经济研究导刊》2019 年第 4 期。

张千友、蒋和胜、高洪洋：《新中国七十年农业合作化思想演进逻辑体系研究》，《西南民族大学学报》（人文社会科学版）2019 年第 4 期。

张淑惠、文雷：《新型农民专业合作社的效率来源分析——以治理理论为视角》，《当代世界与社会主义》2014 年第 5 期。

张晓山：《农民专业合作社规范化发展及其路径》，《农村经营管理》2014 年第 12 期。

张益丰：《社会关系治理、合作社契约环境及组织结构的优化》，《重庆社会科学》2019 年第 4 期。

张紫薇、戴瑞瑛、贺晨曦：《供给侧改革下农民专业合作社发展的多维信任机制研究》，《湖北经济学院学报》2018 年第 8 期。

赵晓峰、许珍珍：《农民合作社发展与乡村振兴协同推进机制构建：理论逻辑与实践路径》，《云南行政学院学报》2019 年第 5 期。

报纸

《中共中央国务院关于深入推进农业供给侧结构性改革加快培育农业农村发展新动能的若干意见》，《人民日报》2017 年 2 月 6 日，第 1 版。

经济日报社，中国经济趋势研究院新型农业经营主体调研组：《新型农业经营主体发展指数调查（二期）报告发布——新型农业经营主体社会绩效凸现》,《经济日报》2017年2月7日,第16版。

学位论文

马彦丽:《我国农民专业合作社的制度解析——以浙江省为例》,博士学位论文,浙江大学,2006年。

邵科:《农民专业合作社社员参与行为研究》,浙江大学,2012年。

涂琼理:《农民专业合作社的政策扶持研究——基于政策需求与政策供给的分析框架》,华中农业大学,2013年。

习近平:《中国农村市场化研究》,清华大学,2000年。

袁久和:《农民专业合作社中的委托代理关系与治理机制研究》,华中农业大学,2013年。

朱明月:《农民专业合作社治理法律问题研究》,西南政法大学,2012。

英文文献

G. W. J. Hendrikse, ed., *Restucturing Agricultural Cooperatives*, 2004, Erasmus Univerdity Rotterdam.

A. Michael, L. Cook, "The Future of U. S. Agricultural Cooperatives: Neo-Institutional Approach", *American Journal of Agricultural Economics*, Vol. 12, No. 5, 1995.

D. B. DeLoach, "Growth of Farmer Cooperatives: Obstacles and Opportunities", *Journal of Farm Economics*, No. 5, 1962.

Fabio R. Chaddad and Michael L. Cook, "Understanding New Cooperative Models: An Ownership-Control Rights Typology", *Review of Agricultural Economics*, Vol. 26, No. 3, Autumn 2004.

Fousekis, P. Spatal, "Price Competition Between Cooperatives Under Hotelling—Smithies Conjectures", *Agicultural Economics Review*, Vol. 12, No. 2, 2011.

Hakelius K., Cooperative Values: Farmers' Cooperatives in the Minds of the Farmers, Ph. D. dissertation, Uppsala, Sweden, Swedish University of Agricultural Sciences, 1996.

James C. Gaa, "A Game-Theoretic Analysis of Professional Rights and Responsibilities", *Journal of Business Ethics*, No. 3, 1990.

John M. Staatz, "The Cooperative as a Coalition: A Game-Theoretic Approach", *American Journal of Agricultural Economics*, No. 12, 1983.

LeVay C., "Some Problems of Agricultural Marketing Cooperatives' Price Output Determination in Imperfect Competition", *Canadian Journal of Agricultural Economics*, No. 31, 1983.

Michael L. Cook and Fabio R. Chaddad, "Redesigning Cooperative Boundaries: The Emergence of New Models", *American Journal of Agricultural Economics*, No. 12, 2004.

Peter Vitaliano, "Cooperative Enterprise: An Alternative Conceptual Basis for Analyzing a Complex Institution", *American Journal of Agricultural Economics*, No. 12, 1983.

Rafat A. M. E. et al., "Performance Measurement of the Agricultural Marketing Coopertives: The Gap between Theory and Practice", *Review of Agricultural Economics*, Vol. 31, No. 3, 2009.

Rana Mitra, "Cooperatives: A Democratic Instrument of Human Empowerment", *Social Scientist*, No. 6, 2014.

Royer J. eds., *Cooperative Theory: New Approaches*, ACS Service Report No. 18, USDA, 1987.

Royer J. S., "Cooperative Organizational Strategies: a Neo-institutional Digest", *Journal of Cooperatives*, Vol. 14, 1999.

Salazar I. and Gorriz C. G., "Determinants of the Differences in the Downstream Vertical Integration and Efficiency Implications in Agriculrural Cooperativea", *The B. E Journal of Economic Analysis & Policy*, Vol. 11, No. 1, 2011.

Sobon, r., Lansink, A. O. and Dijk, G. v., "Efficiency of Cooperatives And Investor Owned Firms Revisited", *Journal of Agricultural Economics*, Vol. 63, No. 1, 2012.

Staatz J. M., *Farmer Cooperative Theory: Receent Developments*, U. S. Departmeng of Agriculture, ACS Research Report No. 84, 1989.

Stephen Enke, "Consumer Coöperatives and Economic Efficiency", *The American Economic Review*, No. 3, 1945.

Terreros I. s. and Gorriz C. G., "The effect of organizational form andvertical integration on efficiency: An empirical comparison between cooperatives and investor owned Firms", *African Journal of Business Management*, Vol. 5, No. 1, 2011.

USDA, *Agricultural Cooperatives in the 21st Century*, RBCS, Cooperative Information Report 60, 2002.

Westgren R. E., Foreman P. O. and Whetten D. A., *Identification and Menber commitment to Agricultural Cooperatives*, University of Missouri, 2009.

附　　录

山西省农民专业合作社治理改进研究调查问卷（理事长卷）

尊敬的理事长：

您好！这是一份探讨农民专业合作社完善治理的问卷调查。本次调查主要是通过对山西省各个地区、不同类型农民专业合作社组织和运行情况的调查，为进一步完善山西省农民专业合作社治理提供借鉴，以便推动我省合作社的健康持续快速发展。本问卷答案没有对错之分，对您所填写材料，仅供学术研究使用。

谢谢配合

采访时间：

＿＿＿＿年＿＿＿＿月＿＿＿＿日

采访地点：

＿＿＿＿市＿＿＿＿县/县级市/区/＿＿＿＿乡/镇/街道＿＿＿＿自然村/屯/堡

受访人性别：＿＿＿＿，合作社全称＿＿＿＿，

合作社共有成员＿＿＿＿人

合作社成立时间＿＿＿＿，工商登记时间＿＿＿＿

1. 您的年龄（　　　）

A. 30 岁以下　　　　　　　　　　B. 30—40 岁

C. 40—50 岁　　　　　　　　　　D. 50—60 岁

E. 60 岁以上

2. 您的受教育程度（　　　）

A. 未受过正式教育　　　　　　　B. 小学

C. 初中　　　　　　　　　　　　D. 高中

E. 大学及以上

3. 您的社会身份（　　　）

A. 农民　　　　　　　　　　　　B. 农民工

C. 个体户　　　　　　　　　　　D. 私营企业主

E. 集体企业管理人员　　　　　　F. 乡镇政府工作人员

G. 村干部　　　　　　　　　　　H. 其他社会团体负责人

I. 其他

4. 合作社最初出资额（万元）（　　　）

A. ≤50　　　　　　　　　　　　B. >50, ≤100

C. >100, ≤150　　　　　　　　 D. >150, ≤200

E. >200　　　　　　　　　　　　F. 其他

5. 合作社最新出资额（万元）（　　　）

A. ≤50　　　　　　　　　　　　B. >50, ≤100

C. >100, ≤150　　　　　　　　 D. >150, ≤200

E. >200　　　　　　　　　　　　F. 其他

6. 社员受教育程度：（　　　）（可多选）

A. 未受过正式教育_____人　　　B. 小学_____人

C. 初中_____人　　　　　　　　D. 高中_____人

E. 大学及以上_____人

7. 村里成立合作社时，大部分村民对合作社的态度是：（　　　）

A. 比较了解并支持合作社发展　　B. 保持中立

C. 不了解并反对发展合作社　　D. 了解但不支持

E. 不了解但也不反对

8. 社员的分化程度（村民的兼业情况）：（　　）

A. 基本同质　　B. 相对异质

C. 鲜明异质

9. 您对农民专业合作社法了解吗？（　　）

A. 了解　　B. 了解一点

C. 不了解　　D. 没有听说过

10. 您个人出资比例（　　）%

A. ≤10　　B. >10，≤20

C. >20，≤30　　D. >30，≤40

E. >40，≤50　　F. >50

11. 合作社的运行模式（　　）

A. 合作社 + 农户　　B. 合作社 + 基地 + 农户

C. （公司 + 合作社） + 农户　　D. 公司 + （合作社 + 农户）

E. （公司 + 合作社 + 基地） + 农户　　F. 公司 + （合作社 + 农户）

G. 公司 + （合作社 + 基地 + 农户）　　H. 协会 + 合作社 + 农户

I 农户直接售卖，与合作社无关　　J 其他

12. 合作社股东比例分布（　　）%

A. 5 及以下　　B. 5—12

C. 12—40　　D. 40—60

E. 60 以上

13. 社员股份比例（　　）%

A. ≤10　　B. >10，≤20

C. >20，≤30　　D. >30，≤40

E. >40，≤50　　F. >50

14. 最大股东对最小股东股金额倍数分布（　　）

A. 5 倍以下　　B. 5—10 倍

C. 10—20 倍　　　　　　　　　　D. 20—40 倍

E. 40 倍以上

15. 成员股份是否可交易（　　）

A. 是，可向非成员交易　　　　　B. 是，只限成员间交易

C. 不可交易

16. 理事会成员数（　　）

A. 4 人以下　　　　　　　　　　B. 6 人以下

C. 8 人以下　　　　　　　　　　D. 10 人以下

E. 其他_____人

17. 理事会成员出资比例（　　）%

A. ≤ 10　　　　　　　　　　B. >10，≤ 20

C. >20，≤ 30　　　　　　D. >30，≤ 40

E. >40，≤ 50　　　　　　F. >50，

G. 其他

18. 2015 年召开理事会会议次数（　　）

A. 4 次以下　　　　　　　　　　B. 6 次以下

C. 8 次以下　　　　　　　　　　D. 10 次以下

E. 其他_____次

19. 平均每年召开理事会会议次数（　　）

A. 6 次以下　　　　　　　　　　B. 8 次以下

C. 10 次以下　　　　　　　　　D. 12 次以下

E. 其他_____次

20. 监事会成员数（　　）

A. 4 人以下　　　　　　　　　　B. 6 人以下

C. 8 人以下　　　　　　　　　　D. 10 人以下

E. 其他_____人

21. 监事会成员出资比例（　　）%

A. ≤ 10　　　　　　　　　　B. >10，≤ 20

C. >20，≤30   D. >30，≤40

E. >40，≤50   F. >50

G. 其他_____%

22. 2015年召开监事会会议次数（   ）

A. 6次以下   B. 8次以下

C. 10次以下   D. 12次以下

E. 其他_____次

23. 平均每年召开监事会会议次数（   ）

A. 6次以下   B. 8次以下

C. 10次以下   D. 12次以下

E. 其他_____次

24. 理事会和监事会的表决方式（   ）

A. 一人一票   B. 一股一票

C. 按生产经营规模比例入股，并按股投票；

D. 有些事一人一票，有些事按股投票；

E. 按交易额与股金额结合实行一人多票

25. 是否设立经理或秘书长职务（   ）

A. 是   B. 否

26. 2015年召开成员大会次数（   ）

A. 6次以下   B. 8次以下

C. 10次以下   D. 12次以下

E. 其他_____次

27. 成员大会平均每年召开次数（   ）

A. 6次以下   B. 8次以下

C. 10次以下   D. 12次以下

E. 其他_____次

28. 成员大会的表决方式（   ）

A. 一人一票   B. 一股一票

C. 按生产经营规模比例入股，并按股投票；

D. 有些事一人一票，有些事按股投票；

E. 按交易额与股金额结合实行一人多票

F. 一人一票结合附加表决权（附加表决权不超过_____%）；

29. 合作社成员能否自由退出（   ）

  A. 能   B. 否

30. 合作社为主营产品统一经营生产服务的环节有（   ）（可多选）

  A. 种苗供应环节   B. 农资采购环节

  C. 教育培训环节   D. 产品分级、包装等粗加工环节

  E. 产品精加工环节   F. 产品销售环节

  G. 其他环节（请注明：_____）

31. 2015年教育培训次数（   ）

  A. 6次以下   B. 8次以下

  C. 10次以下   D. 12次以下

  E. 其他_____次

32. 2015年教育培训一共参加成员数（   ）

  A. 30人以下   B. 50人以下

  C. 80人以下   D. 100人以下

  E. 其他_____人

33. 2015年教育培训的内容（   ）

  A. 相关生产技术   B. 经济管理知识

  C. 法律法规和政策   D. 合作社知识

  E. 其他（请注明_____）

34. 是否设专职销售人员：（   ）

  A. 是，共_____人；   B. 否

35. 2015年经营收入（   ）万元

  A. 100以下   B. 150以下

C. 200 以下　　　　　　　　D. 250 以下

E. 其他_____万元

36. 2015 年纯盈余（　　）万元

A. 100 以下　　　　　　　　B. 150 以下

C. 200 以下　　　　　　　　D. 250 以下

E. 其他_____万元

37. 2015 年与非成员交易的营业额（　　）万元

A. 20 以下　　　　　　　　B. 30 以下

C. 40 以下　　　　　　　　D. 50 以下

E. 其他_____万元

38. 成员人均年收入（　　）万元

A. 20 以下　　　　　　　　B. 30 以下

C. 40 以下　　　　　　　　D. 50 以下

E. 其他_____万元

39. 带动当地非成员农户数（　　）户

A. 50 以上　　　　　　　　B. 100 以上

C. 150 以上　　　　　　　D. 200 以上

E. 其他_____户

40. 合作社盈余或利润的主要分配方式（　　）

A. 按交易额分配　　　　　B. 按股分红

C. 平均分配给成员

D. 按交易额与按股分配相结合，以按股分配为主；

E. 按交易额与按股分配相结合，以按交易额分配为主；

F. 其他（请注明：_____）

41. 是否提取公积金（　　）

A. 是，比例_____%　　B. 否

42. 是否提取公益金（　　）

A. 是，比例_____%　　B. 否

43. 是否提取风险金（　　）

A. 是，比例＿＿＿＿％　　B. 否

44. 发起成立合作社最主要的原因是什么？

_____

_____

_____

_____

45. 在成立一开始合作社遇到的最大的困难是什么？

_____

_____

_____

_____

46. 合作社的主要收入或资金来自哪里？是否在合作社内部开展信用合作或成立资金互助部门？

_____

_____

_____

_____

47. 在当前合作社发展过程中存在的最突出问题是什么？

_____

_____

_____

_____

48. 合作社发展的长远目标是什么？

_____

_____

_____

_____

49. 是否考虑过怎样与互联网结合？

_____
_____
_____

50. 您在创办合作社过程中有什么深刻的体会？

_____
_____
_____

山西省农民专业合作社治理改进研究访谈（社员卷）

尊敬的社员：

您好！这是一份关于农民专业合作社完善治理的访谈。本次访谈主要是对山西省各个地区、不同类型农民专业合作社组织情况和运行情况的访谈，通过本次访谈为进一步完善山西省农民专业合作社治理提供借鉴，推动我省合作社的健康持续快速发展。本访谈仅供学术研究使用。

谢谢配合

采访时间：

_____年_____月_____日

采访地点：

_____市_____县/县级市/区/_____乡/镇/街道_____自然村/屯/堡

受采访人性别_____，合作社全称_____

1. 您的年龄（　　）

A. 30 岁以下　　　　　B. 30—40 岁

C. 40—50 岁　　　　　D. 50—60 岁

E. 60 岁以上

2. 您的受教育程度（　　）

A. 未受过正式教育　　B. 小学

C. 初中　　　　　　　D. 高中

E. 大学及以上

3. 您的社会身份（　　）

　A. 农民　　　　　　　　B. 农民工

　C. 个体户　　　　　　　D. 私营企业主

　E. 集体企业管理人员　　F. 乡镇政府工作人员

　G. 村干部　　　　　　　H. 其他社会团体负责人

　I. 其他

4. 您的参股总额（　　）万元

　A. ≤1　　　　　　　　　B. >1，≤5

　C. >5，≤10　　　　　　D. >10，≤15

　E. >15　　　　　　　　 F. 其他，_____

5. 村里成立合作社时，您对合作社的态度是：（　　）

　A. 比较了解并支持合作社发展

　B. 保持中立

　C. 不了解并反对发展合作社

　D. 了解但不支持

　E. 不了解但也不反对

6. 您对农民专业合作社法了解吗？（　　）

　A. 了解　　　　　　　　B. 了解一点

　C. 不了解　　　　　　　D. 没有听说过

7. 您的股份是否可交易（　　）

　A. 是，可向非成员交易

　B. 是，只限成员间交易

　C. 不可交易

8. 您能否自由退出合作社？（　　）

　A. 能　　　　　　　　　B. 否

9. 2015年您接受过教育培训吗？（　　）

　A. 有，_____次　　　B. 没有

10. 您通过合作社年均收入（　　）万元

A. 1 以下　　　　　　　B. 2 以下

C. 3 以下　　　　　　　D. 4 以下

E. 其他，_____万元

11. 您为什么要加入合作社？

_____
_____
_____
_____

12. 您认为合作社的发展前景好不好？为什么？

_____
_____
_____
_____

13. 您在参加合作社过程中有什么深刻的体会？

_____
_____
_____
_____

14. 您对合作社管理有哪些建议？（比如在负责人的产生，民主管理、监督等方面）

_____
_____
_____
_____

15. 在以后的生活中您希望合作社为您提供哪些方面的服务？

_____
_____
_____
_____
_____

后　　记

　　本书是在博士论文基础上进行的扩充，我是在工作八年之余有幸重返河北师范大学完成了我继续读书的夙愿，更有幸忝列杨欢进老师门下。杨老师学识渊博，思路缜密，讲课引人入胜，在跟随杨老师步伐进行学习的过程中我受益匪浅，也深感自己学识的浅薄。攻读博士学位是一件既辛苦又高兴的事，在知识的海洋中畅游感觉如痴如醉，但是现实的各种繁杂又让你难以沉醉，个中滋味只有自己才能体会。在写作过程中，杨老师或给我鼓励，或提供相关文献；在改稿过程中，杨老师逐字逐句帮我修改论文，看到这种情形我深为感动，只怕自己的不够努力辜负了老师的认真。

　　感谢张继良老师，张老师是我生活和做事的楷模，硕士师从三年，博士期间照顾有加，张老师踏实做学问的态度，豪爽的为人处事性格对我影响很深，在工作中我时常能想起老师的话："做人一定不要自不量力"，这句话成为我工作、学习和生活的座右铭；张老师也时常鞭策我安心读书，我也深知"知止而后有定，定而后能安，安而后能静，静而后能安，安而后能虑，虑而后有所得"的道理，但是反观自己浮躁的心态，愧对老师的教诲。

　　感谢我的爱人、儿子和家人们，没有你们的支持我很难一心完成学业。

　　同时我的论文参阅了大量的文献，这些都是学界前辈挥洒汗水和辛苦付出的结果，在此向学界前辈表示感谢和敬意。但是由于个人能力和水平有限，论文不免有疏漏不足之处，敬请各位专家、学者批评指正。

任红霞
2020 年 6 月于山西长治